最优货币政策规则理论及其应用研究

Research on Optimal Monetary Policy Rule Theory and Application

张广现 著

经济管理出版社
ECONOMY & MANAGEMENT PUBLISHING HOUSE

图书在版编目（CIP）数据

最优货币政策规则理论及其应用研究/张广现著. —北京：经济管理出版社，2012.5
ISBN 978-7-5096-1847-9

Ⅰ. ①最… Ⅱ. ①张… Ⅲ. ①货币政策—研究 Ⅳ. ①F821.0

中国版本图书馆 CIP 数据核字（2012）第 053405 号

出版发行：经济管理出版社
北京市海淀区北蜂窝 8 号中雅大厦 11 层
电话：(010)51915602　　邮编：100038

印刷：北京银祥印刷厂　　经销：新华书店

组稿编辑：申桂萍　　责任编辑：杨国强
责任印制：木　易　　责任校对：超　凡

720mm×1000mm/16　　14.5 印张　　202 千字
2012 年 5 月第 1 版　　2012 年 5 月第 1 次印刷

定价：39.00 元

书号：ISBN 978-7-5096-1847-9

前　言

本书研究了不同货币政策操作方式下所能实现的最优均衡结果，为评价不同的货币政策行为提供了分析框架。从其研究历史看，最优货币政策规则理论包括两部分，分别称为传统框架和现代框架。

20 世纪 90 年代中后期以来，新凯恩斯主义（或者称为新新古典综合）模型成为货币政策分析的标准模型。这些模型在具有严格的微观基础的动态随机一般均衡模型中加入名义黏性，从而在丰富货币政策理论本身的同时也使该领域的研究和财政政策、经济增长等其他宏观领域的研究方法更为一致。我们称这种分析框架为现代框架，其核心是新凯恩斯主义 Phillips 曲线。新凯恩斯主义 Phillips 曲线具有明确的最优化基础，从而和宏观经济发展方向相一致，并能采用校准方法估计参数的具体值；新凯恩斯主义 Phillips 曲线引入了动态形式的名义黏性，合理解释了通货膨胀的福利成本，说明了保持物价稳定的重要性，为通货膨胀目标制度提供了直接的理论基础；新凯恩斯主义 Phillips 曲线中包含有前瞻性预期变量，使得系统性的货币政策通过影响公众的前瞻性预期而具有实际效应，不仅使货币政策的分析与现实更相符合，也更明确地说明了预期管理在货币政策操作中的重要性，更明确地说明了相机抉择下存在的稳定性偏差问题，从而进一步支持了依规则制定货币政策的优势。

与现代框架不同，20 世纪 70~90 年代中期的货币政策分析文献大都采用卢卡斯供给曲线，我们称为传统分析框架。与新凯恩斯主义

Phillips 曲线相比，传统框架虽然存在一些缺陷，但是能够简单明了地说明理性预期下依规则制定货币政策可能存在的动态不一致性问题，说明相机抉择的货币政策可能导致的通货膨胀偏差问题，不少文献均基于传统框架论述了解决通货膨胀偏差问题的方法。

首先，本书对最优货币政策规则的主要理论进行了较为系统的归纳，并通过对货币政策操作方式与最优化基础的关系、规则的不完全性与相机抉择的灵活性的关系、前瞻性模型中规则的一般形式等方面的解释进一步说明了货币政策规则的本质。其次，本书结合国外中央银行的实践说明了该理论对通货膨胀目标制度的理论支持，同时从包容性和现代性两个角度考察了通货膨胀目标制度：包容性是指这种制度可看做是分析各种类型的货币政策的通用框架；现代性是指这种制度与现代市场经济和金融体系相适应，对经济、金融和中央银行制度等各方面都有较高的要求。最后，本书从两个方面分析了最优货币政策规则理论和通货膨胀目标制度的实践经验对我国的借鉴意义。从货币政策的理论分析和研究方面看，本书指出了直接照搬西方框架分析我国货币政策存在的局限性。从通货膨胀目标制度对我国货币政策操作的借鉴意义看，由该制度的现代性出发，本书把它看做是我国货币政策操作的目标模式，而为了实现该目标不仅需要加强中央银行的制度建设，还需要与政府其他部门、金融体制等方面的改革相互配合，共同推进。同时，由该制度的包容性角度出发，本书讨论了我国当前采用通货膨胀目标制度时可能遇到的一些操作问题，特别是从我国经济发展的不平衡特征出发，认为在构造货币政策后实现稳定的通货膨胀目标指数时应该考虑多种因素，例如各产业、各部门的名义黏性程度、波动性、对经济整体的敏感程度等。

需要说明的是，本书的研究只是初步的、非系统的，随着中央银行实践的不断发展，随着宏观经济研究方法的不断创新，笔者对货币政策操作行为和中央银行制度的研究将更加深入。我国正处于转型阶段，各种新现象、新问题层出不穷，如何更好地借鉴国外的分析框架和研究方法，有针对性地分析我国实践中的问题并提出合理的建议是非常重要的。从货币政策理论的发展和我国实践的要求看，以后还有更多新的问题需要研究。

目 录

第二篇　理论篇

第三篇　应用篇

第一章 引 言

20世纪90年代以来，货币政策实践和相关的理论研究都发生了显著的变化。在实践方面，越来越多的发达国家、发展中国家和转型国家均采用了通货膨胀目标制度（Inflation Targeting），并实现了低而稳定的通货膨胀和持续的经济增长，因而通货膨胀目标制度受到了中央银行家和经济学家的广泛推崇。在理论方面，新凯恩斯主义（New Keynesian）框架已成为货币政策分析的流行框架，这种分析框架综合了凯恩斯主义和实际经济周期理论的研究成果，因此也称为新新古典综合（New Neo-classical Synthesis，NNS），并成为支持通货膨胀目标制度实践的基本理论。目前，采用新凯恩斯主义框架分析通货膨胀目标制度的文献大量涌现，并在一些基本问题上形成了比较一致的观点。尽管如此，不同经济学家的具体观点还有明显区别，甚至在一些重要的问题上还有争议。

在货币政策理论研究中，规则和相机抉择之争历史渊源。宏观经济学强调预期的重要性，即私人经济个体关于未来货币政策走势的预期是影响其决策的重要因素，中央银行可以通过预先宣布未来的货币政策来试图影响公众的预期，进而影响宏观经济的运行，因此这一渠道就是预期渠道。由于公众是理性预期的，如果中央银行未来将执行所宣布的政策，则其事先承诺就是可信的，就能影响公众的预期，否则就是不可信的，也就不能影响公众的预期。根据基德兰德和普雷斯科特（Kydland 和 Prescott，1977）的处理方式，规则下的承诺是可信的，而相机抉择下的承诺是不可信的。以基德兰德和普雷斯科特

（1977）为基础，巴罗和戈登（Barro 和 Gordon，1983）通过卢卡斯供给曲线引入理性预期，分析了相机抉择货币政策存在的通货膨胀偏差问题（与承诺相比，相机抉择下的货币政策不能有效提高实际产出，却导致了过高的通货膨胀），说明了规则相对于相机抉择的优势。基于新凯恩斯主义模型的分析进一步说明了规则的优势：相机抉择下的货币政策存在稳定性偏差——相机抉择下的均衡结果对通货膨胀冲击的反应和规则下的反应不同，这种不同使其福利水平低于规则下的福利水平。引入理性预期后的分析虽然表明了规则相对于相机抉择的优势，但同时也表明，由于存在动态不一致性，中央银行可能为了获取短期收益而违背规则，因此中央银行依规则行事的可信度不高，这意味着规则下的均衡结果可能是不现实的。

通货膨胀目标制度这种在实践中产生的新制度应该归属于“规则”一方，还是“相机抉择”一方呢？这涉及如何从理论上刻画通货膨胀目标制度的问题，该问题是分析这种制度的基础。然而理论界对此问题并未形成一致的看法：斯文森（Svensson，1997，1999）把它看做是一种规则，伍德福德（Woodford，2003）也认为从中央银行的实践去看动态不一致性问题不重要；伯南克等（Bernanke 等，1999）把通货膨胀目标制度看做是一种“有约束的相机抉择”；金（King，1997）则把它看做是一种货币政策框架，认为该框架可用于分析任何类型的货币政策制度。

本书以相关研究为基础，分别在传统框架和现代框架下考察了规则相对于相机抉择的优势，并把多种改善相机抉择下均衡结果的方法表示为最优目标规则形式，从而对最优货币政策规则的相关理论作了较为系统的综述。在本书中，我们把货币政策规则看做是一种对中央银行行为的约束。在规则约束下，中央银行将遵循所承诺的政策，依规则行事，公众也相信中央银行的承诺，将依照规则和中央银行的承诺形成其预期。货币政策规则通过约束中央银行的行为而使中央银行具有了预期管理的能力，从而能增强货币政策的有效性。与规则的本质相一致，在理论研究中既可以假定中央银行能对未来的货币政策作出完全承诺，分析完全规则下的均衡结果，也可以假定中央银行只能对其部分行为和特定方面作出承诺，分析不完全规则下的均衡结果。部分承诺、部分规则是介于完全承诺和完全相机抉择之间的一种状态，是规则和相机抉择相结合的产物，是“有约束的相机抉择”。最优目标规则可看做是一种部分承诺，此时中央银行的目标函数是可信的。中央银行将通过最优化一个特定的不同于社会福利函数的目标函数来制定货币政策，而在其他方面仍然是相机抉择的。通过引入最优目标规则可以改善完全相机抉择下的均衡结果，甚至实现承诺下的均衡结果。

以最优货币政策规则理论为基础，本书进一步分析了通货膨胀目标制度，详细考察了该制度的理论基础，分析了其优缺点和主要特征，特别强调了其包容性和现代性：包容性是指该制度框架可作为各种类型的货币政策制度的分析、评价框架，具有普适性；现代性是指该制度作为中央银行在现代经济、金融环境中创造出来的应对性制度，是和金融自由化、全球化的背景相适应的一种现代化的货币政策制度，对各方面都有较高的要求。同时，结合我国货币政策制度的特殊性分析了最优货币政策规则理论和通货膨胀目标制度的实践经验及其对我国的借鉴意义。

引言部分主要包括如下内容：研究背景和意义；研究现状；研究方法；主要内容和框架；主要创新和不足。

第一节 研究背景和意义

1990 年，新西兰在全球首次正式采用通货膨胀目标制度。此后，不少国家也相继采用了这种货币政策制度，通货膨胀目标制度在实践中不断得到完善。虽然在该制度出现初期并没有得到货币政策理论和宏观经济理论研究的直接支持，但目前相关研究已经数不胜数，成果颇多。而且，中央银行实践和学术研究之间相互渗透：一方面，大量具有实践经验的中央银行人士积极进行理论研究，其研究成果在《货币经济学》（Journal of Monetary Economics）等专业杂志上占据相当比重；另一方面，大量学者直接参与了中央银行制定货币政策的实践，例如英国、美国等国家的中央银行行长以前都是著名的经济学家。理论研究和实践逐渐形成了互相支持、相互促进的良好局面。与这种局面相适应，本书的一个中心任务就是要从货币政策规则的本质出发，扩展其内涵，形成一个用于分析通货膨胀目标制度和其他政策制度的统一的分析视角，以便弥补当前不同研究文献之间的相互矛盾之处，使分析框架的逻辑更加一致，从而更有利于研究实践中的通货膨胀目标制度和其他类型的货币政策制度。

通货膨胀目标制度是在实践中产生的，它反映了金融自由化、全球化的发展趋势，是政府和中央银行针对这种趋势而采取的一种适应性举措，具有一定的必然性。对我国而言，随着金融体制市场化、全球化步伐的进一步加快，货币量作为中介目标的有效性越来越差，钉住汇率制度也正转变为灵活的浮动汇率制度，货币政策制定方式也将相应作出调整，甚至发生重大转变。此时，应用现代货币政策分析框架对我国货币政策制定方式进行研究，并借鉴西方成功的货币政策操作方式——特别是通货膨胀目标制度——具有重要的现实意义。

一、通货膨胀目标制度的出现

进入20世纪90年代后，很多国家相继宣布放弃以货币供给量为中介目标或钉住汇率的货币政策框架，采用通货膨胀目标制度。新西兰是第一个采用通货膨胀目标制度的国家，在1990年2月生效的《新西兰储备银行法》规定新西兰储备银行（新西兰的中央银行）的政策目标是“实现和保持一般价格水平的稳定”，稍后由财政部和储备银行共同签署了第一份《政策目标协议》（Policy Target Agreement），该协议明确规定，货币政策在当年末要实现不超过3%~5%的通货膨胀目标。此后，加拿大、英国、瑞典等发达国家，捷克、巴西等转型国家和发展中国家也先后采用了这一货币政策框架。通货膨胀目标制度的出现和盛行成为 20 世纪 90 年代货币政策实践中的重大事件。

正如其名称所示，在通货膨胀目标制度下，政府通常颁布法律或通过正规的文件设立一个具体的通货膨胀目标（如 2%）或目标区间（如 1%~3%），中央银行负责使通货膨胀稳定在所规定的目标范围之内，如果出现偏离，要解释其原因，并保证在一定的期限内（如 1~2 年）重新达标。与具体的目标设定相对应，通货膨胀制度下的货币政策透明度较高，中央银行的责任较明确。虽然至今对这种以保持低而稳定的通货膨胀为主要目标的货币政策制度或政策框架尚未达成一个明确的、一致认可的定义，但关于其特征、构成要素、前提条件等方面的看法在相当程度上是一致的。

伯南克等（1999）认为通货膨胀目标制度的基本特征有：①公开宣布政府所制定的未来一期或多期数量化的通货膨胀目标；②明确承认低而稳定的通货膨胀是货币政策的主要长期目标。另外，通货膨胀目标制度的重要特征还应包括：①货币当局应就其计划和目标与公众进行积极的交流沟通；②通常应具备使中央银行实现这些目标的责任约束机制。

斯文森（1997，2002）强调通货膨胀目标制度的三个特征：①具有明确的、数量化的通货膨胀目标；②使用中央银行内部对通货膨胀的条件预测作为中介目标变量，采用通货膨胀预测目标（Inflation Forecast Targeting）的政策决策框架；③高度的透明性和责任约束。

刘锡良和袁炜（2005）把通货膨胀目标制度的主要内容概括为五个方面：①中央银行的独立性，中央银行应具备一定程度的工具独立性；②稳定价格的制度性承诺，价格稳定是中央银行的主要目标，就业和产出则是次要目标；③通货膨胀名义锚，中央银行明确发布通货膨胀目标，并对通货膨胀进行预测，根据通货膨胀目标确定货币政策工具，以实现该目标；④货币政策透明度，中央银行公布通货膨胀报告或货币政策报告；⑤责任性，中央银行对实现通货膨胀目标负责。

以上文献对通货膨胀目标制度特征的归纳主要集中在三个方面：

①规定一个明确的数量化的通货膨胀目标，这是该制度得以确立的标志；②该目标是中央银行的首要目标，中央银行对该目标负责；③为了实现所公布的目标，中央银行应具有一定的权利，同时受到相应的约束。这种权利主要体现在中央银行的独立性方面，而其约束主要反映在严格的决策程序、较高程度的透明性等方面。不同国家所赋予中央银行的具体权利和给出的具体约束有较大的差别。关于中央银行的独立性、决策程序和透明性等方面的研究文献繁多，大部分是通货膨胀目标制度所要进一步改进的重要方面。

在20世纪90年代，除了采用通货膨胀目标制度的国家外，其他许多国家也对货币政策制度进行了明显改革。这些改革和通货膨胀目标制度的一些重要特征相一致，如：强调价格稳定的重要性；增强中央银行的独立性和责任约束；强调货币政策的灵活性和可信性的结合；增强政策决策的透明度；等等。

二、货币政策实践提出的两个理论问题

20世纪90年代的货币政策实践对理论研究提出的第一个基本问题是：为什么通货膨胀稳定是重要的？该问题涉及货币政策的最终目标。传统的宏观经济学强调政策的四个最终目标：经济增长、充分就业、价格稳定和国际收支平衡，这四个目标之间常常存在冲突，不能同时实现，因此政策制定者需要在各个目标之间作出权衡。货币政策主要关注的是经济增长（或充分就业）与通货膨胀之间的冲突。宏观经济关于货币政策的传统观点是，货币政策在长期是中性的而在短期是非中性的。但短期非中性具有较大的不确定性，政策制定者很难利用短期非中性来实现经济增长和充分就业目标，因此货币政策主要应以稳定通货膨胀为目标。不过，传统的理论没有给出通货膨胀波动的合理成本，而且传统的货币政策分析模型（如卢卡斯供给曲线）不是动态随机一般均衡模型（Dynamic Stochastic General Equilibrium, DSGE），这和现代宏观经济学的发展趋势不相符，这就要求以新的、

更合理的模型为基础重新对稳定通货膨胀的货币政策目标作出解释。具有最优化微观基础的新凯恩斯主义模型在实际经济周期模型中引入了名义黏性假定，合理解释了通货膨胀的成本，说明了货币政策以稳定通货膨胀为目标的重要性：由于存在名义黏性，一部分商品的价格不能即时调整，一般价格水平的变动只能通过部分商品价格的变动体现出来，这就导致了相对价格扭曲，影响资源配置效率，而货币政策通过稳定通货膨胀能减弱甚至消除这种名义黏性扭曲，接近或实现灵活价格下的产出水平（称为自然产出水平）。①

中央银行在20世纪90年代的实践后提出的第二个问题是，如何进行货币政策操作才能有效实现其稳定目标？通货膨胀目标制度是在钉住汇率、钉住货币量等制度失败后出现的。从货币政策传导机制看，政策工具对通货膨胀等最终目标变量的影响要比对货币量、汇率等中介目标变量的影响更加不确定，从政策工具到最终目标之间存在较长的作用时滞，这是传统理论强调中介目标的重要性，也是反对直接钉住最终目标的主要原因。随着金融自由化和全球化的不断发展，中介目标逐渐丧失了其有效性，中央银行不得不直接钉住最终目标。显然，通过传统的传导渠道不能保证这种最终目标制度的成功，预期渠道的出现可能缩短从政策工具到最终目标之间的时滞，从而提高货币政策钉住最终目标的有效性。在发达的现代金融体系中，对货币政策走势的预期是影响私人经济个体的重要因素，中央银行有可能通过预先公布未来货币政策而有效地影响公众当前的决策，从而实现其政策目标。在通货膨胀目标制度下，公开宣布的通货膨胀目标是中央银行稳定公众预期的重要因素，中央银行的独立性、可责性和透明性能增强所公布的通货膨胀目标的可信性，进一步稳定公众的通货膨胀预期。从预

① 基本的新凯恩斯主义模型假定厂商的定价方式是一种交错定价方式。同一时期只有部分的厂商可以调整价格而其他的厂商只能保持价格固定不变，这样，一般价格水平的波动只能通过相对价格的波动表现出来，从而导致资源的无效配置。在基本的新凯恩斯主义模型中，名义黏性扭曲是唯一的扭曲，货币政策可以通过稳定一般价格水平来消除名义黏性扭曲，使产出稳定在其自然产出附近，这意味着货币政策在实现通货膨胀稳定目标的同时也实现了其产出稳定目标。这里的产出稳定目标是指，使产出稳定在其自然水平附近。

期渠道看，货币政策实践提出的第二个问题就是关于货币政策操作方式的问题。如果摆脱传统理论研究中把规则和相机抉择对立起来的惯例，把货币政策操作看做是规则和相机抉择的某种程度的结合，则更符合货币政策实践，也更有利于分析通货膨胀目标制度和其他类型的货币政策制度。本书不仅考察了完全承诺（对应于完全规则）和完全相机抉择下的货币政策行为和均衡结果，而且还考察了不完全承诺（对应于不完全规则）下的情况，即中央银行对特定的目标的承诺是可信的，而在其他方面则是相机抉择的。这种分析表明特定形式的部分承诺也能改善相机抉择下的均衡结果，甚至实现完全承诺下的均衡结果。

三、实践意义

最优货币政策规则理论及相关研究的实践意义是明确的，它为通货膨胀目标制度和其他货币政策制度提供了有力的分析工具，为研究货币政策中所遇到的具体问题提供了一个与基本理论相一致的分析框架，为货币政策实践的进一步发展提供了可能的支持。

对我国而言，虽然当前信贷规模和货币供应量仍然是重要的中介目标，但其可控性越来越差，特别是随着金融体制的市场化和全球化进程的加快，随着我国财政体制和宏观调控体制的改革，中央银行要充分利用各方面的信息，保持通货膨胀的稳定，为经济的健康运行提供良好的政策环境已越来越成为实践界和理论界的共识。基于这种共识，可借鉴通货膨胀目标制度的成功之处，改进我国货币政策的具体操作；可采用并发展最优货币政策规则的分析框架分析我国的货币政策操作模式，为实践提供理论上的支持；可以通过相应的理论研究为我国金融体制的改革和政府宏观调控体制的改革提供有用的建议和指导。

第二节 研究现状

关于货币政策规则的研究历史渊源，20 世纪 90 年代末期，伴随着动态随机一般均衡分析方法在货币政策分析中的应用，伴随着通货膨胀目标制度在货币政策实践中影响的扩大，相关研究发生了显著的变化。本书以此为基础对最优货币政策规则理论进行了较为系统的归纳，分析了货币政策规则的本质，扩展了货币政策规则的内涵，并试图对一些文献中存在的不一致甚至矛盾之处作出说明和修正，进而形成一个更为一致的最优货币政策规则分析框架。该框架将更有利于认识当前正在快速发展的通货膨胀目标制度和其他货币政策制度的实践。与本书相关的研究文献主要包括如下三方面：

一、关于货币政策传导机制和 Phillips 曲线的研究

就货币政策对需求的影响（总需求曲线）而言，由于受到弗里德曼等货币学派的影响，早期的研究（如巴罗和戈登，1983）主要以货币数量方程为基础，假定中央银行的政策工具为货币量，这与货币政策的实践并不一致。20 世纪 90 年代，随着对利率规则（主要是泰勒规则，Taylor，1993）研究的深入，更多的文献逐渐假定利率为中央银行的政策工具，并采用费雪方程式来描述货币政策对总需求的影响。

用于货币政策分析的供给曲线主要有两种，从 20 世纪 70 年代到 90 年代中期主要是卢卡斯供给曲线。卢卡斯（1976）以不完全信息为基础提出了货币经济周期理论，卢卡斯供给曲线就是对该理论的集中反映：卢卡斯曲线给出了预期外的通货膨胀变动对实际产出的影响，预期到的通货膨胀并不具有实际效应。由于卢卡斯曲线包含理性预期假定，可用于分析理性预期下货币政策的效果，因此在理性预期成为

宏观经济学中的标准假设之后，分析货币政策的文献大都以卢卡斯供给曲线为基础。20 世纪 90 年代中后期以来，越来越多的文献在分析货币政策时采用的是新凯恩斯主义 Phillips 曲线。罗腾贝格和伍德福德（Rotemberg 和 Woodford，1995，1997）最早把这种 Phillips 曲线用于货币政策分析。新凯恩斯主义模型实现了对实际经济周期理论和凯恩斯主义理论的综合，采用宏观经济学中流行的随机动态一般均衡分析方法，具有最优化微观基础，这些优点使该模型在货币政策分析中一被采用就产生了较大的影响，目前已成为货币政策分析中的标准模型。

二、关于货币政策规则的研究

关于货币政策规则的研究主要包括对具体形式的货币政策规则的探讨、对规则和相机抉择的优劣对比等方面。相关研究历史渊源，文献众多，重要的、具有突破性的研究主要体现在如下几个方面：

（1）基德兰德和普雷斯科特（1977）把规则看做一种承诺，分析了规则下的均衡结果可能存在的动态不一致性问题。巴罗和戈登（1983）比较了货币政策规则与相机抉择下的均衡结果，分析了相机抉择下存在的通货膨胀偏差问题和规则下存在的动态不一致性问题。此后有大量文献对这两个问题进行了分析，提出了多种解决通货膨胀偏差的方法。巴罗和戈登（1983）所采用的最优货币政策分析框架也成为一种标准的分析框架，该框架不但为此后相关的研究所采用，而且还为斯文森提出目标规则提供了先例。

（2）泰勒（1993）对简单工具规则的研究扭转了货币政策规则的研究方向，使对货币政策规则的研究由弗里德曼规则、麦卡勒姆（McCallum）规则等货币量规则转移到了利率规则方面。鉴于大部分发达国家的中央银行正是通过利率的变动来进行货币政策操作的，因此转移使理论研究和中央银行的实践更为一致。长期以来对泰勒规则的实证分析和理论扩展一直是货币政策规则研究中的主要内容，相关研究大大扩大了利率规则的影响。同时，还对货币政策规则的定义进行了扩展，不再把工具规则仅仅看做是一个方程式，而是看做一种系统性的行为方式。泰勒规则的流行及泰勒对规则内涵的扩展使中央银行逐渐接受了政策规则的概念，促进了实践界和理论界的相互结合。

（3）斯文森（1997，1999，2003）等对货币政策目标规则的分析进一步扩展了政策规则的内涵，把货币政策规则研究从集中于工具规则扩展到对目标规则的研究。这种扩展还在一定程度上弥合了理论研究和通货膨胀目标制度实践之间的分歧。长期以来，泰勒规则是货币政策规则研究中的主要内容，“泰勒规则”一词甚至成为利率规则的代名词。然而，泰勒规则只是把利率表示为通货膨胀和产出缺口的一个线性函数，这种简单化处理与中央银行广泛搜集各种信息以积极对各种冲击作出反应的事实截然不同。从信息利用方面看，泰勒规则不是一个有效的规则。而且，泰勒规则把中央银行的政策工具表示为一个既定的公式，而不是从社会福利最大化或中央银行自身利益最大化出发来分析货币政策决策，这种非最优性假定和常见的对私人经济个体的最优化分析不一致，不能摆脱卢卡斯批判。借鉴巴罗和戈登（1983）等传统的货币政策最优化分析框架，斯文森提出了通货膨胀目标规则这一概念，从而使货币政策规则不仅包括直接对政策工具进行限定的工具规则，也包括通过对货币政策目标的某种限定而间接限定货币政策工具的目标规则。以特定的经济模型为约束条件，通过最优化中央银行的目标函数可得到政策工具的反应函数，该函数往往包含对通货膨胀、产出等内生变量的反应，也包括对各类冲击的反应，反应函数的复杂性反映了中央银行广泛搜集信息的事实。

（4）伍德福德（2003）对货币政策规则的历史相关性（History Dependence）的强调。在基本的新凯恩斯主义模型中，私人经济个体是完全前瞻性的，其行为完全由对未来的预期所决定。如果中央银行的货币政策也与当前或更早时期的宏观经济无关，也是完全前瞻性的，则均衡结果具有不确定性。为了保证均衡结果的唯一性，要求中央银行的货币政策应具有历史相关性。历史相关性体现了规则对中央银行行为的约束：中央银行在过去曾经为了影响私人经济个体的预期而宣布了当前的货币政策（当前货币政策的走势或部分具体内容），为了使未来的预期管理仍然有效，中央银行在制定当前的货币政策时应该遵循其过去的承诺，做到言行一致。

这些具有突破性的研究构成了货币政策规则研究的基本轮廓，为相关研究提出了问题，也提供了框架或分析工具。以巴罗—戈登模型为基础的传统分析框架主要用于分析相机抉择下的通货膨胀偏差问题和规则下的动态不一致性问题。大量文献给出了解决通货膨胀偏差问题的方法，例如：罗戈夫（Rogoff，1985）最先提出，随后弗拉德和依萨特（Flood 和 Isard，1988）以及罗曼（Lohman，1992）等对之进行了扩展的保守中央银行家理论；瓦什（Walsh，1995）、珀森和塔贝里尼（Persson 和 Tabellini，1993）等提出的通货膨胀合约理论；金（1997）、伯南克等（1999）等对实践中的通货膨胀目标制度的研究。

以新凯恩斯主义为基础的现代分析框架主要用于分析各种目标规则和相机抉择下的稳定性偏差问题。关于稳定性偏差，重要的文献包括克拉丽达等（Clarida 等，1999）、伍德福德（1999）、麦卡勒姆和纳尔森（McCallum 和 Nelson，1999）等。这些文献以基本的新凯恩斯主义模型（完全前瞻性的 Phillips 曲线）为基础，对规则和相机抉择下的均衡结果进行了比较。比较结果表明，相机抉择下的均衡结果对通货膨胀冲击的反应和规则下的反应不同，在相机抉择下的通货膨胀波动性更大而产出的波动性较小，通过适当增大产出的波动性而降低通货膨胀的波动性能有效提高福利水平。以上文献大都假定中央银行在追求通货膨胀稳定的同时，还有产出稳定目标，是一种灵活的通货膨胀目标制度，而古德弗伦德和金等（Goodfriend 和 King，1997；King 和 Wolman，1999）则以基本的新凯恩斯主义 Phillips 曲线为基础，分析了以稳定通货膨胀为唯一目标的合意性。

此外，泰勒（1999）等考虑了在不同规则之间进行比较的问题。要进行比较，首先要有一个比较的标准，泰勒给出了一个特定形式的社会福利函数，然后由不同规则下的均衡结果计算出相应的社会福利，那些能带来较高福利水平的规则通常要优于那些福利水平较低的规则，能带来最高福利水平的规则就是最优规则。泰勒给出的损失函数（负的福利函数）是产出和通货膨胀的波动性的加权平均和，伍德福德（2003）基于新凯恩斯主义模型证明了这种二次函数和代表性经济个体效用函数之间的一致性。

最优货币政策规则并不一定是合意的政策规则，在评价货币政策规则时还要注意其稳健性如何。同一个规则和不同的宏观经济模型相结合可得到不同的均衡结果，所计算出的社会福利大小也不相同。宏观经济学家关于宏观经济模型的假设条件和具体形式无法达成一致意见，同一时期往往并存多个互相竞争的宏观经济模型。如果一个规则不仅在特定的宏观经济模型下能实现较高的社会福利水平，而且在各种不同的宏观经济模型下也能得到较为满意的福利水平，那么这个规则就具有稳健性。稳健性标准强调的是货币政策规则在不同宏观经济模型下的综合表现。麦卡勒姆（1988）较早地研究了货币政策规则的稳健性问题，此外重要的文献还有泰勒（1999）、列文和威廉姆斯（Levin 和 Williams，1999，2003）等。

三、对通货膨胀目标制度的理论总结

采用通货膨胀目标制度的国家包括发达国家、发展中国家和转型国家，它们在具体的制度设计方面有明显的区别。不少国家的中央银行、IMF 和众多的经济学家从多方面对实践中的通货膨胀目标制度进行了分析和总结，归纳出了该制度的基本特征，提出了实施该制度所应具备的必要条件，并评价了该制度下货币政策所取得的业绩。前文在介绍通货膨胀目标制度时已经提及了一些重要的文献，另外还有米什金（Mishkin，1997，1999，2000）等。IMF 对各个采用通货膨胀目标制度的国家进行过详细的跟踪和案例分析，例如卡拉热和斯通（Carare 和 Stone，2003）把实践中的通货膨胀目标制度划分为完善的通货膨胀目标制度、中度的通货膨胀目标制度和初步的通货膨胀目标制度，并对之进行了比较分析。

以上三方面的研究是相互支持、密不可分的。需求曲线和 Phillips 曲线的研究为货币政策分析提供了基本的分析模型。卢卡斯供给曲线包含理性预期假定，是分析理性预期下不同货币政策操作方式的便利工具。新凯恩斯主义模型通过引入名义黏性假设使系统性的政策行为也能产生明显的实际效应，为研究政策规则提供了有力的支持。而且，新凯恩斯主义模型还合理地解释了价格波动的福利损失，为通货膨胀目标制度提供了直接的理论支持。

货币政策规则研究的进展，特别是基于新凯恩斯主义基础之上的最优货币政策规则的研究从理论上说明了通过适当的方式约束中央银行的行为，能提高货币政策通过预期管理渠道影响宏观经济运行的有效性，该观点和通货膨胀目标制度的实践是一致的。

对实践中的通货膨胀目标制度进行全方位的总结和理论归纳，其为货币政策分析提出了具体的研究问题和研究方向。理论要解释、跟踪和指导实践，要对通货膨胀目标制度在实践中的不断发展进行及时的总结既可用于检验理论的正确性，也为理论发展提出了新的问题。正如前文所言，20 世纪 90 年代通货膨胀目标制度在全球的盛行是当前货币政策规则研究大发展的实践基础。

尽管十余年来的理论研究已取得了显著的进展，在一些重要问题上形成了比较一致的看法，并形成了一些基本的观点，但相关研究仍在进一步的完善和发展之中，在一些重要的方面争论不断、观点各异。与本书研究直接相关的争论主要有：

（1）目标规则和工具规则之间的争论。虽然斯文森倡导的目标规则与泰勒强调的工具规则相比更接近于中央银行的实践，更符合宏观经济理论的发展方向，但泰勒规则等工具规则简单、直接，并能较好地描述中央银行政策工具的历史，而且还和基本的理论观点相一致。因此，直到今天，工具规则仍然是宏观经济分析中描述中央银行行为的重要方式，甚至还有相当数量的文献专门研究工具规则，如泰勒（1999）、丹尼森（Dennis，2004）等。

（2）应该把实践中的货币政策操作行为看做一种规则还是相机抉

择行为呢？动态不一致性问题严重吗？虽然斯文森提倡目标规则，而泰勒、麦卡勒姆等倡导工具规则，但他们都把实践中的货币政策操作看做是某种规则形式而不是相机抉择行为，都承认对中央银行的实践而言，动态不一致性并不是一个严重的问题，中央银行的行为可以被看做是一种规则下的行为。与这种观点相对立，更多的文献假定货币政策操作本质上是相机抉择的，关于分析和比较不同目标设定下相机抉择中央银行的行为，早期的文献有罗戈夫（1985）、瓦什（1995）等，较新的文献有瓦什（2003）、詹森（Jensen，2002）等。

（3）如何从理论上刻画通货膨胀目标制度？采用最优货币政策分析方法刻画通货膨胀目标制度是当前理论研究的标准方法，但和上一个问题相联系，既可以在相机抉择下进行最优货币政策分析，也可以在承诺下进行最优货币政策分析，两种分析方式得到的均衡结果有明显的区别。

鉴于上述争议和不同文献之间存在的矛盾，本书首先根据 Phillips 曲线的特征把分析框架分为传统框架和现代框架，并通过引入不完全承诺、不完全规则使相关研究可归入“最优货币政策规则理论”这一同一主题内。在系统综述了相关理论之后，本书进一步考察了货币政策规则的实质和内涵，并以此为基础分析了实践中的通货膨胀目标制度及在我国应用的可行性。

第三节 研究方法

本书采用的研究方法主要包括：

（1）归纳和演绎相结合。本书分别在传统框架和现代框架内对规则和相机抉择下的均衡结果进行了分析，并以此为基础探讨了规则的本质，扩展了规则的内涵。进一步地，基于对规则内涵的扩展，分析了各种模型中规则的特征，分析了实践中的通货膨胀目标制度，同时这些分析又反过来加深了对规则的认识。

（2）历史分析方法。为了更清楚地认识货币政策规则内涵的变化，本书对各种政策规则依照其历史产生顺序进行了比较研究。

（3）理论研究和随机模拟相结合。最优货币政策规则的理论分析往往比较复杂，有些均衡结果还不能用显式解表示出来，为了更形象直观地展现其均衡时的一些特征，本书采用了随机模拟方法。实际经济周期模型常常采用校准方法给出动态随机一般均衡模型中参数的具体值，本书直接把一些文献估计出的参数值代入模型，以便得到特定冲击下产出、通货膨胀等宏观变量对冲击的反应情况，从这些反应中可看出不同规则下均衡结果之间的区别。

（4）定性研究和实证研究相结合。我国的金融体制和货币政策制度有其特殊性，不能把基于现代市场经济的一些理论和经验直接拿过来套用。本书一方面从理论上定性分析了最优货币政策规则理论在我国应用的可能性，定性分析了西方通货膨胀目标制度的实践经验对我国的借鉴意义；另一方面，结合我国的实际情况进行了一定的实证研究。

第四节　主要内容和框架

本书除了引言（第一章）外，包括三篇：

第一篇为基础篇（第二章）。介绍了本书采用的分析框架的结构，并对其中的重要组成部分作了简要说明，为以后章节提供必要的说明和铺垫。

第二篇为理论篇（包括第三至第五章）。分别在传统分析框架和现代分析框架下对规则和相机抉择下的均衡结果进行了比较，并以此为基础探讨了货币政策规则的本质，扩展了其内涵。

第三篇为应用篇（包括第六至第七章）。第六章在简要总结了通货膨胀目标制度的实践经验后，以最优货币政策规则理论为基础说明了该制度的合理性；第七章分别就最优货币政策规则理论在我国的应用和通货膨胀目标制度的实践经验对我国的借鉴作用进行了简单分析。

本书的基本框架如图 1–1 所示：

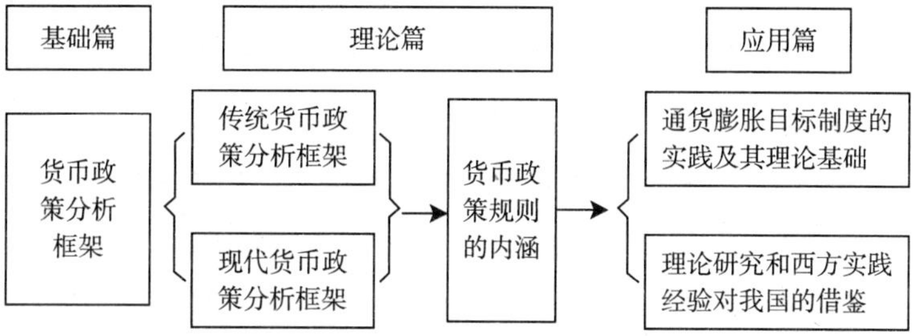

图 1–1 本书的基本框架

第五节 主要创新和不足

本书以货币政策规则的相关研究为基础，结合通货膨胀目标制度的具体实践，采用统一的分析框架对最优货币政策规则理论作了较为系统的综述；并以此为基础考察了实践中的通货膨胀目标制度，说明了其合理性和相关的理论基础；初步分析了相关理论研究对我国的货币政策分析的适用性，以及通货膨胀目标制度的实践经验对我国货币政策操作的借鉴意义。本书的主要创新之处有：

（1）不少文献以基本的新凯恩斯主义模型为基础通过模拟方法分析规则相对于相机抉择的优势所在，本书把分析扩展到多种更为复杂的混合模型中，这些分析进一步支持了规则的优势。

（2）本书明确指出了货币政策的最优性假设对评价不同的货币政策操作方式的影响；指出了规则不仅具有可信性而且具有灵活性优势；讨论了规则的一般形式及其应用。这些方面往往是相关研究中容易出现错误或不一致之处，通过这些分析进一步说明了规则的本质和内涵。

（3）本书分析了最优货币政策规则理论在我国应用的局限性，指出了直接套用西方分析框架存在的问题。鉴于我国正处于转型期，经济发展的不平衡是一个基本特征，本书以存在产业间差异为例分析了转型经济中采用通货膨胀目标制度时的操作问题，特别是分析了货币政策所应稳定的通货膨胀目标指数的构造问题。

最优货币政策规则理论只是从特定的角度反映了中央银行的实践和货币政策理论的快速发展，它强调预期在公众决策中的重要性，强调预期渠道在货币政策传导机制中的重要性，强调预期管理在货币政策操作中的重要性。这种分析角度限制了该理论的适用性，特别是限制了其对我国货币政策分析和中央银行操作的借鉴意义。最优货币政策规则理论通过分析不同操作方式下均衡结果的特征和福利水平说明了货币政策规则相对于相机抉择的优势，但并没有具体研究规则的制定问题，并没有直接研究中央银行的制度建设，从而不能直接用于指导我国建设现代化中央银行的实践。关于最优货币政策规则及通货膨胀目标制度实践的理论研究历史较短，在一些方面还不成熟，争议也较大，这些决定了本书的研究只能是初步的研究，在不少方面还有待进一步完善。

第一篇

基础篇

第二章　货币政策分析框架

货币政策分析框架是对不同货币政策制度下政策工具和各层次的政策目标之间关系进行分析的一个整体性框架。货币政策工具主要包括量（如基础货币、货币量、信贷规模）和价（如利率）两种；货币政策目标可分为最终目标和中介目标。其中，最终目标包括名义变量（如通货膨胀）和实际变量（如实际产出）。虽然从研究历史看，特别强调货币量等中介目标的作用，但鉴于20世纪90年代以来越来越多的中央银行直接钉住最终目标的实际情况，本书对货币政策分析框架的概述主要针对的是政策工具（特别是利率）和最终目标（主要是通货膨胀和实际产出）之间的关系。

由于货币政策的作用过程是中央银行和私人个体之间的互动过程，货币政策分析框架不仅要包括对中央银行政策操作行为的描述，还需要一个适当的宏观经济模型来描述私人经济个体的行为。用于货币政策分析的宏观经济模型通常包括总需求和总供给两个模块：总需求模块给出了最终目标变量对货币政策工具的反应函数；总供给模块给出了主要目标变量之间的相互关系。货币政策分析框架可以看做是在特定的宏观经济模型中加入描述中央银行行为的模块而组成的一个方程组。

本章给出了一般形式的货币政策分析框架，主要包括五部分：①对现实中的货币政策操作框架的概述，这是形成分析框架的实践基础；②对中央银行货币政策操作行为的设定，主要介绍了中央银行系统性的规律性的政策制定方式，即货币政策操作规则；③简要介绍了常见的用于货币政策分析的宏观经济模型，包括总需求曲线和总供给曲线；④关于货币政策分析框架的两个说明性例子；⑤关于不同货币政策规则的比较和分析框架的选取问题。

第一节 货币政策操作框架

货币政策操作框架主要包括货币政策工具、短期操作目标、中介目标和最终目标以及它们之间的作用机制。政策工具是中央银行所能控制的各种策略和手段，包括一般性政策工具、选择性政策工具和其他补充性政策工具三类。一般性政策工具主要包括存款准备金政策、再贴现政策和公开市场业务等；选择性政策工具是中央银行针对某些特殊的经济领域和情况而采用的政策工具，如消费者信贷控制、证券市场信用控制等；此外，工具是指中央银行还可以通过道义劝告、窗口指导等补充性政策工具进行货币政策操作。中央银行货币政策工具的变动，通常是为了实现某个事先确定的操作目标。与政策工具相对应，常见的操作目标有银行准备金的某个指标（总准备金、借入准备金或非借入准备）、银行间同业日拆借利率（如美国的联邦基金利率）等。最终目标是货币政策的终极目标，也就是通常所说的货币政策目标；传统的货币政策目标包括价格稳定、充分就业、经济增长和国际收支平衡。中央银行政策工具的变动对最终目标的影响有较长的时滞，而且其效果也具有不确定性，为此中央银行往往在最终目标和操作目标之间设定中介目标，并通过观测中介目标的变动情况来预测货币政策对最终目标的影响，进而对政策工具的操作作出相应的调整，货币政策的中介目标起着承上启下的作用。这种特殊的作用要求中介目标必须能够对货币政策工具的变动作出迅速的反应，同时还要求它的变动在很大程度上能够影响最终目标的未来变动趋势。良好的货币政策中介目标应该具有三个特征：①可测性，中央银行必须能够连续、准确、及时地获得中介变量的统计数据，以便于及时调整货币政策；②可控性，中央银行能够通过政策工具操作有效影响中介变量，当中介变量发生偏离时，中央银行能够及时地使之回复到目标区域之内；③与最终目标的相关性，货币政策的根本目的是要实现最终目标，如果中介目标和最终目标之间的相关性不稳定或不可预测，则中介目标既无法指导货币政策操作，也无法传递政策信号。传统的货币政策中介变量主要有三种：利率、货币量和汇率。

20 世纪 90 年代以来，越来越多的中央银行明确放弃了钉住中介目标的操作方式，而以直接钉住最终目标来设定货币政策工具。货币政策的最终目标是货币政策操作所希望达到的最终结果，在具体的货币政策操作中，不仅需要一些原则性的规定（如货币政策的最终目标是为私人经济的健康运行提供良好的政策环境、是为了保持宏观经济的平稳运行、是为了避免大的经济波动等），更需要明确设定具体的目标变量及其路径，例如不少国家将通货膨胀稳定目标设定为保持 CPI 年上涨率在 2%左右。对充分就业和经济增长目标的设定虽然不是特别明显，但在政策操作中其含义都是明确的、具体的，例如通过对劳动力市场的调查分析确定自然失业率，通过多种方式判断出自然产出水平。充分就业目标就是使失业率大致等于自然失业率，经济增长目标就是使 GDP 保持在其自然水平附近。过高的失业率和过低的经济增长影响人们的福利水平，而过低的失业率和过高的经济增长也容易导致通货膨胀，不具有可持续性。如何确定自然失业率和自然产出水平是货币政策操作中的一项艰巨却异常重要的任务，如图 2-1 所示。

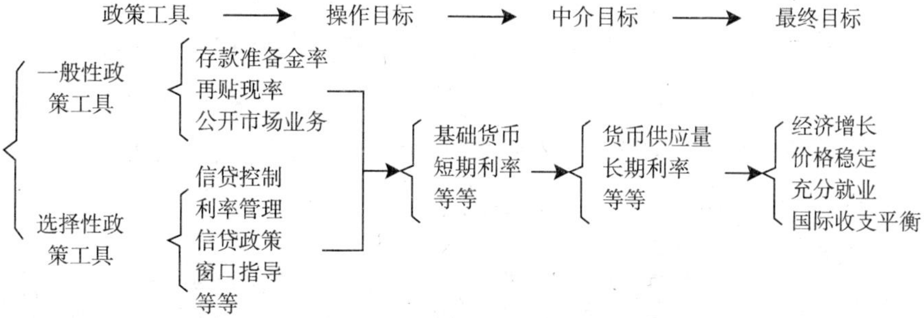

图 2-1 货币政策操作框架

资料来源：本图摘自江其务（2002），本书对图表格式略有修改。

第二节　货币政策规则

货币政策规则是中央银行设定货币政策工具时的系统性的行为方式，可用于描述中央银行的货币政策操作行为。它既可以是直接规定利率等政策工具的制定方式（被称为工具规则），也可以通过设定货币政策目标的设定来间接给出政策制定方式（被称为目标规则）。常见的工具规则有弗里德曼规则、麦卡勒姆规则和泰勒规则，目标规则包括最终目标规则和中介目标规则。其中，最终目标规则有通货膨胀目标规则、名义收入目标规则等；中介目标规则有货币供应量目标规则、汇率目标规则等。泰勒规则和通货膨胀目标规则是研究最多的政策规则。

一、泰勒规则

传统的货币政策研究中假定中央银行能控制货币量，重点研究货币量和宏观经济运行之间的关系。实践中，中央银行的操作工具主要是短期利率，而且随着金融自由化和全球化的进展，中央银行对货币量的控制能力越来越弱，中央银行在制定货币政策时对货币量的关注越来越少。这种理论研究和实践之间的背离在 20 世纪 90 年代得到了明显改善，其中泰勒的贡献较为突出。泰勒（1993）提出了一个后来被称为“泰勒规则”的利率规则，并对规则的含义、规则对货币政策制定的意义等进行了解释。此后泰勒规则得到了广泛重视，相关研究文献大量出现，并得到了中央银行的响应。

1. 泰勒规则及其含义

泰勒（1993）最初提出的政策规则被称为经典的泰勒规则（Classical Taylor Rule），它是对 1987~1992 年美国联邦基金利率设定的具体描述，由于该阶段的货币政策操作被普遍认为是成功的，而且泰勒规则所给出的方程形式和参数值的大小具有明确的理论含义，因此泰勒规则被认为是评判货币政策是否成功的一个基准，是利率设定的一个参考形式。经典的泰勒规则可表示为：

$$i_t = \pi_t + 2 + 0.5(\pi_t - 2) + 0.5y_t \quad (2\text{-}1)$$

其中，i_t 是联邦基金利率，π_t 是前四季度的通货膨胀率，y_t 是实际 GDP 偏离其目标水平的百分比，泰勒假定 GDP 的目标水平为其趋势水平。泰勒规则的基本含义是，如果通货膨胀超过 2%的目标水平，或者实际 GDP 超过趋势 GDP，则提高联邦基金利率；如果通货膨胀率和实际 GDP 处于目标水平，则保持联邦基金利率在 4%的水平，或者说保持实际利率在 2%的水平。

从泰勒规则右边的四项看，分别是预期通货膨胀、均衡实际利率、通货膨胀调整因子和产出缺口调整因子。泰勒用前四季度的滞后通货膨胀率作为通货膨胀预测的代理指标，2%的均衡实际利率和稳态时的经济增长率 2.2 相似（1984 年 1 月~1992 年 3 月实际 GDP 的趋势水平为 2.2）。前两个因素之和是规则给出的名义利率的基准值。与该基准值相对应，通货膨胀保持在其目标水平、产出保持在其潜在水平。第三个因素建议，如果通货膨胀高于目标值就提高名义利率使之高于基准值，如果通货膨胀低于目标值就降低名义利率使之低于基准值。第四个因素建议，如果产出缺口为正就提高名义利率使之高于基准值，如果产出缺口为负就降低利率使之低于基准值，如图 2-2 所示。

泰勒规则虽然简单，而且其参数也是大约数，但却能很好地拟合美联储在 1987~1992 年对联邦基金利率的实际操作情况。从图 2-2 可以看出，在 1987~1992 年，实际的联邦基金利率和政策规则隐含的利率路径之间的走势是相当一致的。其中在 1987 年有较大的偏离，这与美联储放松利率以应对股市恐慌的行为相一致；而 1992 年底与 1993 年，美联储的政策比规则所显示的更为松动，对这种偏离争论较多，仍未形成一致的解释。总体看来，美联储的政策好像是美联储已经遵循泰勒规则的指导一样。

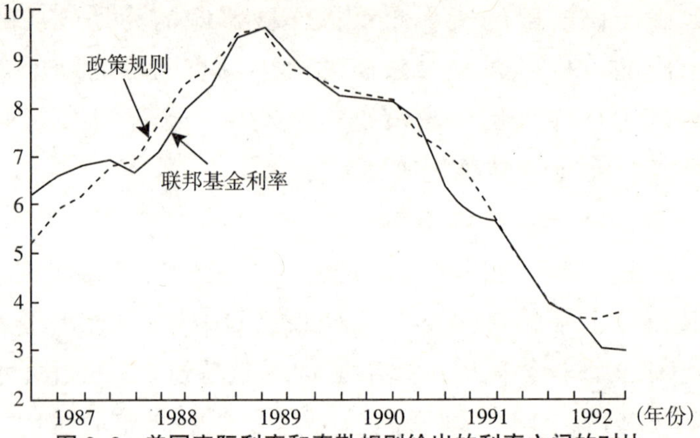

图 2-2 美国实际利率和泰勒规则给出的利率之间的对比

2. 对泰勒规则的扩展

自从泰勒规则提出以来，不少研究对其进行了扩展，这些扩展仍然假定中央银行的最终目标是将产出和通货膨胀稳定在目标路径之上，实现这一目标的政策工具仍然是短期利率，扩展后得到的规则被称为"准泰勒规则"（Taylor-type Rules）。扩展主要是在具体的参数设定（如时机、权重、平滑）和测度方法等方面采用不同的方法。

（1）通货膨胀和产出缺口的测度。常见的通货膨胀测度指标有 CPI、核心 CPI，GDP 缩减指数和预期通货膨胀等。关于产缺口的测度争论较多，一些重要的研究部门、国际组织和个人都给出了各自对潜在产出的定义和测度方法。

（2）时机选择。泰勒规则使用的是同期的产出缺口和前四季度的通货膨胀缺口，有些研究选择更多的滞后项，有些研究鉴于中央银行在制定政策时不知道当前季度的实际 GDP 数据和价格指数的值，而使用滞后一季度的数据。另一种选择则相反，包含对未来的预期项，例如克拉丽达等（1998）使用的是当期对下一期通货膨胀的预期 $E_t\pi_{t+1}$，这种规则通常被称为前瞻性规则（Forward-looking Rules）。

（3）货币政策规则中的通货膨胀调整因子和产出缺口调整因子的权重反映了中央银行对两个稳定目标的重视程度，泰勒本人也承认学术界对该权重的大小还有争论。常见的一种权重选择是通过最小化社会损失来求最优权重，被称为最优泰勒规则。

（4）泰勒规则没有考虑利率平滑问题，而实践中中央银行对利率的调整并不是一步到位的，而是在一段时期内通过多次小幅度的调解逐步使利率达到目标水平。利率平滑的原因可能是由于中央银行关注金融市场稳定；或是由于中央银行在制定货币政策时不只是考虑本期情况还考虑过去几个季度经济运行情况；而且，当利率对经济的冲击具有不确定性时，平滑也是一种合理的选择。

二、通货膨胀目标规则

斯文森（1997，1999）假定中央银行是通过最小化特定的损失函数来进行政策操作的，进入中央银行损失函数的变量就是目标变量，目标规则是对目标变量之间某种关系的承诺。斯文森把目标规则划分为广义和狭义两种：广义目标规则可用中央银行所要最优化的特定的福利（损失）函数来表示；在具体的结构方程约束下，可得到该最优化问题的一阶条件，斯文森把该一阶条件看做是狭义目标规则。

斯文森把通货膨胀目标制度解释为一种灵活的通货膨胀目标规则：中央银行主要关注通货膨胀的稳定，同时也关注产出的稳定，在保证通货膨胀目标得以实现的同时尽力使产出稳定在其潜在水平附近。以后章节将对通货膨胀目标规则进行较详细的分析，这里只在新凯恩斯主义框架下对其作一简单介绍。假定中央银行的目标是追求未来预期损失的最小化，其损失函数可表示为：

$$L_t = \sum_{\tau=0}^{\infty} \beta^{\tau} E_t(\pi_{t+\tau}^2 + \lambda x_{t+\tau}^2) \quad (2\text{-}2)$$

其中，x_t 表示产出缺口，它是实际产出和自然产出之差，中央银行的产出缺口目标为 0。中央银行承诺选择适当的利率路径以最小化该损失函数，私人经济个体相信中央银行的选择将不变。[①] 在基本新凯恩斯主义供给方程 $\pi_t = \beta E_t \pi_{t+1} + \kappa x_t$ 的约束下求解该最优化问题可得到一阶条件：

$$\pi_{t+\tau} = -\frac{\lambda}{\kappa}(x_{t+\tau} - x_{t+\tau-1}) \tag{2-3}$$

从该最优化例子看，中央银行要最小化损失函数 $L_t = \sum_{\tau=0}^{\infty} \beta^{\tau} E_t(\pi^2_{t+\tau} + \lambda x^2_{t+\tau})$，这可看做是广义目标规则，进入目标函数的变量 π_t、y_t 是目标变量，由该最优化问题得到的一阶条件 $\pi_{t+\tau} = -\frac{\lambda}{\kappa}(x_{t+\tau} - x_{t+\tau-1})$ 是狭义目标规则，它给定了目标变量应该遵循的一种特定的关系。

与泰勒规则相比，通货膨胀目标规则下中央银行也可以以利率为工具，而且货币政策目标也包括通货膨胀稳定和产出稳定等目标，这和泰勒规则是一致的。根据斯文森（2003）的论述，和泰勒规则相比通货膨胀目标规则至少还有如下两个优点：

（1）该规则假定中央银行和私人经济个体一样，其行为也是一种最优化行为，而泰勒规则只是假定中央银行依照一个给定的反馈方程行事。通货膨胀目标规则的这种最优化假定与巴罗和戈登（1983）等传统的货币政策分析相一致，更符合宏观经济理论追求微观基础的基本方向。

（2）在通货膨胀目标规则的分析框架下得到的利率均衡路径远比泰勒规则给出的公式复杂，特别是可以包含具体的冲击变量。这意味着在通货膨胀目标规则下中央银行利用的信息量远大于泰勒规则下的信息量，这和实践中的中央银行重视搜集和利用各方面的信息是一致的。

① 以后章节的分析将表明，中央银行最小化该损失函数的行为既可能是一种承诺下的行为也可能是一种不能做出承诺下的相机抉择行为，与之相对应的分别是承诺均衡解和相机抉择均衡解。两种结果有明显区别，这里只给出了承诺下的均衡结果。

三、其他货币政策规则

泰勒规则和通货膨胀目标规则是当前研究的主要规则，另外还有麦卡勒姆规则、名义收入目标规则（Nominal Income Targeting）、魏克塞尔规则（Wicksellian Rule）和货币固定增长规则（Monetary-growth Rule）等。麦卡勒姆规则又称为基础货币规则，该规则假定中央银行的政策工具是基础货币，并给出了基础货币对名义收入变动的反应公式。名义收入目标规则下中央银行以稳定名义收入为目标，由于没有限定具体的政策工具，相关文献通常假定政策工具为短期利率。魏克塞尔规则是一种价格水平规则，强调不仅要稳定价格的变动（通货膨胀），而且要使价格的绝对水平稳定在目标路径之上。和其他规则不同，货币量规则是一种中介目标规则，它曾经是货币政策研究中的重要规则，但随着货币量在实践和理论研究中的重要性越来越小，该规则也逐渐受到了冷落。

1. 魏克塞尔规则

魏克塞尔规则也称为价格水平规则。假定中央银行的目标是把价格水平稳定在一给定的目标路径上，其中各期的价格水平目标可以是不同的，如按照某一速度 π 固定增长。以价格水平为目标和以通货膨胀为目标是有区别的，以通货膨胀为目标要求通货膨胀稳定在某一固定的路径上，此时价格水平是单位根过程，可以发生基期漂移，而在魏克塞尔规则下价格水平是一平稳过程：当价格水平偏离目标路径时，如出现一个向上的跳跃，以通货膨胀为目标时只要求未来各期的通货膨胀稳定在目标路径之上，而以价格水平为目标时还要求价格回落以弥补以前的偏差。例如，当前的价格水平是 100，由于某种冲击，价格水平从第 1 年的 100 上升到第 2 年的 103，如果货币政策目标是保持价格水平不变，则要求中央银行采取补救措施，在以后时期把价格水平降低到 100；而如果以保持通货膨胀不变为目标时，中央银行只需在此后以保持价格水平在 103 为目标，不需纠正以前的偏差。

魏克塞尔规则可表示为利率规则（工具规则）形式：

$$\tilde{i}_t = \phi(p_t/p_t^*;\ v_t) \tag{2-4}$$

其中，$P_t^* > 0$ 为中央银行设定的价格水平目标路径，v_t 为随机冲击。该规则对数线性化后变为：

$$i_t = \phi_t p_t + v_t \tag{2-5}$$

其中，p_t 为（经过标准化后的）价格的对数形式。魏克塞尔（1898）强调系数 $\phi_t > 0$ 的重要性，他认为："如果价格升高应该提高利率，如果价格降低应该降低利率；利率应该保持在其新水平，直到价格的进一步变动需要利率变动时为止。"

魏克塞尔规则也可表示为目标规则的形式。假定 p_t^* 为价格的目标路径，和通货膨胀目标规则一样，可采用如下形式的二次损失函数来表示魏克塞尔规则：

$$L_t = \sum_{\tau=0}^{\infty} \beta^{\tau} E_t\left((p_{t+\tau} - p_{t+\tau}^*)^2 + \lambda x_{t+\tau}^2\right) \tag{2-6}$$

在特定的结构方程约束下，通过最小化该损失函数可得到魏克塞尔规则下利率、产出和价格水平的均衡路径。

2. 名义收入目标规则

名义收入目标规则包括名义收入增长目标规则和名义收入水平目标规则两种。名义收入的对数等于价格水平的对数和实际产出的对数之和，即 $Y_t = p_t + y_t$，名义收入的对数的增长率等于通货膨胀和产出增长之和，即 $g_t = \pi_t + y_t - y_{t-1}$。以名义收入增长率 g^* 为目标的目标规则可表示为如下形式的二次损失函数：

$$L_t = (\pi_t + y_t - y_{t-1} - g^*)^2 \tag{2-7}$$

与增长率目标类似，名义收入水平目标规则的二次损失函数为 $L_t = (p_t + y_t - Y^*)^2$。

名义收入目标规则引起了理论研究的长期关注，其所具有的一些基本性质和基本的货币政策理论相一致。詹森（Jensen，2002）的研究表明，以名义收入增长为目标有时要比以通货膨胀为目标有优势，在特定的模型设定下能实现更好的结果。

3. 货币固定增长规则

货币量固定增长规则是弗里德曼提出的，可简单表示为：

$$m_{t+1} - m_t = \mu^{*}$$ [①] (2–8)

其中，m 为对数形式的货币量。货币主义认为货币量固定增长规则具有一些明显的优点：①易于理解，容易得到公众的认同；②如果货币量以一定比例固定增长的话，通货膨胀不会太高；③利率可以根据市场的变化相应作出调整，自动实施反周期的调控。

货币量固定增长规则强调货币量作为中介目标的重要性。弗里德曼认为，虽然货币政策的最理想目标是控制价格水平，但由于存在长而可变的时滞，中央银行不具有相应的预测能力，因此试图直接控制价格水平将增加对经济的干扰。控制货币量的滞后期较短，可以预测到控制效果，货币量是一个合适的中介目标。20 世纪 70 年代，为了治理“滞胀”，许多国家采用了货币主义的政策主张，以货币供应量为中介目标，最终使经济增长和通货膨胀回复到正常状态。然而，随着金融创新的发展，货币量作为中介目标的效果有所降低。目前，发达国家基本上都放弃了该中介目标。德国被认为是以货币量为中介目标的成功代表，其从 1975 年采用货币量目标以来，通货膨胀长期保持在较低水平。然而克拉丽达和格特勒（1997）等认为德国并没有严格以货币量为中介目标，而更重视钉住通货膨胀。通过对德国历史数据的分析表明，用通货膨胀和实际产出和汇率等变量能有效解释短期利率的变动，而货币量的解释能力则较弱。

① 货币固定增长规则也可以表示为目标规则形式，对应的单期损失函数为 $L_t = (m_{t+1} - m_t - \mu^{*})^2$，中央银行通过最小化该损失来确定货币量，当中央银行对货币具有完全的控制能力时可得到用工具规则表示的形式：$m_{t+1} - m_t = \mu^{*}$。

第三节　宏观经济模型

要分析货币政策，评价货币政策效果，除了需要描述货币政策的模块外，还需要一个描述私人经济个体行为的宏观经济模块，该模块可以是各种宏观经济模型。常用于货币政策分析的宏观经济模型通常比较简单，最简单的可由总需求曲线和总供给曲线两个方程式组成。

一、总需求曲线

总需求曲线反映了货币政策对总需求的作用机制。不同的宏观经济理论对货币政策作用机制的设定不同，所给出的总需求曲线也不同。受货币主义的影响，特别是弗里德曼等经济大师的影响，长期以来理论研究主要以货币量为政策工具，相应的总需求曲线也表示为总需求和货币量之间的关系。凯恩斯主义的 IS–LM 模型是教科书所给出的标准的总需求分析模型，也是得到广泛应用的实用政策分析工具。该模型假定货币量是中央银行可控制的政策工具，在中央银行给定货币量之后，货币市场和商品市场达到均衡时所对应的就是均衡的实际产出和实际利率。

最简单的 IS–LM 模型用两个方程来描述总需求，见图 2–3。IS 方程描述的是商品市场均衡情况。在收入给定时，较高的利率降低了总需求，总需求和利率之间是负的相关关系。这种负的相关关系主要表现在投资需求上，更复杂的模型还研究利率和耐用品需求及一般消费品需求之间的负的相关关系，而在开放经济中利率和总需求的负相关关系还表现在高利率使本国货币升值进而减少净出口方面。

LM 方程描述的是货币市场均衡情况。货币需求量反映了对流动性的需求，它是收入的增函数、利率的减函数。流动性偏好和中央银行提供的货币量共同决定了货币市场的均衡。如果货币供给给定，收入的增长意味着对流动性的需求的增加，进而使货币供需相等时的均衡利率升高。

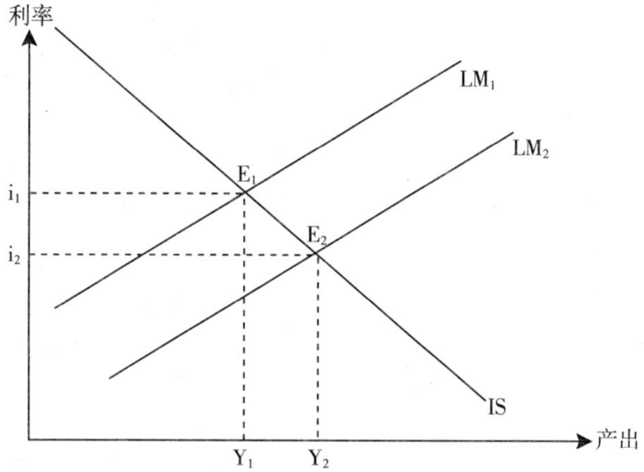

图 2-3 IS-LM 分析框架

IS 曲线和 LM 曲线的交叉点是商品市场和货币市场同时达到均衡时的产出和利率的组合。正如图 2-3 所示，货币供给量的增加使 LM 曲线向下移动，均衡点沿着 IS 曲线向右移动，降低了利率，增加了产出。货币政策对产出的影响除了取决于货币政策力度的大小外，还与 IS 曲线和 LM 曲线的斜率有关。

基本的 IS-LM 模型是简单实用的政策分析模型，在教科书和实际政策分析中得到了广泛应用，但这种简化在带来方便的同时也限制了模型的应用范围。从货币政策分析看，该模型的主要问题有：

（1）动态分析很麻烦。货币政策的操作是不断对政策工具作出调整的一个动态过程，而且动态化也是现代宏观经济学的一个重要特征，基本的 IS-LM 模型在假定货币量给定情况下能直观地确定均衡时的产出和利率，但要对不同货币政策下的均衡结果进行比较，并进行动态化分析就很复杂了。

（2）不方便研究通货膨胀问题。该模型中虽然包含价格变量，但实际利率、实际产出和真实货币余额等都是实际变量，模型不能内生确定均衡时的价格水平。为了得到均衡时的价格水平还需要考虑供给方面的因素，通常的做法是由 IS-LM 模型得到表示价格和产出之间关系的一个总需求方程，再由该总需求方程和总供给方程确定均衡时的产出和价格水平。这种分析使对政策的分析更加复杂。另外，该均衡结果给出的也是均衡时的价格水平，与货币政策分析中特别强调的通货膨胀还有区别。

（3）不包含预期因素。在制定货币政策时，通货膨胀预期是一个重要的概念，但在基本的 IS-LM 模型中并不包含预期因素，它假定通货膨胀预期是外生给定的。

（4）货币政策工具是货币量，与实践不相符。实践中的中央银行普遍以利率为政策工具，货币量在政策制定中的作用并不重要，货币政策规则的研究表明以利率为政策工具能更好地描述中央银行的行为。

中央银行根据特定的货币政策规则来设定利率，在利率给定后，由 IS 方程可得到商品市场均衡时的总需求——这意味着不包含 LM 方程，不考虑货币市场情况下也能得到均衡结果。随着货币量在制定货币政策中的作用越来越弱，这种没有 LM 方程的总需求曲线在货币政策分析中的应用越来越广泛。①

二、Phillips 曲线

当前用于货币政策分析的总供给方程主要有卢卡斯供给方程和新凯恩斯主义供给方程，另外，实证分析中仍然较多地使用传统的 Phillips 曲线。

卢卡斯（1972，1973）基于不完全信息假设提出了货币经济周期理论。该理论虽然假定完全竞争、市场出清和理性预期，但放弃了完全信息假定，认为厂商暂时不能获得准确的价格信息。当厂商生产的商品的价格上涨时，厂商不知道这种价格变动是由于商品本身的相对

① 罗默（2000）等文献提倡没有 LM 曲线的宏观经济分析框架。

需求的变动引起的，还是由于一般价格水平的变动引起的。此时，厂商的最优反应是部分增加产量。在这种不完全信息假定下，中央银行可以通过提高一般价格水平来刺激实际经济，货币政策的变动具有实际效应。不过，新古典宏观经济学强调理性预期的重要性，并认为市场是无摩擦的，能及时出清，因此厂商能正确预期到货币政策的任何系统性的变动，并对之作出正确反应，而系统性的货币政策不具有实际效应，只有那些随机的、非预期的货币政策冲击才能影响实际经济的运行。卢卡斯供给曲线集中反映了其货币经济周期理论的核心观点，该供给曲线可表示为：

$$y_t = b\,(\pi_t - E_{t-1}\pi_t) + \varepsilon_t \tag{2-9}$$

其中，y_t 为产出的对数，π_t 为通货膨胀，$E_{t-1}\pi_t$ 为私人经济个体在 t-1 期对 t 期通货膨胀的理性预期，ε_t 为供给冲击。假定对各变量都进行了标准化，因此方程中不包括常数项。该表达式中括号内的项是非预期通货膨胀的变动，它反映了货币政策的非预期变动。预期到的货币政策变动和预期到的通货膨胀变动并不影响实际产出。

虽然卢卡斯供给曲线在理论和实证检验方面都存在不尽如人意之处，但它包含了理性预期因素，可以用来分析私人经济个体的理性预期对货币政策的影响。巴罗和戈登（1983）采用了这种形式的供给曲线分析了理性预期下承诺的动态不一致性问题和相机抉择的通货膨胀偏差问题。这两个问题在此后的很长一段时期内一直是货币政策分析中的核心问题，有大量文献在不同假定下讨论了这两个问题的严重性及可能的解决方法。

20 世纪 70 年代，卢卡斯等以理性预期为工具强烈抨击了凯恩斯主义，新凯恩斯主义就是对这种抨击作出反应的结果。新凯恩斯主义接纳了理性预期假定，强调宏观经济理论的微观基础，是“以最优化行为和理性预期为基础探索严密可信的工资和/或价格黏性模型”（戈登，1990）。根据曼邱和罗默（Mankiw 和 Romer，1991）的定义，新凯恩斯主义的核心特征有两个：①否定古典二分法，认为货币是非中性的；②认为这种非中性可以用市场不完全性来解释。[①]

新凯恩斯主义是观点极为不同的群体，不存在统一的新凯恩斯主义模型，当前比较有影响的模型是所谓的“新凯恩斯主义 Phillips 曲线”。该曲线可由卡尔沃（Calvo，1983）最优交错定价模型推导得出。卡尔沃对价格黏性的假定是：商品市场是垄断竞争的，厂商具有市场力从而具有定价能力，但每期都有部分厂商必须保持价格固定不变，而其余的厂商可制定新的价格。为了简单，假定在任一时期任何商品的价格被调整的概率是固定的，它独立于与上次价格调整的时间间隔，独立于当前商品价格本身。

新凯恩斯主义 Phillips 方程[②]（本书称为新凯恩斯主义基本方程）可表示为：

$$\pi_t = \beta E_t \pi_{t+1} + \kappa x_t \tag{2-10}$$

其中，x_t 是产出缺口，表示实际产出与自然产出之差，$x_t = y_t - y_t^*$，这里自然产出为不存在名义黏性时的产出水平。与卢卡斯供给方程不同，该方程包含前瞻性预期项，这意味着对未来通货膨胀的预期影响当前通货膨胀。这种前瞻性可以从垄断竞争厂商的定价行为中得到合理解释：由于厂商在定价时已经知道其商品价格可能要持续若干期，因此必须考虑未来通货膨胀对其利润的影响，即厂商的定价行为是前瞻性的。这种前瞻性行为意味着中央银行可以通过影响厂商对未来货币政策和通货膨胀的预期来影响当前通货膨胀。而且在理性预期下，只有系统性的货币政策行为能通过影响私人经济个体的前瞻性预期而影响当前经济行为，从而为研究中央银行的系统性行为方式、研究货币政策规则提供了模型和工具。

需要注意的是，新凯恩斯主义供给方程中的系数 β 是私人经济个体的贴现率，它通常小于 1，因此无条件产出缺口 $E[x_t] = ((1-\beta)/\kappa)E[\pi_t]$

① 根据这种定义，卢卡斯供给曲线也属于新凯恩斯主义范畴。

② 在对不完全性作出不同假设下也可以得到该形式的总供给曲线，如曼邱和瑞斯（Mankiw 和 Reis，2002）假定厂商在定价时不能即时处理并对大量的宏观经济信息作出恰当反应，否定了一般均衡模型中的完全信息假定，在此基础上得到了类似的总供给曲线。

可以不等于0，中央银行可以通过制造不断上涨的通货膨胀使产出持续高于潜在水平，这意味着该方程与货币政策长期中性的命题不一致，这被认为是新凯恩斯主义供给曲线的一个重要缺陷。由于这个缺陷，该供给曲线不能用于研究严重通货膨胀问题。不过，在假定通货膨胀基本稳定的条件下还是适用的。

在新凯恩斯主义基本方程中，通货膨胀是完全前瞻性的，即当前通货膨胀只受到对未来通货膨胀的预期和当前产出的变动的影响，而不受过去通货膨胀的影响。这种完全前瞻性与现实不相符，实证研究表明现实中的通货膨胀具有明显的持续性。鉴于此，不少文献把传统的凯恩斯主义 Phillips 曲线和新凯恩斯主义曲线综合起来，得到混合的 Phillips 曲线：

$$\pi_t = \rho\pi_{t-1} + (1-\rho)\beta E_t\pi_{t+1} + \kappa y_t + u_t \tag{2-11}$$

其中，u_t 是通货膨胀冲击。参数 ρ 反映了过去通货膨胀对当前通货膨胀的影响，即通货膨胀的滞后程度。如果 $\rho=1$ 就是传统的凯恩斯主义供给曲线。

通货膨胀的滞后性与厂商的最优决策之间是不一致的，在新凯恩斯主义一般均衡模型中引入滞后通货膨胀的一种简单方法是假定有部分厂商是适应性预期的，它们没有进行最优化决策而只是简单地根据通货膨胀走势来确定商品价格。总体的通货膨胀受最优化决策厂商和非最优化决策厂商的共同影响，既具有前瞻性又具有滞后特征。

第四节 两个例子

下面给出两个货币政策分析框架的例子。这两个例子对中央银行行为的假定分别采用目标规则和工具规则形式，所使用的宏观经济模型是一种动态的理性预期模型，这种宏观模型具有明确的微观基础，是当前用于货币政策分析的标准模型，也是本书随后章节采用的主要模型。

一、目标规则下的货币政策分析框架

第一个例子用目标规则来表示中央银行行为，分析框架如下：

$$\min_{\{i_{t+\tau}\}} \sum_{\tau=0}^{\infty} \beta^{\tau} E_t\{(\pi_{t+\tau}+\pi^*_{t+\tau})^2+\lambda_x(x_{t+\tau}+x^*_{t+\tau})^2+\lambda_i(i_{t+\tau}-i_{t+\tau-1})^2\} \quad (2\text{-}12)$$

$$\text{s.t.}\begin{cases} x_t=\gamma_1 x_{t+\tau-1}+\gamma_2 E_{t+\tau}x_{t+\tau+1}+\gamma_3(i_{t+\tau}-E_{t+\tau}\pi_{t+\tau-1})+\varepsilon_{t+\tau} & (2\text{-}13)\\ \pi_{t+\tau}=\alpha_1\pi_{t+\tau-1}+\alpha_2 E_{t+\tau}\pi_{t+\tau+1}+\alpha_3 x_{t+\tau}+u_{t+\tau} & (2\text{-}14)\end{cases}$$

该框架由一个目标规则和一个简单的宏观经济模型构成，其中中央银行的损失函数是通货膨胀 π、产出缺口 x 等的二次函数，各目标变量的目标值用星号（*）来表示。产出缺口表示实际产出水平与潜在产出水平之间的差，不同文献对潜在产出的定义不同，这里的潜在产出也称为自然产出，表示灵活价格下的均衡产出，记为 y^n_t。记实际产出为 y_t，产出缺口表示为 $x_t=y_t-y^n_t$。λ_x 是产出的目标权重，表示产出缺口稳定与通货膨胀稳定相比的重要程度。损失函数中的最后一项是利率平滑项，表示中央银行不希望利率有大的波动，保持利率稳定是中央银行的目标之一。损失函数是时间可加的，$t+\tau(\tau\geqslant0)$ 期的损失用 β^{τ} 来贴现，贴现因子 β 通常是比 1 稍小的正数。

约束条件（2-13）是所谓的 IS 方程，该方程没有包括常数项是因为各变量都经过了标准化处理。当期产出缺口除了和历史水平、对未来的预期有关外，还受到实际利率 $r_t=i_t-E_t\pi_{t+1}$ 的影响。由于假定存在名义黏性，通货膨胀预期不能即时变动，因此中央银行通过改变名义利率 i_t 能够影响实际利率，进而影响总需求和实际产出。ε_t 是对需求的外生扰动项，常常称为需求冲击。系数 γ_3 为负数，表示实际利率对总需求具有负效应，较高的实际利率压制居民和厂商的支出；系数 γ_2 反映了前瞻性预期的重要性，如果 $\gamma_2=0$ 就是传统的凯恩斯主义 IS 曲线，如果 $\gamma_2\neq0$ 就是前瞻性的附加预期的跨期 IS 方程；系数 γ_1 反映了产出的滞后性，$\gamma_1=0$ 表示当期产出缺口不受上期产出缺口的影响，如果经济个体的支出具有惯性，则 $\gamma_1\neq0$。

约束条件（2–14）是总供给曲线，或称为通货膨胀调整方程。当期通货膨胀除了和其滞后项、对未来的预期有关外，还受到产出缺口的影响。μ_t 是对通货膨胀的外生扰动项，常常称为价格冲击、通货膨胀冲击或成本驱动型冲击（Cost–pushing Shock）。如果 $\alpha_1=0$，则通货膨胀与其滞后项无关，不具有持续性，总供给曲线就是具有完全前瞻性的新凯恩斯主义方程；如果 $\alpha_2=0$，则是传统的加速度——自然率模型，这种模型假定供给和需求之间存在一种平衡状态，即所谓的自然状态（通常用自然产出或自然失业率来衡量），当经济过热时通货膨胀加速，当经济疲软时通货膨胀减速。

二、工具规则下的货币政策分析框架

第二个例子用工具规则来表示中央银行行为，分析框架如下：

$$x_t=\gamma_1 x_{t-1}+\gamma_2 E_t x_{t+1}+\gamma_3(i_t-E_t\pi_{t+1})+\varepsilon_t \tag{2–15}$$

$$\pi_t=\alpha_1\pi_{t-1}+\alpha_2 E_t\pi_{t+1}+\alpha_3 x_t+\mu_t \tag{2–16}$$

$$i_t=\mu_1 i_{t-1}+\mu_2(\pi_t-\pi_t^*)+\mu_3(x_t-x_t^*) \tag{2–17}$$

IS 曲线、AS 曲线和上例中的相同，但这里给出了政策工具（名义利率）的具体行为方程（2–17）。从上例设定的损失函数看，该行为方程确定的利率不是最优的，不能使损失最小化。这里给出的利率规则和经典的泰勒规则相似，$\mu_2>0$，$\mu_3>0$ 意味着如果通货膨胀或产出缺口超过了其目标水平，中央银行将提高利率；泰勒规则假定 $\mu_1=0$ 表示利率的设定不考虑利率平滑问题，而 $\mu_1\neq0$ 和上例中损失函数包含利率平滑目标的含义是一致的。

上述典型框架中假定短期名义利率是中央银行的政策工具，货币政策传导渠道主要是利率渠道，即中央银行通过调整名义利率来影响实际利率，进而影响实际产出。模型中没有货币需求方程，甚至没有货币量本身。这与经典的宏观经济理论和货币理论有明显不同。为了反映货币量的变动情况，我们可以在该框架中加入货币需求方程。假定货币需求方程为：

$$m_t - p_t = \eta_1 y_t + \eta_2 r_t + v_t \tag{2-18}$$

其中，各变量分别表示货币量、价格水平、实际产出和实际利率，各变量均采用对数形式并经过了标准化，货币需求冲击表示为 v_t。货币需求的含义是说，实际货币余额由需要通过货币支付的交易量（这里由实际产出作为代理指标）、持有货币而不能持有的其他资产的机会成本（实际利率作为代理指标）所决定。这里用货币需求冲击来反映货币流通速度的变化。由于假定名义利率是中央银行的政策工具，把货币需求方程加入政策分析模型中并不影响通货膨胀、产出和名义利率的均衡情况，而在由中央银行的政策规则和 IS 方程、AS 方程确定产出和实际利率之后，通过货币需求方程（2-18）可求出均衡时的货币量。

对货币量的这种处理与实践中对货币量的不重视相符合。大多数发达国家的中央银行通常是以名义利率为政策工具的，虽然关注货币量的变动但其作用并不是决定性的。需要指出的是，虽然当前大多数国家仍然主要通过公开市场操作来实施货币政策，以及中央银行需要通过对短期债券的买卖来进行货币政策操作，但通常情况是中央银行首先确定短期名义利率目标，然后才通过公开市场操作来实现已确定的利率目标，因此利率而不是货币基础是中央银行的政策工具。

货币量没有出现在 IS 方程中意味着实际货币余额不影响总需求，或者说货币余额对私人经济个体的支出的影响很小。在通常的货币政策分析中，如果假定私人经济个体的效用函数中包含的实际货币余额和消费等支出变量之间是可分的，则实际货币余额并不影响消费的边际效用，从而不影响消费决策和总需求。

第五节　不同货币政策规则之间的比较

货币政策分析框架由货币政策规则和宏观经济模型组成。事实上存在着多种政策规则和多种宏观经济模型，它们之间有明显的区别，在某些方面甚至是矛盾的。在进行货币政策分析时到底应该选择什么样的政策规则和经济模型呢？特别地，对于中央银行而言，应该以哪一个分析框架为指导来制定其政策工具呢？或者说，它应该选择哪一种货币政策规则作为其政策制定的基准呢？这就涉及不同货币政策规则之间的比较和选择问题。

相关的研究主要包括两个层面：一是对不同类型的政策规则的优劣进行比较，包括目标规则和工具规则之间的比较（如通货膨胀目标规则和泰勒规则之间的比较）、不同类型的工具规则之间的比较（如泰勒规则和麦卡勒姆规则之间的比较）、不同类型的目标规则之间的比较（如通货膨胀目标规则和名义收入规则之间的比较）；二是对同一类型的政策规则中不同参数选取的比较，如泰勒规则中通货膨胀参数的大小、通货膨胀目标规则中产出权重的大小等。

除了从理论上分析各种规则的优点和不足之外，还可采用实际数据来验证各种政策规则的优劣。如通过实证分析得到宏观经济模型的参数值，由该模型和不同的政策规则所决定的均衡结果是不同的，它们所对应的社会福利水平也不相同。此时所选取的用于评价货币政策规则的社会福利函数通常是一个由通货膨胀、产出等主要宏观经济变量所构成的二次函数，该福利函数反映了整个社会或代表性经济个体的福利偏好。

鉴于宏观经济理论研究中并未形成一个得到普遍认可的经济模型，不同学派提出的模型有明显区别，而且实际上不能在相互竞争的模型中决定采用哪一个模型更为合理。面对这种局面，或许一种次优的做法是考察不同的政策规则在相互竞争的宏观模型中的平均表现，那些在各种模型下表现均不差的规则或许是一种更优的政策规则，此即稳健性原则。

用于评价不同规则优劣的社会福利函数是通货膨胀、产出等货币政策最终目标变量的函数。由于各目标之间存在冲突，该社会福利函数需要综合考虑各目标的重要性，在相互冲突的目标之间作出权衡。例如，维持通货膨胀稳定和促进经济增长都是货币政策的重要目标，而两者之间存在替代关系（用斜率为正的 Phillips 曲线来表示），中央银行既可以通过通货膨胀来刺激经济的增长，也可以通过经济衰退来降低通货膨胀。不过泰勒认为，这种短期的替代关系具有较大的不确定性，不能用其加权平均来评价货币政策的长期表现，应该基于通货膨胀和产出的波动性之间的替代关系来进行货币政策评估。下面详细说明这两个稳定目标之间的权衡关系。

假定社会损失函数是一个二次损失函数：

$$L = VAR(\pi) + \lambda VAR(y) \tag{2-19}$$

其中，π 和 y 分别表示通货膨胀和产出缺口，λ 表示产出稳定目标和通货膨胀稳定目标的相对比重。该损失函数表明，当通货膨胀为0、产出等于潜在产出时社会福利达到最大程度。不过稳定通货膨胀和稳定产出两个目标之间存在替代关系，要使通货膨胀更稳定必然导致产出的波动性增大，而要稳定产出则要以承担更大的通货膨胀波动为代价，中央银行要在两个稳定目标之间作出权衡和折中，选取最优的波动性组合。

泰勒通过对一种假想情景的分析解释了两个目标之间的这种矛盾关系。假定在初始期，实际 GDP 等于潜在 GDP，通货膨胀等于中央银行的目标通货膨胀。由于某种原因出现了一个正的货币冲击，使实际 GDP 在几个季度的滞后期后升高到其潜在水平之上，GDP 的升高将导致通货膨胀高于其目标水平，因此中央银行需要决定采取多大程度的紧缩性货币政策以使通货膨胀回复到目标水平。如果货币政策急剧收紧，短期利率大幅度升高，通货膨胀率将很快回归到目标水平，但经济将放慢甚至会陷入衰退。更好的选择可能是采取适度的紧缩政策，使通货膨胀逐渐回归到其目标水平，同时实际 GDP 也慢慢回复到其潜在水平。与前一种政策结果相比，后一种政策使实际 GDP 更稳定，但通货膨胀的波动性增大了。泰勒把通货膨胀波动性和产出波动性之间的这种长期替代关系表示为类似于“生产可能性曲线”的“泰勒曲线”，见图 2-4。曲线的具体位置由冲击的方差、经济结构和货币政策行为所决定；该曲线上的不同点对应于中央银行的损失函数（2-19）

中 λ 的不同值，反映了中央银行在两个稳定目标之间的权衡情况。沿着曲线从左向右移动降低了通货膨胀的波动性但增加了产出的波动性，这意味着使通货膨胀回复到其目标水平的期限更短了。

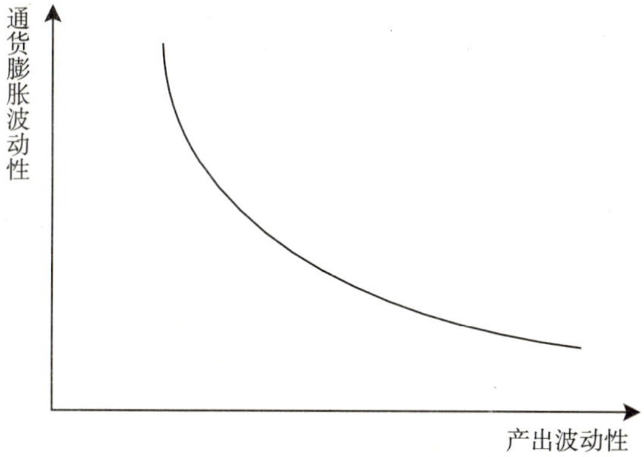

图 2-4 泰勒曲线

注：泰勒曲线也可表示为通货膨胀稳定性和产出稳定性之间的替代关系，此时泰勒曲线变成了凹的。

第六节 本章小结

本章给出了货币政策分析的一般框架，特别是介绍了主要的货币政策操作规则和用于货币政策分析的宏观经济模型，它们分别用来描述中央银行的货币政策操作行为和私人经济个体对货币政策的反应。鉴于存在多种货币政策规则和多种宏观经济模型，最后简要介绍了不同货币政策规则之间的比较和分析框架的选取问题。

本章的一些重要结论如下：

（1）货币政策分析框架是对不同货币政策制度下政策工具和各层次的政策目标，特别是对最终目标之间关系进行分析的一个整体性框架。由于货币政策的作用过程是中央银行和私人个体之间的互动过程，货币政策分析框架不仅包括对中央银行行为的描述，还包括对私人经济个体行为的描述。

（2）货币政策规则是中央银行设定货币政策工具时的系统性的行为方式，可用于描述中央银行的货币政策操作行为。货币政策规则包括工具规则和目标规则两种类型，其中，目标规则又可分为最终目标规则和中介目标规则。研究较多的政策规则有泰勒规则、通货膨胀目标规则等。

（3）在货币政策分析中通常用总需求曲线和总供给曲线来描述私人经济个体的行为。其中，总需求曲线反映了货币政策对总需求的作用机制；总供给曲线反映了货币政策最终目标，主要是实际产出和通货膨胀之间的关系。

（4）长期以来理论研究主要以货币量为政策工具，相应的总需求曲线也表示为总需求和货币量之间的关系。IS-LM 模型是教科书所给出的标准的总需求分析模型，也是得到广泛应用的实用政策分析工具。随着货币量在制定货币政策中的作用越来越弱，越来越多的文献采用不包含 LM 方程的总需求曲线，它们假定中央银行根据特定的货币政策规则来设定利率，在利率给定后，由 IS 方程可得到商品市场均衡时的总需求，从而不考虑货币市场情况下就得到了均衡结果。

（5）当前用于货币政策分析的总供给方程主要有卢卡斯供给方程和新凯恩斯主义供给方程，另外，实证分析中仍然较多地使用传统的 Phillips 曲线。基于这两种供给方程，本书把货币政策分析框架分为传统框架和现代框架两种类型。

（6）对不同的政策规则进行比较是货币政策分析的重要内容，一种常用的比较方法是基于特定的宏观经济模型得到不同政策规则的均衡结果，然后比较社会福利差别。常用于评价货币政策规则的社会福利函数是一个由通货膨胀、产出等宏观经济变量构成的二次函数。

（7）考虑到存在多个相互竞争的宏观经济模型，在评价货币政策规则时可能要考察政策规则在相互竞争的宏观模型中的平均表现，那些在各种模型下表现均不差的规则或许是一种更优的政策规则，即稳健性原则。

第二篇

理论篇

第三章　基于传统框架的最优货币政策分析

以新凯恩斯主义分析框架为代表的当前西方货币政策分析主要以动态随机一般均衡模型（DSGE）为工具，强调模型的微观基础，把用于政策分析的宏观经济模型建立在经济个体最优化选择基础之上。与宏观经济学其他领域的分析相同，理性预期的私人经济个体要追求跨期最优，其对经济变量和政策未来走势的预期影响当前决策，从而影响经济的均衡结果。私人经济个体决策的前瞻性（及由此导致的当前经济变量受对未来经济变量的预期的影响）是现代货币政策分析中需要考虑的重要因素，不同的货币政策操作方式可能对私人经济个体的预期有不同的影响，从而对经济运行的影响也不相同。与这种强调前瞻性预期的现代分析方法不同，20 世纪 70 年代、80 年代和 90 年代早期的货币政策分析主要以卢卡斯供给曲线为基础，是过去对当前变量的预期而影响当前的决策和均衡结果，模型中不包括前瞻性预期项，本书把这种非前瞻性模型称为传统模型，以示区别。

本章基于第二章提出的最优货币政策分析框架对传统货币政策分析进行了综述。巴罗—戈登（1983）模型提供了传统分析的基本框架，该模型提出了货币政策操作中的两个核心问题：承诺的动态不一致性问题和相机抉择的通货膨胀偏差问题。这两个问题反映了理性预期在货币政策分析中的重要作用。相关研究针对这两个问题提出了各种解决方法，本章把其归纳为不同形式的最优目标规则。与现代宏观经济分析中广泛采用的动态方法不同，巴罗—戈登模型采用的是静态分析方法，这种静态分析虽然能避开动态分析中的复杂推导和数值计算，简单直接地分析这两个基本问题，但不能分析动态化对模型及其结论的影响，相机抉择的稳定性偏差问题就是模型动态化之后提出的一个重要问题。

本章包括三部分：首先介绍了巴罗—戈登模型，并分析了承诺的动态不一致性和相机抉择的通货膨胀偏差问题；其次在模型中引入动态化，以便解释相机抉择的稳定性偏差问题；最后简要介绍了解决通货膨胀偏差问题的主要方法，包括罗戈夫（1985）的保守中央银行家方法、瓦什（1995）的中央银行合约方法和斯文森（1999）的通货膨胀目标制度。罗戈夫指出，为了控制过高的平均通货膨胀水平，应该任命一位比社会更厌恶通货膨胀的中央银行家负责货币政策的制定和操作；瓦什主张政府和中央银行之间签订一个通货膨胀合约，当实际通货膨胀超过通货膨胀目标时给予中央银行一定的惩罚，惩罚大小和目标偏离程度成正比；斯文森认为应该为中央银行规定一个明确的通货膨胀目标，而且产出目标应该等于产出的自然水平，并通过合理的机制设计保证中央银行能有效地实现给定的目标。这三种方法以及其他一些方法都可表示为最优目标规则形式，本章最后对各种目标规则进行了综合。后面章节将对承诺的动态不一致性问题及相机抉择的稳定性偏差问题做进一步的解释。

第一节 承诺与相机抉择

基德兰德和普雷斯科特（1977）首先将动态不一致性问题引入宏观经济学领域，巴罗和戈登（1983）采用相同的思路详细分析了货币政策操作中的动态不一致性问题，并提出了相机抉择下货币政策的通货膨胀偏差问题。这两个问题及其解决方法是 20 世纪 80 年代及 20 世纪 90 年代初货币政策分析的核心问题，巴罗—戈登模型也成为货币政策分析中的基本模型和标准框架。当前，标准的货币政策教科书如瓦什（2004），或某些宏观经济教科书如罗默（Romer，1996）、布兰查德和费希尔（Blanchard 和 Fischer，1989），都包括这方面的内容。一般分析中假定中央银行能直接控制通货膨胀，并把通货膨胀作为货币政策工具。为了与第二章所介绍的货币政策分析框架相一致，这里通过凯恩斯主义需求分析（IS-LM 模型）引入了总需求曲线，把货币量作为中央银行的政策工具，这样基本模型就包括总需求曲线、总供给曲线和货币政策目标三个部分了。

一、模型结构

模型包括总需求方程、总供给方程和中央银行目标函数。其中，总需求方程是典型的凯恩斯主义模型，通过一个较为简单的 IS-LM 模型推导得到；总供给方程是卢卡斯供给曲线，但这里采用的推导方法和卢卡斯（1972，1973）的方法不同，是通过假定工资具有名义黏性（工资提前一期确定）而得到的；中央银行的目标是最小化一个自变量为通货膨胀和产出的二次损失函数。

如果中央银行的行为方式不同，则私人经济主体的预期也不同，相应的均衡结果和社会福利水平就不相同，因此需要对中央银行的行为方式作出设定，然后才能在总供给曲线和总需求曲线约束下通过最小化中央银行的损失函数得到最优的政策规则及均衡结果。货币政策分析中考虑的中央银行行为方式主要有两种：承诺和相机抉择，第二、三小节将给出这两种行为方式下的均衡结果。

1. 总需求方程

IS-LM 模型是传统凯恩斯主义进行政策分析的主要模型，在当前仍然是宏观经济学教科书中的重要部分，并在实际的政策分析中得到广泛应用。下面从一个简单的 IS-LM 模型推导出总需求曲线。

假定 IS 方程为 $y_t = -\gamma r_t + \varepsilon_{yt}$，LM 方程为 $m_t - p_t = \Psi y_t - \omega i_t + \varepsilon_{mt}$，其中，$y_t$ 为产出（对数形式），r_t 为实际利率，i_t 为名义利率，m_t 为货币

需求量（对数形式），p_t 为一般价格水平（对数形式），ε_{yt} 为实际需求冲击，ε_{mt} 为货币需求冲击。这里假定对各变量都进行了标准化，因此两个方程中都不包括常数项。

IS 方程对应的是商品市场的均衡结果，LM 方程对应的是货币市场的均衡结果，两个市场所对应的利率变量不同，前者是实际利率，后者是名义利率。[①] 把费雪方程式 $r_t = i_t - E_t\pi_{t+1}$ 代入 IS 方程，消掉实际利率，使两个方程都是名义利率的函数，分别为：

$$y_t = -\gamma(i_t - E_t\pi_{t+1}) + \varepsilon_{yt} \tag{3-1}$$

$$m_t - p_t = \Psi y_t - \omega i_t + \varepsilon_{mt} \tag{3-2}$$

通过这种处理可以把通货膨胀预期引入模型。把 LM 方程（3-2）代入 IS 方程（3-1）消掉名义利率得到总需求方程：

$$y_t^d = \frac{\gamma}{\omega + \gamma\Psi}(m_t - p_t - \varepsilon_{mt}) + \frac{\gamma\omega}{\omega + \gamma\Psi}E_t\pi_{t+1} + \frac{\omega}{\omega + \gamma\Psi}\varepsilon_{yt} \tag{3-3}$$

这里用包含上标的 y_t^d 来表示由需求所决定的产出。记（$\omega\varepsilon_{yt}-\gamma\varepsilon_{mt}$）/（$\omega+\gamma\Psi$）为一个（复合）总需求冲击 ε_t^d，则式（3-3）简化为：

$$y_t^d = \frac{\gamma}{\omega + \gamma\Psi}(m_t - p_t) + \frac{\gamma\omega}{\omega + \gamma\Psi}E_t\pi_{t+1} + \varepsilon_t^d \tag{3-4}$$

如果不考虑通货膨胀预期的影响，该总需求方程和货币数量方程 $p_t + y_t = m_t + v_t$ 的形式相似。总需求方程表明，当存在价格黏性时，货币量的变动能影响实际产出，货币政策具有实际效应。

2. 总供给方程

下面在名义工资一期前定的假定下推导卢卡斯总供给方程。[②] 假定代表性厂商的技术可表示为柯布—道格拉斯（Cobb-Douglas）生产函数，其对数形式为：

---

① 传统的凯恩斯主义模型主要研究短期的，或存在需求不足时的宏观经济运行，假定价格是刚性的，通货膨胀预期不变，$E_t\pi_{t+1}=\pi^*$，实际利率和名义利率之间的区别只是一个已知的常数，因此常见的教科书在介绍 IS-LM 模型及推导总需求曲线时并未对名义利率和实际利率加以区分。

② 假定名义工资一期前定能非常简单地推导出卢卡斯供给曲线，而且和货币政策分析中强调的名义黏性相一致，瓦什（1998）、罗默（1996）和伍德福德（2003）等教科书及专著中都采用了这种方法。需要注意的是，采用这种假定得到的供给曲线的具体微观含义和经典的卢卡斯供给曲线的含义不同。

$$\ln Y_t = \ln Z_t + \alpha \ln K_t + (1-\alpha)\ln h_t \tag{3-5}$$

其中，Y_t 为产量，Z_t 为生产率水平，K_t 为资本存量，h_t 为就业量。

由该生产函数可推导出劳动的边际产品为 $(1-\alpha)Y_t/h_t$。假定劳动市场是完全竞争的，市场均衡的条件是实际工资等于劳动的边际产品，用对数形式表示为：

$$\ln w_t = \ln P_t + \ln(1-\alpha) + \ln Y_t - \ln h_t \tag{3-6}$$

由于名义工资是一期前定的，即当期工资是在上期设定的，上期设定的当期工资等于上期对当期市场出清工资的预期值，即：

$$\ln w_t = E_{t-1}(\ln w_t) = E_{t-1}(\ln P_t) + \ln(1-\alpha) + E_{t-1}(\ln Y_t) - E_{t-1}(\ln h_t) \tag{3-7}$$

在 t 期，厂商在冲击发生之后确定雇工人数，以使劳动的名义边际产品等于上期确定的名义工资，即均衡条件（3-6）成立，但这里 $\ln w_t$ 是由 t-1 期确定的，满足方程（3-7）。把（3-7）代入（3-6）得到预期外劳动供给为：

$$\ln h_t - E_{t-1}(\ln h_t) = \ln P_t - E_{t-1}(\ln P_t) + \ln Y_t - E_{t-1}(\ln Y_t) \tag{3-8}$$

由于 $K_t = (1-\delta)K_{t-1} + I_t$，假定投资也是前定的，$K_t$ 在 t-1 期就是已知的，由生产函数（3-5）可知，预期外产出可表示为：

$$\ln Y_t - E_{t-1}(\ln Y_t) = [\ln Z_t - E_{t-1}(\ln Z_t)] + (1-\alpha)[\ln h_t - E_{t-1}(\ln h_t)] \tag{3-9}$$

把（3-8）中的预期外劳动投入代入（3-9）并重新整理得到：

$$\ln Y_t - E_{t-1}(\ln Y_t) = \frac{1}{\alpha}[\ln Z_t - E_{t-1}(\ln Z_t)] + \left(\frac{1-\alpha}{\alpha}\right)[\ln P_t - E_{t-1}(\ln P_t)] \tag{3-10}$$

采用标准化后的变量形式，把代表性厂商的供给曲线表示为常见的卢卡斯 Phillips 曲线形式：

$$y_t^s = b(p_t - E_{t-1}p_t) + \varepsilon_t^s = b(\pi_t - E_{t-1}\pi_t) + \varepsilon_t^s \tag{3-11}$$

这里用包含上标的 y_t^s 来表示由供给所决定的产出，$E_{t-1}\pi_t = E_{t-1}p_t - p_{t-1}$，$b = (1-\alpha)/\alpha$，$\varepsilon_t^s = (1/\alpha)[\ln Z_t - E_{t-1}(\ln Z_t)]$。和需求时的处理方式一样，对变量进行了标准化，因此没有截距项。

在该模型中，非预期货币政策能通过影响预期外价格影响产出，但预期到的货币政策变动却不能影响产出。由该总供给曲线可知，如果货币政策能够对外生的生产率冲击作出及时的反应，则能稳定产出。

3. 中央银行的损失函数

假定中央银行的损失函数为：

$$L_t = \pi_t^2 + \lambda (y_t - \bar{y})^2 \tag{3-12}$$

参数 $\lambda \geq 0$ 表示两个稳定目标——产出稳定目标和通货膨胀稳定目标——之间的相对比重。该损失函数表明，中央银行的福利损失一方面是由于通货膨胀波动引起的，另一方面是由于实际产出偏离了其目标产出而引起的。其中，中央银行的通货膨胀目标是其自然水平（标准化为0）；产出目标 $\bar{y} > 0$ 和其自然产出水平（同样标准化为0）不同，通常是正的，原因是由于劳动市场或产品市场不完全而导致在自然产出水平时不能实现充分就业。通常这种市场的不完全性应该通过纠正市场扭曲来消除，而不应该通过货币政策来消除，使用货币政策来实现超自然水平的产出目标通常是一种次优选择。下面的分析表明，在巴罗—戈登模型中，均衡产出等于自然产出，货币政策完全无助于产出目标的实现。

这里假定中央银行在观察到冲击的同时进行货币政策操作，以尽可能对冲冲击的负面影响。在实践中货币政策可能会对冲击做出较快反应，但不可能没有滞后，这和该假定并不完全矛盾，因为该假定只是要求中央银行能够比私人部门的反应（价格和工资的调整）更快，从这一意义上说该假设也是比较现实的。

为了简化分析，和传统文献一样，在推导和分析均衡结果时假定中央银行的政策工具是通货膨胀，直接在总供给曲线约束下最小化损失函数（3-12）。从模型结构看，令总需求等于总供给，可以得到通货膨胀和货币供给之间的函数关系。由于假定中央银行在确定货币量时已经观察到了冲击，因此通货膨胀和货币供应量之间是一一对应的，假定中央银行的政策工具为通货膨胀，相当于假定中央银行先确定通货膨胀，然后再倒推出货币供给量。

二、承诺下的最优均衡结果

假定中央银行能对未来政策作出可信承诺，这里表示中央银行能在 t−1 期确定政策规则（此时还没有观察到冲击），并承诺将在 t 期（冲击发生之后）遵守该规则。此种情况下，中央银行的最优选择是在 t−1 期通过最小化 $E_{t-1}L_t$ 来确定规则，由于目标函数是二次的，约束方程是线性的，政策规则将是线性形式的。又由于只有冲击能影响产出，可以把政策规则限定为一个常数和冲击的线性函数，不妨假定政策规则形式为：

$$\pi_t = \alpha + \beta\varepsilon_t^s + \delta\varepsilon_t^d \tag{3-13}$$

其中，参数 α、β 和 δ 待定。承诺下的货币政策规则是可信的，公众知道中央银行的政策规则形式，通货膨胀预期为：

$$E_{t-1}\pi_t = \alpha \tag{3-14}$$

这里假定冲击对公众而言是不可预期的，$E_{t-1}\varepsilon_t^s = E_{t-1}\varepsilon_t^d = 0$。把供给函数（3−11）、政策规则（3−13）和理性预期假定（3−14）代入损失函数（3−12），中央银行的最优化问题变为通过确定适当的参数 α、β 和 δ 最小化如下形式的 $E_{t-1}L_t$：

$$\begin{aligned}E_{t-1}L_t &= E_{t-1}(\alpha + \beta\varepsilon_t^s + \delta\varepsilon_t^d)^2 + \lambda E_{t-1}[b(\alpha + \beta\varepsilon_t^s + \delta\varepsilon_t^d - \alpha) + \varepsilon_t^s - \bar{y}]^2 \\ &= \alpha^2 + \beta^2\sigma_s + \delta^2\sigma_d + \lambda(b^2\beta^2\sigma_s + b^2\delta^2\sigma_d + \sigma_s + \bar{y}^2 + 2b\beta\sigma_s)\end{aligned} \tag{3-15}$$

其中，σ_s 和 σ_d 分别是扰动项 ε_t^s 和 ε_t^d 的方差，这里假定冲击是不相关的，$E_t\varepsilon_t^d\varepsilon_t^s = 0$。

对 α 的一阶条件是：

$\alpha = 0$

对 δ 的一阶条件是：

$2\delta\sigma_d + 2\lambda b^2\delta\sigma_d = 0$，即 $\delta = 0$

对 β 的一阶条件是：

$$2\beta\sigma_s + 2\lambda b(b\beta + 1)\sigma_s = 0，\text{或者 } \beta = \frac{\lambda b}{1 + \lambda b^2} \tag{3-16}$$

由此可得到政策规则的具体形式：

$$\pi_t = \beta\varepsilon_t^s \tag{3-17}$$

其中，β 由式（3–16）给定。代入总供给方程得到均衡产出：

$$y_t = (b\beta + 1)\varepsilon_t^s \tag{3-18}$$

进一步地，把该均衡结果代入总需求方程（3–4）可得到与均衡结果相对应的均衡货币量：

$$m_t - p_t = \frac{\omega + \gamma\Psi}{\gamma}\left[(b\beta + 1)\varepsilon_t^s - \varepsilon_t^d\right] \tag{3-19}$$

这里假定货币政策工具是货币量，中央银行根据公式（3–19）来设定货币量，在可信承诺下均衡通货膨胀和均衡产出分别为（3–17）和（3–18）。与该均衡相对应，利率是内生的，由金融市场均衡条件（3–2），即 LM 方程决定，表示为冲击的函数形式为：

$$i_t = -\frac{1}{\gamma}\left[(b\beta + 1)\varepsilon_t^s - \varepsilon_{yt}\right] \tag{3-20}$$

我们也可以假定货币政策工具是短期名义利率，中央银行通过公式（3–20）来设定短期利率，在可信承诺下得到均衡时的通货膨胀和产出分别为（3–17）和（3–18）。与该均衡结果相对应，货币量是内生的，由金融市场均衡条件（3–2），即 LM 方程决定，表示为冲击的函数形式即为公式（3–19）。

从（3–16）~（3–20）看，承诺下的政策规则及其均衡结果具有如下四个性质：

（1）平均通货膨胀为 0，即 $\alpha = 0$。由于任何预期到的通货膨胀都不影响产出，如果平均通货膨胀不等于 0，只会增加中央银行的损失，而没有收益，因此平均通货膨胀大于 0 对于中央银行而言毫无意义。

（2）通货膨胀的方差是目标权重 λ 的增函数，产出的方差是 λ 的减函数。当 $\lambda = 0$ 时，$\beta = 0$，由（3–17）知，货币政策使通货膨胀完全稳定，冲击只影响产出；与之相反，当 $\lambda \to \infty$ 时，$\beta = -1/b$，货币政策使产出保持完全稳定，冲击只影响通货膨胀。

（3）需求冲击不影响通货膨胀和产出，中央银行可以通过货币政策完全对冲掉需求冲击的影响。从需求方程可以看出，正的需求冲击ε_t^d使产出和价格成比例增加，通过货币量的减少可以完全稳定产出和价格。换句话说，需求冲击使通货膨胀和产出向同一方向移动，需求冲击没有导致通货膨胀稳定和产出稳定两个目标之间出现取舍关系。

（4）供给冲击影响通货膨胀和产出。存在供给冲击下，中央银行不能实现通货膨胀和产出的完全稳定，只能在两个稳定目标之间作出取舍。由供给方程看，供给冲击ε_t^s使通货膨胀和产出向相反的方向移动，一个正的供给冲击使产出增加而使价格减少，而货币量的变动只能使产出和价格向同一方向移动，因此当发生供给冲击时，中央银行不能通过货币政策完全稳定产出和价格。换句话说，当出现供给冲击时，通货膨胀稳定和产出稳定两个目标不能同时实现，中央银行必须在两个目标之间作出取舍。

三、相机抉择下的最优均衡结果

承诺均衡存在的一个问题是，在t–1期宣布的政策规则在t期不再是最优的了，此时通货膨胀预期可以看做是给定的（例如，通货膨胀预期通过影响t–1期签订的名义合约而在t期固定不变），中央银行可以利用公众既定的预期来获取额外福利，此即政策规则的时间不一致性问题。如果中央银行不能通过某种制度安排或事先行动使公众相信其将遵循宣布的政策规则行事，则时间不一致的政策规则是不可信的，承诺均衡也就没有了意义。

现在假定中央银行不能承诺于一个政策规则，在t期进行政策操作时（仍然假定在冲击发生之后进行政策操作）把私人经济个体的通货膨胀预期看做给定，记为$\pi_{t|t-1}^e$。把卢卡斯方程代入中央银行的损失函数可得到如下最优化问题：

$$\min_{\pi_t}\{\pi_t^2+\lambda(b\pi_t-b\pi_{t|t-1}^e+\varepsilon_t^s-\bar{y})^2\} \tag{3-21}$$

由于中央银行在冲击发生之后进行政策操作，而且这种操作不受任何承诺的约束，因此这里不是求预期损失最小化，不用取期望。

对 π_t 的一阶条件是：

$$\pi_t = -\pi_t\lambda b^2 + \lambda b^2\pi^e_{t|t-1} - \lambda b\varepsilon^s_t + \lambda b\bar{y} \tag{3-22}$$

其中，左边（乘以 2）是通货膨胀的边际成本，右边（乘以 2）是通货膨胀的边际收益。公众知道中央银行将按照（3-22）行事，他们在 t-1 期形成的预期可通过对（3-22）两边取数学期望 $E_{t-1}(\cdot)$ 得到：

$$\pi^e_{t|t-1} = \lambda b\bar{y} \tag{3-23}$$

把公众预期（3-23）代入（3-22）得到：

$$\begin{aligned}\pi_t &= \lambda b\bar{y} - \frac{\lambda b}{1+\gamma b^2}\varepsilon^s_t \\ &= \lambda b\bar{y} - \beta\varepsilon^s_t \end{aligned} \tag{3-24}$$

均衡产出为：

$$y_t = (b\beta + 1)\varepsilon^s_t \tag{3-25}$$

与该均衡结果相对应的均衡货币量为：

$$m_t - p_t = \frac{\omega + \gamma\Psi}{\gamma}\left[(b\beta + 1)\varepsilon^s_t - \varepsilon^d_t\right] - \omega\lambda b\bar{y} \tag{3-26}$$

相机抉择时的政策及均衡结果具有两个主要性质：

（1）供给冲击的反应和承诺下的反应相同。这意味着两种操作方式下产出和通货膨胀的方差相同，相机抉择时不存在稳定性偏差。当模型具有持续性，即考虑动态情况时，该结论将不成立。

（2）平均通货膨胀较高。由于中央银行面临着促使其违背承诺的激励，而公众在形成其预期时也意识到了这种激励的存在，低通货膨胀的承诺是不可信的。这种激励及其对预期的影响可以从（3-22）式看出：假定公众在 t-1 期对 t 期的通货膨胀预期 $\pi^e_{t|t-1}=0$，为了简单不考虑冲击的影响，假定 $\varepsilon^s_t=0$，则对于中央银行而言，通货膨胀的边际成本为 π_t，边际收益为 $\lambda b\bar{y} - \lambda b^2\pi_t$，均衡结果将是边际成本等于边际收益，$\pi_t = \lambda b\bar{y} - \lambda b^2\pi_t$。如果中央银行选择 $\pi_t=0$，通货膨胀的边际成本等于 0，但边际收益是 $\lambda b\bar{y}$，边际收益大于边际成本，中央银行有激励去选择较高的通货膨胀。私人部门在形成预期时也意识到了中央银

行面对的这种激励，因此将形成较高的通货膨胀预期，所实现的通货膨胀也只能是较高的通货膨胀。具体的均衡结果可表示为图 3-1。

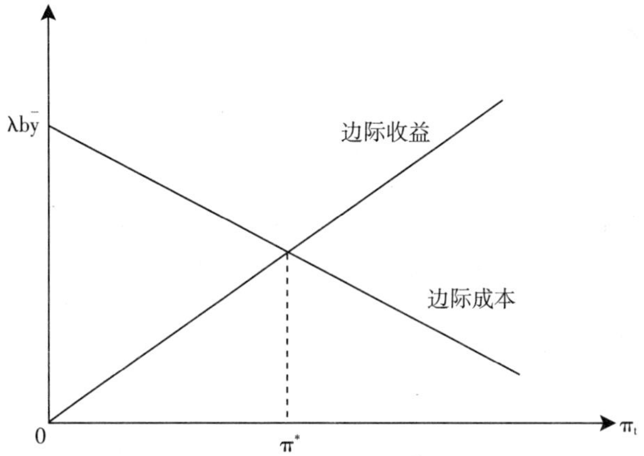

图 3-1　相机抉择下的均衡通货膨胀水平

第二节　动态化及稳定性偏差

巴罗—戈登模型是传统货币政策分析中的基本模型，该模型简单明了地对历史上出现的高通货膨胀阶段提供了一种合理解释，也为分析货币政策可能存在动态不一致性问题提供了一个标准模式。近期研究强调相机抉择时的稳定性偏差问题，通过在 Phillips 曲线中引入滞后项，使产出具有持续性，并假定中央银行考虑未来多期损失，就可以分析稳定性偏差问题了。此时，与承诺下的均衡结果相比，相机抉择时对扰动项的反应不再和承诺时的相同了，且供给冲击引起的通货膨胀（或产出）的波动性更大，这就是稳定性偏差问题。本节给出了动态供给曲线时的承诺均衡和相机抉择均衡，两种均衡结果的比较表明，相机抉择情况下不仅存在通货膨胀偏差问题，还存在稳定性偏差问题。以后章节将基于新凯恩斯主义模型进一步分析稳定性偏差问题。

一、模型结构

和基本的巴罗—戈登模型不同，这里假定 Phillips 曲线是动态的，具有持续性，即：

$$y_t = \rho y_{t-1} + b(\pi_t - \pi^e_{t|t-1}) + \varepsilon_t \tag{3-27}$$

其中，$\rho > 0$ 表示滞后产出对当期产出的影响，供给冲击记为 ε_t。同样为了分析方便，这里直接假定通货膨胀是中央银行的政策工具，而不考虑需求曲线和需求冲击的影响。这里仍假定私人经济主体是理性预期的：

$$\pi^e_{t|t-1} = E_{t-1}[\pi_t] \tag{3-28}$$

社会的福利损失函数仍然表示为二次形式，但中央银行追求未来各期期望损失贴现值和的最小化：

$$\min_{\{\pi_{t+\tau}\}_{\tau=0}^{\infty}} \sum_{\tau=0}^{\infty} \beta^{\tau} E_t L_{t+\tau} \tag{3-29}$$

其中，单期损失函数为：$L_t = \pi_t^2 + \lambda(y_t - \bar{y})^2$，这里各变量及参数的含义和基本模型中一样。

二、完全承诺下的最优均衡结果①

假定中央银行在 t-1 期作出承诺，并确定未来的通货膨胀计划。中央银行对未来通货膨胀计划 $\{\pi_{t+\tau}\}_{\tau=0}^{\infty}$ 的选择将通过最小化 $\sum_{\tau=0}^{\infty} \beta^{\tau} E_{t-1} L_{t+\tau}$ 来确定，约束条件是（3-27）和（3-28）。这里假定私人经济主体相信中央银行的承诺，其通货膨胀预期由中央银行的政策规则决定，而且

① 这种不包含前瞻性变量的最优化问题的通常解法是动态规划，完全承诺和完全相机抉择下均衡结果的解法主要参照了斯文森（1997b）。短期承诺（部分承诺）情形参照了 Robert Dittmar，William T. Gavin，and Finn E. Kydland（1999）。

中央银行在做出承诺时也知道这一事实。在该最优化问题中，状态变量是产出 y_{t-1} 和供给冲击 ε_t，控制变量是 π_t 和 $\pi^e_{t|t-1}$，可以把值函数表示为：

$$V(y_{t-1},\ \varepsilon_t) = \min_{\{\pi_{t+\tau},\ \pi^e_{t+\tau|t}\}} \sum_{\tau=0}^{\infty} \beta^\tau E_{t-1}\left[\pi^2_{t+\tau} + \lambda(y_{t+\tau} - \bar{y})^2\right] \qquad (3\text{–}30)$$

则贝尔曼方程为：

$$V(y_{t-1},\ \varepsilon_t) = \min_{\pi_t,\ \pi^e_{t|t-1}} E_{t-1}\{\pi^2_t + \lambda(y_t - \bar{y})^2 + \beta V(y_t,\ \varepsilon_{t+1})\} \qquad (3\text{–}31)$$

约束条件是（3–27）和（3–28）。

采用典型的动态规划方法可得到该最优化问题的解：

$$\pi_t = -b^*\varepsilon_t$$

$$y_t = \rho y_{t-1} + (1 - bb^*)\varepsilon_t \qquad (3\text{–}32)$$

其中，$b^* = \dfrac{\lambda b}{1 + \lambda b^2 - \beta\rho^2}$。

和基本模型中的结果相似，承诺下的均衡没有通货膨胀偏差，$E_{t-1}\pi_t = 0$，但和没有持续性（$\rho = 0$）相比，政策反应系数 b^* 更大，表明货币政策对供给冲击的反应力度更大，通货膨胀的波动性也更大。其主要原因是，由于当前产出的变动影响未来产出，稳定当前产出有利于未来产出的稳定，因此稳定产出就更加重要了。

三、部分承诺下的最优均衡结果

这里假定中央银行最多只能作出一期承诺，在 t–1 期通过最小化其福利损失确定 t 期政策规则，该政策规则把通货膨胀表示为 t 期状态变量的函数。由于目标函数是二次的，约束条件是线性的，因此政策规则是线性的，假定其形式为：

$$\pi_t = \gamma_1 + \gamma_2 y_{t-1} + \gamma_3\varepsilon_t \qquad (3\text{–}33)$$

其中参数待定。

该最优化问题的拉格朗日函数为：

$$\min E_{t-1}\sum_{\tau=0}^{\infty}\beta^{\tau}[\pi_{t+\tau}^2+\lambda(y_{t-\tau}-\bar{y})^2-\mu_{t+\tau}(y_{t+\tau}-\rho y_{t+\tau-1}-b(\pi_{t+\tau}-\pi_{t+\tau|t+\tau-1}^2)-\varepsilon_{t+1})] \tag{3-34}$$

其中，$\mu_{t+\tau}$ 为随机拉格朗日乘子序列。该最优化问题对 y_t、π_t 的一阶条件分别为：

$$2\lambda y_t-\mu_t+\beta\rho E_t\mu_{t+1}=0$$

$$2\pi_t+b\mu_t=0 \tag{3-35}$$

消掉拉格朗日乘子得到欧拉方程：

$$\lambda y_t+\frac{1}{b}\pi_t-\frac{\beta\rho}{b}E_t\pi_{t+1}=0 \tag{3-36}$$

由于中央银行承诺的 t 期政策规则是可信的，私人经济个体将根据该规则确定其通货膨胀预期，在理性预期下有：

$$\pi_{t|t-1}^e=\gamma_1+\gamma_2y_{t-1} \tag{3-37}$$

代入供给曲线得到均衡产出的运动方程：

$$y_t=\rho y_{t-1}+(b\gamma_3+1)\varepsilon_t \tag{3-38}$$

把（3-37）代入政策规则得到：

$$\pi_{t+1}=\gamma_1+\gamma_2y_t+\gamma_3\varepsilon_{t+1}=\gamma_1+\gamma_2(\rho y_{t-1}+(b\gamma_3+1)\varepsilon_t)+\gamma_3\varepsilon_{t+1} \tag{3-39}$$

把（3-33）、(3-38）和（3-39）代入欧拉方程（3-36），得到：

$$\lambda(\rho y_{t-1}+(b\gamma_3+1)\varepsilon_t)+\frac{1}{b}(\gamma_1+\gamma_2y_{t-1}+\gamma_3\varepsilon_t)$$

$$=\frac{\beta\rho}{b}E_t(\gamma_1+\gamma_2(\rho y_{t-1}+(b\gamma_3+1)\varepsilon_t)+\gamma_3\varepsilon_{t+1}) \tag{3-40}$$

由于该一阶条件与y_{t-1}、ε_t 的具体数值无关，令两边的常数项及 y_{t-1}、ε_t 的系数相等，可确定 γ_1、γ_2、γ_3，即 $\gamma_1=0$、$\gamma_2=-b\lambda\rho/(1-\beta\rho^2)$、$\gamma_3=-b\lambda/(1+b^2\lambda-\beta\rho^2)$，因此：

$$\pi_t=-\frac{b\lambda\rho}{1-\beta\rho^2}y_{t-1}-\frac{b\lambda}{1+b^2\lambda-\beta\rho^2}\varepsilon_t \tag{3-41}$$

$$y_t=\rho y_{t-1}+\left(1-\frac{b^2\lambda}{1+b^2\lambda-\beta\rho^2}\right)\varepsilon_t \tag{3-42}$$

与完全承诺下的均衡相比，两者对当期扰动项的反应是相同的，但由于中央银行不能对未来的通货膨胀路径作出承诺，t 期的通货膨胀

与状态变量 y_{t-1} 有关，这意味着未来的货币政策对扰动项的反应可能和完全承诺时不同。

四、相机抉择下的最优均衡结果

和基本模型一样，承诺下的均衡结果具有时间不一致性，如果不具备有效的承诺机制，只能实现相机抉择最优均衡结果。在相机抉择时，中央银行只有每期在观察到私人主体的通货膨胀预期后才确定其政策工具（通货膨胀），因此只有 π_t 是控制变量，$\pi^e_{t|t-1}$、y_{t-1} 和 ε_t 都是状态变量。该最优化问题的值函数可表示为：

$$V(y_{t-1},\ \pi^e_{t|t-1},\ \varepsilon_t) = \min_{\{\pi_{t+\tau}\}} \sum_{\tau=0}^{\infty} \beta^{\tau} E_{t-1}\left[\pi^2_{t+\tau} + \lambda\left(y_{t+\tau} - \bar{y}\right)^2\right] \tag{3-43}$$

与之相对应的贝尔曼方程为：

$$V(y_{t-1},\ \pi^e_{t|t-1},\ \varepsilon_t) = \min_{\pi_t} E_{t-1}\left[\pi^2_t + \lambda\left(y_t - \bar{y}\right)^2 + \beta V\left(y_t,\ \pi^e_{t+1|t},\ \varepsilon_{t+1}\right)\right] \tag{3-44}$$

约束条件是（3–27），但通货膨胀预期 $\pi^e_{t|t-1}$ 给定。需要注意的是虽然中央银行在决策时假定通货膨胀预期外生，但仍然意识到可以通过影响当前产出来影响私人经济个体对未来通货膨胀的预期。

通过动态规划方法可得到均衡结果：

$$\pi_t = \hat{a} - \frac{\hat{b}}{1 - b\hat{b}} y_t = \hat{a} - \hat{c} y_{t-1} - \hat{b}\varepsilon_t$$

$$y_t = \rho y_{t-1} + \left(1 - b\hat{b}\right)\varepsilon_t \tag{3-45}$$

系数：$\hat{a} = \dfrac{\lambda b\bar{y}}{1 - \beta\rho - \beta b\hat{c}}$，$\hat{b} = \dfrac{\lambda b + \beta b\hat{c}^2}{1 + \lambda b^2 - \beta\rho^2 + \beta b^2\hat{c}^2}$。其中，$\hat{c}$ 是一个大于 0 的正数，与模型参数有关。

与承诺时相比，相机抉择时不仅有通货膨胀偏差，$E[\pi_t] = \dfrac{\lambda b\bar{y}}{1 - \beta\rho - \beta b\hat{c}} \geqslant 0$，而且还存在稳定性偏差，通货膨胀和产出与在承诺

时对供给冲击的反应不同。特别地，由于当期产出影响下一期产出，因此与承诺时相比，稳定产出显得更为重要，相机抉择时产出的波动性 var $[y_t]$ 较低，而通货膨胀的波动性 var $[\pi_t]$ 较高。

第三节　通过最优目标规则解决通货膨胀偏差问题

从基本模型的均衡结果可知，相机抉择下的货币政策导致较高的平均通货膨胀，此即通货膨胀偏差问题，有不少文献提出了解决方法，还有不少文献认为存在某些正式的或非正式的规则能约束中央银行制造通货膨胀的行为，通货膨胀偏差问题并不严重。[①] 本节主要分析最优目标规则在解决该问题中的作用，首先介绍在文献研究中比较重要的三种方法，即罗戈夫提出的保守中央银行家方法（Conservative-central-banker Approach）、瓦什等提出的线性通货膨胀合约方法和斯文森提出的通货膨胀目标规则，然后通过统一的最优目标规则框架对各种方法进行了总结。

在进一步分析之前，首先对承诺、相机抉择和最优目标规则等概念之间的关系作一简要解释。我们可以把货币政策规则看做是某种对中央银行行为的有效约束，在规则约束下中央银行对未来货币政策操作行为的承诺是可信的，公众将依照这些承诺形成其通货膨胀预期。

① 一种研究把基本模型由静态博弈扩展到动态博弈，在重复博弈下有可能实现较低的通货膨胀均衡。巴罗和戈登（1983b）将基本模型由一次性博弈扩展到多次重复博弈，在这种博弈中，公众通过一定的惩罚战略能有效限制中央银行制造通货膨胀的行为，特别地，公众可以采取如下方式形成自己的通货膨胀预期：公众在博弈开始时（0 期）的通货膨胀预期低于相机抉择下均衡通货膨胀水平（$\lambda b\bar{y}$），如果 1 期的通货膨胀等于公众在 0 期的预期，公众在 1 期的通货膨胀预期将继续小于 $\lambda b\bar{y}$；如果 1 期的通货膨胀超过了公众在 0 期的通货膨胀预期，则公众在 1 期的通货膨胀预期将为 $\lambda b\bar{y}$。这种惩罚战略使中央银行有可能在 0 期选择一个较低的通货膨胀，以使公众继续保持较低的通货膨胀预期。

另一种研究把完全信息博弈扩展到不完全信息博弈，巴克斯和德里菲尔（Backus 和 Driffill，1985）、巴罗（1986）和鲍尔（Ball，1995）等假定公众不知道中央银行到底是通货膨胀类型的还是反通货膨胀类型的，此时通货膨胀类型的中央银行可以通过不制造通货膨胀来隐藏自己的身份，这种隐藏能降低公众的通货膨胀预期，从而降低通货膨胀水平。

或者简单地说，规则是一种可信承诺，它为中央银行提供了预期管理的政策传导途径，从而能提高货币政策的有效性。相机抉择是与依规则行事相对立的一种政策操作方式，在这种操作方式下，中央银行不能就未来货币政策操作行为作出可信承诺，中央银行不具有预期管理能力。通常所说的货币政策规则是指完全承诺，对应于完全承诺下的均衡结果，这种均衡结果是中央银行所能实现的最优均衡结果。与完全承诺不同，部分承诺对应于不完全规则，此时中央银行能对特定的政策操作行为作出承诺，例如第二节分析了中央银行只能对下一期行为作出可信承诺而不能对未来各期的政策作出可信承诺时的情况，这种部分承诺是从时间角度来分析的。本节所说的最优目标规则也是一种部分承诺，它是对中央银行目标函数的承诺，假定中央银行的目标函数可以不同于社会福利函数，公众相信中央银行将通过最优化其特定的目标函数去进行货币政策操作。除了受特定的目标函数约束外，中央银行不受其他方面的约束，因此在其他方面的行为仍然是相机抉择的。

最优目标规则与相机抉择之间的唯一区别是相机抉择下中央银行的目标函数只能是社会福利函数，而不能是其他形式的目标函数。假定中央银行追求与社会福利不相同的目标函数虽然和民主原则不相符，但也是有现实依据和理论依据的：美国等发达国家的中央银行行长通常是明确反对通货膨胀的，其表现似乎要比社会更保守；理论研究和实证分析都表明货币政策应该更关注通货膨胀的稳定，而不应该追求过高的产出目标。

即使是部分承诺，其均衡结果也有动态不一致问题，或者说这种部分承诺也可能是不可信的。因为对货币政策效果的最终评价标准是社会福利函数。虽然我们可以假定政府明确规定中央银行的目标函数和社会福利函数不同，或者说政府选择一个和社会福利函数不一致的中央银行家，从而使中央银行的行为本身不具有动态不一致性问题，但却无法解释政府为什么要这样做，此时政府的行为是动态不一致的。

中央银行通过部分承诺可以改善相机抉择下的均衡结果，在特定的结构方程下甚至可以实现完全承诺下的均衡结果。与部分承诺相对应，中央银行具有了部分的预期管理能力，能部分影响公众的通货膨胀预期。下面简要考察几种常见的最优目标规则以增进对货币政策规则的认识。

一、保守中央银行家方法

保守中央银行家方法首先是由罗戈夫（1985）提出的，随后弗拉德、依萨特（1989）以及罗曼（1992）等对之进行了扩展。

在巴罗—戈登基本模型中，中央银行的福利损失函数和社会（政府）福利损失函数相同，这里仍假定社会福利损失函数为：

$$L_t = \pi_t^2 + \lambda(y_t - \bar{y})^2 \tag{3-46}$$

在该损失函数下，相机抉择的货币政策导致平均通货膨胀为 $\lambda b\bar{y} > 0$，平均通货膨胀是中央银行目标偏好权重 λ 的增函数，如果任命一个保守的中央银行家，其目标偏好权重低于社会权重，则能降低平均通货膨胀，从而部分解决通货膨胀偏差问题。假定任命的中央银行家的福利损失函数为：$L_t^B = \pi_t^2 + \lambda^B(y_t - \bar{y})^2$，其中 $\lambda^B < \lambda$。

第一节在分析相机抉择时的均衡时也指出，通货膨胀和产出对冲击的反应与目标偏好程度有关，通货膨胀的方差是 λ 的减函数，而产出的方差是 λ 的增函数。降低目标权重虽然能降低相机抉择下的平均通货膨胀和通货膨胀的波动性，但同时增大了产出的波动性，因此存在一个适当大小的目标权重 λ^B，能最小化社会福利损失函数，此即最优保守程度。

与第一节的结论相一致，在总供给曲线约束下通过最小化中央银行的损失函数可得到均衡结果：$\pi_t = \lambda^B b\bar{y} - \beta^B \varepsilon_t^s$，$y_t = b(\pi_t - \pi_{t|t-1}^e) + \varepsilon_t^s = (1 - b\beta^B)\varepsilon_t^s$，其中，$\beta^B = \lambda^B b/(1 + \lambda^B b^2)$。假定政府能观察到中央银行家的目标偏好权重，把与特定目标偏好权重的中央银行家所对应的均衡结果代入社会福利损失函数可得到任命该中央银行行长时的社会损失，

即，$L_t=\pi_t^2+\lambda(y_t-\bar{y})^2=(\lambda^B b\bar{y}-\beta^B\varepsilon_t^s)^2+\lambda((1-b\beta^B)\varepsilon_t^s-\bar{y})^2$，该函数是中央银行目标权重（保守程度）的函数，政府在选择保守的中央银行家时通过最小化预期社会福利损失 $E_{t-1}[L_t]$ 可求出最优保守程度，记为 λ^R，显然 $\lambda^R<\lambda$。

罗戈夫在提出保守中央银行家理论时假定政府能够观察到中央银行家的目标偏好 λ^B，政府只需根据自身损失函数选择最优保守程度的中央银行家。不过也可以用目标规则形式来解释该理论。假定中央银行的目标函数不是社会福利函数，而是如下形式：

$$L_t^B=\pi_t^2+\frac{\lambda}{1+f_{\pi\pi}}(y_t-\bar{y})^2 \tag{3-47}$$

由于 $\lambda/(1+f_{\pi\pi})<\lambda$，与保守中央银行家理论中 $\lambda^B<\lambda$ 是一样的，选择最优的保守程度 λ^R 即可。

由于增加保守程度在降低平均通货膨胀和通货膨胀的方差的同时增大了产出的波动性，即使是最优保守程度的中央银行家也只是降低了通货膨胀偏差，而不能完全解决通货膨胀偏差问题，该方案并不是完善的。尽管如此，由于罗戈夫的方案符合当前一些国家的实际情况，因此得到了广泛的关注。事实上，美国、德国等西方发达国家通常被认为是任命一位保守主义者领导一个独立的中央银行。其中，独立性意味着一旦接受了任命，中央银行行长就能够不受干涉地进行政策操作，能够真正根据其自己对通货膨胀的态度来制定货币政策。中央银行的独立性保证了目标规则的可信性。

二、线性通货膨胀合约

瓦什（1995）、珀森和塔贝里尼（1993）等提出的线性通货膨胀合约理论中，政府根据事后通货膨胀奖惩中央银行，其惩罚是通货膨胀的线性函数，在这种惩罚的影响下，中央银行的损失函数可表示为：

$$L_t^B=[\pi_t^2+\lambda(y_t-\bar{y})^2]+2f_\pi\pi_t \tag{3-48}$$

最优线性通货膨胀合约要求政府选择适当的参数 f_π 以最小化期望

社会损失 $E_{t-1}(L_t)$。求解的基本思路是：首先，在一给定的参数 f_π 下求相机抉择最优均衡结果，和第一节的解法一样，可得到均衡通货膨胀 $\pi_t=\lambda b\bar{y}-f_\pi-\beta\varepsilon_t^s$；然后，中央银行把该均衡结果代入 $E_{t-1}(L_t)$，并最小化该预期损失，由此可得到 $f_\pi=\lambda b\bar{y}$，此时消除了通货膨胀偏差，实现了承诺下的最优均衡结果。

三、通货膨胀目标规则

根据斯文森的论述，实施通货膨胀目标制的中央银行有一个公开宣布的通货膨胀目标，在保证实现该目标的同时，中央银行还有使产出稳定在其自然水平等其他目标，是一种灵活的通货膨胀定标制度，可用如下形式的损失函数表示：

$$L_t^B=[(\pi_t-\pi_t^*)^2+\lambda y_t^2] \tag{3-49}$$

与社会损失函数相比，中央银行的损失函数有两点不同：一是有明确的通货膨胀目标 π_t^*，该目标由政府给定或由政府和中央银行共同确定；二是 $\bar{y}=0$，中央银行不再追求超过自然水平的产出水平，产出目标是自然产出。由相机抉择均衡知，$E(\pi)=\lambda b\bar{y}$，当产出目标为自然产出时，$\bar{y}=0$，不存在通货膨胀偏差问题。斯文森强调货币政策的长期中性，认为即使超过自然产出的产出目标可是政府和社会的合意目标值，鉴于货币政策本身的局限性，给予中央银行的产出目标也只能是自然产出。

政府通过选择适当的通货膨胀目标 π_t^* 以最小化期望社会损失函数 $E_{t-1}(L_t)$，由此可得到最优通货膨胀目标水平。首先给出中央银行的相机抉择最优均衡结果：$\pi_{t|t-1}^e=\pi_t^*$，$\pi_t=\pi_t^*-\beta\varepsilon_t^s$；然后把该均衡结果代入期望损失函数 $E_{t-1}(L_t)$ 并求最小化得到最优通货膨胀目标 $\pi_t^*=0$，它和社会损失函数中的目标一样。此时没有通货膨胀偏差，对扰动项的反应也和承诺下的最优均衡结果相同，实现了承诺下的最优均衡结果。

与线性通货膨胀合约相对应，通货膨胀目标规则本身也可看做是一种线性产出合约。于是，可把中央银行的损失函数改写为：

$$L_t^B = [\pi_t^2 + \lambda(y_t - \bar{y})^2] - 2\pi_t\pi_t^* + 2\lambda y_t\bar{y} - (\pi_t^*)^2 - \lambda\bar{y}^2 \tag{3-50}$$

特别地，把最优通货膨胀目标 $\pi_t^* = 0$ 代入得到：

$$L_t^B = [\pi_t^2 + \lambda(y_t - \bar{y})^2] + 2\lambda y_t\bar{y} - \lambda y^2 \tag{3-51}$$

其中，最后一项是常数，不影响中央银行的行为和均衡结果，重要的是第二项 $2\lambda\bar{y}y_t$。与线性通货膨胀合约不同，这里惩罚的不是较高的通货膨胀结果，而是较高的产出结果（产出超过自然水平），这相当于线性产出合约。

把供给方程代入得到：$2\lambda y_t\bar{y} = 2\lambda(b(\pi_t - \pi_{t|t-1}^e) + \varepsilon_t^s)\bar{y}$，政府在确定奖惩计划时，知道 $\pi_{t|t-1}^e = \pi_t^* = 0$，但还没有观察到 ε_t^s，因此制定的奖惩计划相当于对通货膨胀的惩罚为 $2\lambda b\bar{y}\pi_t$，这和线性通货膨胀合约相同。

四、最优目标规则

以上所分析的几种解决通货膨胀偏差问题的方法都可以表示为最优目标规则形式，事实上通过修改中央银行的目标函数来解决通货膨胀偏差问题的方法即为目标规则形式。中央银行独立性方面的研究区分了目标独立和工具独立之间的不同，这种政府规定中央银行目标函数，并允许中央银行自由选择政策工具来实现相机抉择最优均衡结果的方法对应于目标不独立（由政府给定）而工具独立的类型。一般地，假定社会福利损失函数是 $L_t = [\pi_t^2 + \lambda(y_t - \bar{y})^2]$，而给予中央银行的损失函数是更为一般的二次函数形式：

$$L_t^B = [\lambda_\pi(\pi_t - \pi_t^*)^2 + \lambda_y(y_t - y_t^*)^2] \tag{3-52}$$

其中，参数（λ_π，λ_y，π_t^*，y_t^*）由政府规定，中央银行可以自由地操作政策工具以最小化给定的损失函数，政府选择适当的参数以使中央银行的相机抉择均衡结果能最小化政府自身的损失函数（通常假定为社会损失函数）。政府可以通过委托代理方法来设定中央银行的目标函数，即当中央银行未实现所委托的目标时，对中央银行作出惩罚。我们可以把中央银行的目标函数表示为如下形式：

$$L_t^B = [\pi_t^2 + \lambda(y_t - \bar{y})^2] + f_{\pi\pi}(\pi_t - \pi_t^*)^2 + f_{yy}(y_t - y_t^*)^2 + 2f_\pi(\pi_t - \pi_t^*) + 2f_y(y_t - y_t^*) \tag{3-53}$$

其中，第一项为社会损失函数，其余各项为对中央银行的惩罚项，政府通过设定恰当的奖惩参数来使中央银行在相机抉择行为方式下得到的均衡结果能最小化政府的福利损失。

第四节　本章小结

本章基于传统的货币政策模型介绍了引入理性预期后货币政策分析中存在的三个基本问题：承诺的动态不一致性问题、相机抉择的通货膨胀偏差问题和相机抉择的稳定性偏差问题。相机抉择时的通货膨胀偏差问题和稳定性偏差问题反映了承诺下均衡结果的优势，与相机抉择相比，承诺下的福利损失更小；承诺的动态不一致性问题，即货币政策的可信性问题，反映了实现承诺均衡的困难。货币政策研究的一个重要问题是要解决如何在相机抉择下通过某些制度安排或机制设计来改进均衡结果，甚至实现承诺下均衡；或者说，需要通过哪些措施能使承诺更可信，本章把已有的一些措施表示为最优目标规则形式。

本章的一些重要观点归纳如下：

（1）预期在政策分析中很重要。巴罗—戈登模型和其他传统分析中采用了包含理性预期，但不具有前瞻性的卢卡斯供给曲线，这种传统模型大都采用静态分析方法，简单明了地说明了预期对货币政策制定及其效果的巨大影响：由于公众的预期（包括对货币政策的预期）影响其决策和行为，从而影响经济的运行，因此中央银行行为方式的不同将导致预期和均衡结果的不同。

（2）两种货币政策操作方式。货币政策分析中主要研究两种相互对立的政策操作方式，即完全承诺和相机抉择：完全承诺的政策操作方式假定中央银行能够对未来行为作出可信的承诺，中央银行以后将根据事先的承诺行事，而且公众也相信这种承诺将得到遵守；而相机抉择是指中央银行每期根据当时的形势选择最优的货币政策，不受过去承诺的约束。

（3）动态不一致性问题。承诺时的货币政策具有动态不一致性问题：公众根据中央银行的预先承诺形成通货膨胀预期后，中央银行如果重新制定政策将改善其福利水平。例如，受中央银行承诺的影响，公众对下期通货膨胀的预期为 0，如果中央银行提高通货膨胀水平，这种预期外的通货膨胀将通过 Phillips 效应刺激产出增长，在通货膨胀率很低时，产出增长带来的收益大于通货膨胀增加带来的成本，从而能提高货币政策的福利水平。理性的私人经济个体在形成其通货膨胀预期时也考虑到了中央银行事后背弃承诺的可能，因此如果没有切实的制度保证或其他方面的约束，中央银行的承诺是不可信的，承诺下的均衡也就不现实了。

（4）通货膨胀偏差问题。当承诺完全不可信时，就是相机抉择情景了，此时公众在形成通货膨胀预期时根本不受中央银行事先行为或空洞承诺的影响，将根据中央银行事后可能的行为来形成其预期。在这种方式形成的预期下，中央银行通过提高通货膨胀来提高产出所带来的收益恰好等于其提高通货膨胀带来的成本，因此中央银行确定的通货膨胀水平和公众的预期水平相等，实际产出水平等于自然产出水平，较高的通货膨胀预期和通货膨胀水平只是增加了中央银行的福利损失而没有带来收益。这就是相机抉择时的通货膨胀偏差问题。

（5）基于巴罗—戈登模型分析得到的具体结论：

1）承诺下的政策规则及其均衡结果具有四个性质：

a. 平均通货膨胀为 0。由于任何预期到的通货膨胀都不影响产出，平均通货膨胀大于 0 只能增加中央银行的损失，而没有收益，因此承诺下的平均通货膨胀为0。

b. 通货膨胀的方差是目标权重λ的增函数，产出的方差是λ的减函数。当λ=0时，通货膨胀完全稳定，冲击只影响产出；当而λ→∞时，产出保持完全稳定，冲击只影响通货膨胀。

c. 需求冲击不影响通货膨胀和产出，中央银行可以通过货币政策完全对冲掉需求冲击的影响。换句话说，需求冲击使通货膨胀和产出向同一方向移动，没有导致通货膨胀稳定和产出稳定两个目标之间出现取舍关系。

d. 当出现供给冲击时，通货膨胀稳定和产出稳定两个目标不能同时实现，中央银行必须在两个目标之间作出取舍。

2）相机抉择时的政策及均衡结果具有两个主要性质：

a. 两种操作方式下货币政策对冲击的反应相同。这意味着相机抉择下产出和通货膨胀的方差与承诺下的方差相同，相机抉择时不存在稳定性偏差。

b. 平均通货膨胀较高。相机抉择时更高的平均通货膨胀，即通货膨胀偏差问题是由于存在使中央银行背离其承诺的激励，而公众在形成其预期时也意识到了这种激励的存在，从而形成较高的通货膨胀预期，进而导致较高的通货膨胀。

（6）稳定性偏差问题。在引入动态化之后，相机抉择下的均衡结果还存在稳定性偏差问题，此时，中央银行对冲击的反应和承诺下的反应不同，这种不同降低了中央银行的福利水平。通常在相机抉择下通货膨胀的波动性要高些，而产出的波动性要低些，可以说相机抉择时的产出太稳定了，通过提高产出的波动性能有效降低通货膨胀的波动性，提高整体福利水平。

（7）通过最优目标规则改善相机抉择均衡。承诺时的福利水平虽然较高，但不可信、不现实，相机抉择时虽然更符合现实，但存在通货膨胀偏差和稳定性偏差等问题，如何在相机抉择的操作方式下，通过某种方法来改善均衡结果，甚至实现承诺下的均衡呢？本章第三节主要介绍了解决通货膨胀偏差问题的最优目标规则。首先介绍了三种得到广泛研究的方法，即保守中央银行家方法、线性通货膨胀合约方法和通货膨胀目标制度。第一种方法通过选择更厌恶通货膨胀的中央银行家来制定货币政策，从而降低了通货膨胀水平；第二种方法根据事后出现的通货膨胀水平奖惩中央银行，通货膨胀越高，惩罚越大，惩罚程度是通货膨胀的线性函数；第三种方法通过限定中央银行不能追求超过自然水平的产出目标而消除了通货膨胀偏差问题。三种方法都是通过给予中央银行不同于社会目标函数的目标函数而减弱或消除通货膨胀偏差问题的，是某种形式的最优目标规则。

附录：动态模型的最优化

动态规划是解非前瞻性模型的主要方法，第二节也通过该方法得到承诺和相机抉择下的最优均衡结果，不过正文中简化了推导步骤，这里详细列出来。①

一、完全承诺下的最优化问题

假定供给方程为：

$$y_t = \rho y_{t-1} + b(\pi_t - \pi^e_{t|t-1}) + \varepsilon_t \tag{3-54}$$

私人经济个体是理性预期的，

$$\pi^e_{t|t-1} = E_{t-1}[\pi_t] \tag{3-55}$$

中央银行的目标函数为：

$$\min E_0 \sum_{t=0}^{\infty} \beta^t L_t \tag{3-56}$$

① 关于动态规划的解法，可参考相关教科书，例如托马斯·J. 萨金特的《动态宏观经济理论》等，这里的解法主要参考了斯文森（1999）。

其中，单期损失函数：

$$L_t=(\pi_t-\pi^*)^2+\lambda(y_t-\bar{y})^2 \tag{3-57}$$

假定中央银行在 t-1 期作出承诺，确定未来将要遵守的通货膨胀计划。中央银行将通过最小化$\sum_{\tau=0}^{\infty}\beta^{\tau}E_{t-1}L_{t+\tau}$来确定未来最优通货膨胀计划$\{\pi_{t+\tau}\}_{\tau=0}^{\infty}$，约束条件是（3–54）和（3–55）。这里假定私人经济主体相信中央银行的承诺，基于中央银行的政策规则形成其通货膨胀预期，而且中央银行在作出承诺时也知道这一事实，因此，在该最优化问题中，状态变量是产出 y_{t-1} 和 ε_t，控制变量是 π_t 和 $\pi^e_{t|t-1}$，值函数可表示为：

$$V(y_{t-1},\ \varepsilon_t)=\min_{\{\pi_{t+\tau},\ \pi^e_{t+\tau/t}\}}\sum_{\tau=0}^{\infty}\beta^{\tau}E_{t-1}[\pi^2_{t+\tau}+\lambda(y_{t+\tau}-\bar{y})^2] \tag{3-58}$$

则贝尔曼方程为：

$$V(y_{t-1},\ \varepsilon_t)=\min_{\pi_t,\ \pi^e_{t|t-1}\}}E_{t-1}\{\pi^2_t+\lambda(y_t-\bar{y})^2+\beta V(y_t,\ \varepsilon_{t+1})\} \tag{3-59}$$

约束条件是（3–54）和（3–55）。

由于约束条件是线性的，目标函数是二次的，间接损失函数也是二次的，可表示为：

$$V^*(y_{t-1},\ \varepsilon_t)=\gamma^*_0+\gamma^*_1y_{t-1}+\gamma^*_2y^2_{t-1}+\xi^*_1\varepsilon_{t-1}+\xi^*_2\varepsilon^2_{t-1} \tag{3-60}$$

该最优化问题的拉格朗日函数为：

$$L_{t-1}=E_{t-1}\{[(\pi_t-\pi^*)^2+\lambda(y_t-\bar{y})^2+\beta V^*(y_t,\ \varepsilon_{t+1})]\}-\theta_{t-1}(\pi^e_{t|t-1}-E_{t-1}\pi_t) \tag{3-61}$$

对 π_t 和 $\pi^e_{t|t-1}$ 的一阶条件分别为：

$$(\pi_t-\pi^*)+\lambda b(y_t-\bar{y})+\beta bV^*_y(y_t,\ \varepsilon_{t+1})+\theta_{t-1}=0$$

$$-E_{t-1}[\lambda b(y_t-\bar{y})+\beta bV^*_y(y_t,\ \varepsilon_{t+1})]-\theta_{t-1}=0$$

两式相加消掉拉格朗日乘子，得到：

$$(\pi_t-\pi^*)+\lambda b(y_t-\bar{y})+\beta bV^*_y(y_t,\ \varepsilon_{t+1})-E_{t-1}[\lambda b(y_t-\bar{y})+\beta bV^*_y(y_t,\ \varepsilon_{t+1})]=0 \tag{3-62}$$

在 t-1 期取期望得到：

$$E_{t-1}\pi_t = \pi^* \tag{3-63}$$

把（3-54）、（3-55）、（3-63）、（3-60）代入（3-62）得到：

$$\pi_t = \pi^* - b^*\varepsilon_t \tag{3-64}$$

$$b^* \equiv \frac{(\lambda + \beta\gamma_2^*)b}{1 + (\lambda + \beta\gamma_2^*)b^2} \tag{3-65}$$

代入供给曲线得到均衡产出：

$$y_t = \rho y_{t-1} + (1 - bb^*)\varepsilon_t \tag{3-66}$$

下面确定参数 γ_1^* 和 γ_2^*。把（3-64）、（3-66）代入（3-59），并利用（3-58）得到：

$$\gamma_1^* = -\frac{\lambda\rho\bar{y}}{1 - \beta\rho} \leqslant 0,\ \gamma_2^* = -\frac{\lambda\rho^2}{1 - \beta\rho^2} > 0 \tag{3-67}$$

利用（3-65）得到：

$$b^* \equiv \frac{\lambda b}{1 + \lambda b^2 - \beta\rho^2} \tag{3-68}$$

二、相机抉择下的最优化问题

中央银行的决策问题可表示为：

$$\hat{V}(y_{t-1},\ \varepsilon_t) = \min_{\pi_t} E_{t-1}\{(\pi_t - \pi^*)^2 + \lambda(y_t - \bar{y})^2 + \beta\hat{V}(y_t,\ \varepsilon_t)\} \tag{3-69}$$

约束条件是（3-54），但通货膨胀预期 π_t^e 给定，中央银行假定通货膨胀预期外生。不过也意识到当前产出将影响公众对未来通货膨胀的预期，因此（3-69）式中包括 $\hat{V}(y_t,\ \varepsilon_t)$。

假定间接损失函数：

$$\hat{V}(y_{t-1},\ \varepsilon_t) = \hat{\gamma}_0 + \hat{\gamma}_1 y_{t-1} + \hat{\gamma}_2 y_{t-1}^2 + \hat{\xi}_1\varepsilon_t + \hat{\xi}_2\varepsilon_t^2 \tag{3-70}$$

一阶条件：

$$(\pi_t - \pi^*) + \lambda b(y_t - \bar{y}) + \beta b\hat{V}_y(y_t,\ \varepsilon_t) = \pi_t - \pi^* + (\lambda + \beta\hat{\gamma}_2)by_t - (\lambda\bar{y} - \beta\hat{\gamma}_1)b = 0 \tag{3-71}$$

其中使用了（3-70）。

两边取期望：

$$E_{t-1}\pi_t = \pi^* + (\lambda\bar{y} - \beta\hat{\gamma}_1)b - (\lambda + \beta\hat{\gamma}_2)b\rho y_{t-1} \tag{3-72}$$

综合（3-54）、（3-55）、（3-71）、（3-72）得到：

$$\pi_t = \hat{a} - \frac{\hat{b}}{1 - b\hat{b}}y_t = \hat{a} - \hat{c}y_{t-1} - \hat{b}\varepsilon_t \tag{3-73}$$

其中：

$$\hat{a} \equiv \pi^* + \alpha(\lambda\bar{y} - \beta\hat{\gamma}_1),\ \hat{b} \equiv \frac{(\lambda + \beta\hat{\gamma}_2)b}{1 + (\lambda + \beta\hat{\gamma}_2)b^2},\ \hat{c} \equiv b\rho(\lambda + \beta\hat{\gamma}_2) \tag{3-74}$$

产出：

$$y_t = \rho y_{t-1} + (1 - b\hat{b})\varepsilon_t \tag{3-75}$$

下面确定参数$\hat{\gamma}_1$和$\hat{\gamma}_2$，把（3-73）、（3-75）代入（3-69），并利用（3-70）去识别 y_{t-1}^2 的系数，得到：

$$\hat{\gamma}_2 = (\lambda + \beta\hat{\gamma}_2)\rho^2 + (\lambda + \beta\hat{\gamma}_2)^2 b^2\rho^2 \tag{3-76}$$

$$\hat{c}^2 - \frac{1 - \beta\rho^2}{b\beta\rho}\hat{c} + \frac{\lambda}{\beta} = 0$$

这是$\hat{c}$的一个二次方程，该方程有实根的充要条件是：

$$\lambda \leqslant \bar{\lambda}_1 = \frac{(1 - \beta\rho^2)^2}{4\beta\alpha^2\rho^2} \tag{3-77}$$

这里只取较小的根：

$$\hat{c} = \frac{1 - \beta\rho^2 - \sqrt{(1 - \beta\rho^2)^2 - 4\lambda b^2\rho^2}}{4\beta b\rho} > 0 \tag{3-78}$$

下面确定 y_{t-1} 的系数$\hat{\gamma}_1$，得到：

$$\hat{\gamma}_1 = \frac{\lambda\bar{y}\,[1 + (1 + (\lambda + \beta\hat{\gamma}_2)b^2)]\rho}{1 - \beta\rho[1 + (\lambda + \beta\hat{\gamma}_2)b^2]} \leqslant 0 \tag{3-79}$$

在一定条件下存在$\hat{\gamma}_1$的有限解。

结果得到：

$$\hat{a}=\pi^{*}+\frac{\lambda b\bar{y}}{1-\beta\rho-\beta b\hat{c}},\ \hat{b}=\frac{\lambda b+\beta b\hat{c}^{2}}{1+\lambda b^{2}-\beta\rho^{2}+\beta b^{2}\hat{c}^{2}} \tag{3-80}$$

第四章　基于现代框架的最优货币政策分析

20 世纪 90 年代中后期以来，新凯恩斯主义模型成为货币政策分析的标准模型（本书称为现代分析框架）。基本的新凯恩斯主义模型具有坚实的微观基础，与宏观经济学的发展方向相一致。这是该模型一经出现就被经济学家迅速接受的重要原因，同时也使得该模型和实际经济周期模型一样，其参数具有明确的经济含义，可通过校准方法来估计，从而为数量化分析提供了方便。

本章的分析仍然是一种最优化分析，主要分析产出、通货膨胀利率等变量在各种冲击下的最优反应。因相机抉择下各变量对冲击的反应和承诺下的反应不同，故存在稳定性偏差问题。由于最优化模型的均衡解太复杂，一般情况下不能用解析形式表示出来，数值分析方法就成为一种重要的分析方法。采用数值方法可以方便地分析给定具体参数值后模型中各变量对冲击的均衡反应情况。

本章首先给出了以后分析所要用到的数值分析方法，包括各经济变量对冲击的反应函数、冲击下各变量的方差—协方差矩阵及损失函数的值等的计算。然后，基于新凯恩斯主义基本模型分析了承诺和相机抉择下各变量对通货膨胀冲击和需求冲击的反应情况。接下来对基本模型进行了扩展，分析了扩展后的新凯恩斯主义模型下各变量对冲击的反应情况。最后一节分析了相机抉择下通过特定的目标规则来改善均衡结果的可能性。为了分析上的简单，假定中央银行的产出目标等于自然产出，不追求超过自然产出的更高的产出水平，从而不再出现通货膨胀偏差问题。

基于新凯恩斯主义模型的分析表明，承诺下的最优均衡结果具有两个明显特征：一是动态不一致性，这和静态分析时的相同，由于存在动态不一致性问题，使不少学者怀疑该均衡结果是否具有现实性；二是历史相关性，中央银行当前的政策决策要考虑到主要经济变量的历史值和过去的政策，这种"事后追究"的做法使私人经济个体在作出当前决策时必须考虑到未来政策的影响，这增强了货币政策的稳定效果。例如，当出现一个通货膨胀冲击时，中央银行承诺未来将实现紧缩性的政策，私人经济个体预期到未来价格将回落，因此当前只是小幅提高价格，从而部分抵消了通货膨胀冲击的影响。

与承诺下的均衡结果相比，相机抉择时的均衡反应不具有历史相依性，通过改变中央银行的目标函数，引入历史相依性能够改善相机抉择下的均衡结果，甚至能实现承诺下的均衡结果。本章分析表明，相机抉择下的损失远大于承诺下的损失，由于假定中央银行的产出目标等于自然产出水平，因此不存在传统的通货膨胀偏差问题，所以相机抉择下过高的福利损失是由稳定性偏差造成的。本章分析还表明，相机抉择时的损失更大并不意味着相机抉择时产出缺口和通货膨胀的方差都大。通常情况下相机抉择时产出缺口的波动性要小于承诺时的波动性，而通货膨胀的波动性要大于承诺时的波动性，通过适当增加产出缺口的波动性能有效降低通货膨胀的波动性，进而降低中央银行的福利损失。因此即使不存在通货膨胀偏差，在相机抉择时把货币政策的制定和操作委托给一个保守的中央银行家也能使均衡结果更接近于承诺下的情景。

第一节　数值分析方法

为了更清楚地说明两种操作方式下均衡结果的特征，以便于比较，本章采用了数值分析方法：在给定了参数的具体数值之后，通过解最优化问题或差分方程得到各变量对冲击的刺激反应路径，计算出各变量的波动性和损失函数的值。经过分析表明，承诺和相机抉择下的最优化问题中包括具有初始值的变量和不具有初始值的变量，这里把具有初始值的变量记为 Z_t，其运动方程是一个 VAR（1）过程，我们把该过程表示为 $Z_{t+1} = MZ_t + \varepsilon_{t+1}$；不具有初始值的变量包括前瞻性变量和政策变量两种，分别记为 X_t 和 u_t，它们都是 Z_t 的线性函数。在相机抉择时，有初始值的变量只有前定变量，这里把前定变量记为 x_{1t}，显然有 $Z_t = x_{1t}$；而在承诺时还包括初始值为 0 的前瞻性拉格朗日乘子，把这些拉格朗日乘子记为 ρ_{2t}，则有 $Z_t = (x'_{1t} \quad \rho'_{2t})'$，根据计算结果我们可把前瞻性变量表示为 $x_{2t} = CZ_t$，政策工具变量表示为 $u_t = -F(Z'_t \quad x'_{2t})' = -F(I \quad C')'x_{1t}$。

由 VAR（1）过程 $Z_{t+1} = MZ_t + \varepsilon_{t+1}$ 可知：

$$Z_t = \varepsilon_t + M\varepsilon_{t-1} + M^2\varepsilon_{t-2} + \cdots + M^tZ_0 \tag{4-1}$$

这就是 Z_t 对各期扰动项的刺激反应函数。假定扰动项 ε_t 的方差协方差矩阵为 Σ，则 Z_t 的（无条件）方差协方差矩阵可表示为：

$$Cov(Z_t) = \sum + M\sum M' + M^2\sum(M^2)' + \cdots \tag{4-2}$$

由式（4-2）知，可通过迭代方法得到方差协方差结果：

$$Cov(Z_t) = \sum + MCov(Z_t)M' \tag{4-3}$$

其中，初始值可取为零矩阵。前瞻性变量和政策工具变量是 Z_t 的线性函数，也可得到其相应的刺激反应函数和方差协方差矩阵。我们把二次损失函数表示为各目标变量的方差的加权和，由方差协方差矩阵可求出损失函数。

第二节 基于新凯恩斯主义框架的最优货币政策分析

新凯恩斯主义分析框架强调模型的微观基础，不仅结构方程是基于私人经济个体的最优选择基础之上，而且对中央银行的行为设定也强调微观基础，通常从代表性经济个体的效用函数出发而推导出社会福利函数，并作为中央银行的目标函数。为了分析方便，通常假定结构方程是线性的，工具规则也是线性的，中央银行的损失函数是二次的。

虽然对模型的设定有所不同，但传统模型中研究的动态不一致性问题、通货膨胀偏差问题和稳定性偏差问题仍然是现代货币政策分析框架下所要分析的主要问题。与这三个问题相对应，如何通过制度建设和机制设计来约束相机抉择下中央银行的行为，改善相机抉择下的均衡解，甚至实现承诺下均衡解，仍然是现代货币政策分析中的主要目的。

一、新凯恩斯主义基本模型

20 世纪 90 年代中后期以来，越来越多的货币政策分析文献强调模型的微观基础，力图使整个模型结构与经济个体的最优化行为相一致，其标准做法是采用动态一般均衡（DSGE）模型。不过与实际经济周期模型不同，这种模型中通常包含某种形式的名义工资或价格刚性，被称为新凯恩斯主义模型（克拉丽达等，1999），较早的文献有云（Yun，1996）、古德弗兰德和金（1997）、罗腾贝格和伍德福德（1995，1997）、麦卡勒姆和纳尔森（1999）等。

1. 以个体的最优化行为为基础

古德弗兰德和金（1997）称这种新凯恩斯主义模型为新新古典综合模型（New Neo-classical Synthesis，NNS），认为它是对20世纪70年代以来主要宏观经济模型的一种综合，伍德福德（2003）也讨论了这种综合性。

传统的凯恩斯主义模型（特别是IS-LM模型）曾经是用于政策分析的主要模型，后来萨金特和华莱士（Sarget和Wallace，1975）等在IS-LM模型中加入理性预期，用来分析货币政策，但这种模型不具有坚实的微观基础，采用这种模型进行政策分析不能摆脱卢卡斯的批判。卢卡斯批判（Lucas，1976）表明，当政府政策制定方式发生变动时，理性的经济个体能预期到这种变动，并对之作出合理的反应，因此不同的政策制定方式下经济个体的行为方式也是不同的。要进行政策分析，要对不同政策进行比较，即要求模型的基本结构和参数在政策变动时是不变的。合理的政策分析模型应该是假定消费者的偏好、厂商的技术特征等外生，从经济个体的最优化行为出发，推导出用于政策分析的宏观经济模型，模型的结构和基本参数由经济个体的行为所决定。

在20世纪80年代，基德兰德和普雷斯科特（1982）等利用实际经济周期模型（RBC）来解释经济的周期性波动。这种模型框架以经济个体的最优化行为为基础，并假定市场结构是完全竞争的，工资和价格是完全灵活的，是对传统一般均衡模型的动态化，是基本的动态随机一般均衡模型。RBC模型虽然具有坚实的微观基础，但这种模型假定名义变量是完全灵活的。在该模型中，货币政策几乎没有作用，因此不能用来进行货币政策分析。要进行货币政策分析必须在模型中引入某种形式的名义黏性。

综合看来，用来进行货币政策分析的模型必须既具有微观基础，以避免卢卡斯批判，又具有名义黏性，以使货币政策能通过影响总需求而影响实际经济的运行。新新古典综合模型在动态随机一般均衡框架中引入了名义黏性，从而使产出和就业在短期内由需求决定。要引入名义黏性，需要假定经济个体是价格和工资的制定者，因此需要假定市场结构是非完全竞争的，典型的新新古典综合模型假定市场结构是垄断竞争的，特别地采用了迪克西特和斯蒂格利茨（Dixit 和 Stiglitz，1977）的处理方式，并假设存在一个完全的金融市场，消费风险可由所有消费者平均分担，所有个体的消费行为是相同的，可以用代表性消费者来表示。

2. 把利率作为货币政策工具变量

传统的货币政策分析模型，不论是货币数量理论还是 IS-LM 模型都假定中央银行能控制货币量的变动，货币量的变动或货币供给方式的变动代表了货币政策的变动。与此不同，近期的货币政策研究与现实更一致，是研究短期名义利率的变动对总需求和实际经济的影响。这种转变不仅使货币政策理论研究更符合现实，使研究更有用，也促进了理论界与实践者之间的交流，成为推动当前货币政策研究的重要力量。

3. 新凯恩斯主义基本模型

我们把最简单也是最流行的新凯恩斯主义模型称为新凯恩斯主义基本模型。与第二章给出的一般形式的货币政策分析框架相一致，基本的新凯恩斯主义模型也包括三个组成部分。

（1）线性的附加预期的跨期 IS 方程。它是通过对代表性经济个体最优消费的一阶条件（欧拉方程）的对数线性化得到的，可表示为：

$$x_t = E_t x_{t+1} - \sigma(i_t - E_t \pi_{t+1}) + e_t \tag{4-4}$$

其中，x_t 是产出缺口，是实际产出与潜在产出之差。不同文献对潜在产出的定义有所不同，这里把潜在产出定义为灵活价格下的均衡产出，也称为自然产出。此时产出缺口主要是由名义黏性（价格黏性）造成的，称为名义扭曲；有些文献把潜在产出定义为价格灵活且完全竞争时的产出，本书称为有效产出。这里要注意自然产出和有效产出之间的区别：由于假定商品市场结构是垄断竞争的，即使是灵活价格时的均衡产出也低于完全竞争时的均衡产出，因此自然产出水平低于有效产出水平。自然产出和有效产出之间的差别主要是由于垄断竞争等实际扭曲造成的。把产出缺口看做实际产出与自然产出或者与有效产出之间的差有重要差别。从社会福利角度看，损失函数中的产出应为有效产出，不过，由于货币政策在消除实际扭曲时效果不佳，因此在货币政策分析中常假定可以通过其他方式消除实际扭曲，只研究名义扭曲的影响。

需求扰动项 e_t 表示消费者偏好的变动、政府支出的非预期变动、经济个体劳动供给的实际变动以及生产技术冲击等的变动。

（2）线性的总供给方程。在假定商品市场是垄断竞争的，厂商采用卡尔沃（1983）最优交错定价方式下，通过对厂商最优化的一阶条件的对数线性化可得到该方程，表示为：$\pi_t = \beta E_t\pi_{t+1} + \kappa x_t$。与跨期 IS 方程不同，该方程中不包含扰动项，在通货膨胀预期给定的条件下，通货膨胀和产出缺口之间是确定性的一一对应关系。这种一一对应关系意味着，保持通货膨胀稳定是重要的，保持通货膨胀为 0，等价于使产出稳定在自然产出水平，通货膨胀目标和产出目标同时实现。

不过，本章的主要目的是要分析各种冲击下货币政策的最优反应，为此增加了通货膨胀的扰动项 u_t，[①] 该扰动项常被称为通货膨胀冲击、成本推动型冲击或价格冲击等，反映的是厂商边际成本加成的变动。总供给曲线表示为：

$$\pi_t = \beta E_t\pi_{t+1} + \kappa x_t + u_t \tag{4-5}$$

（3）二次政策目标函数。假定中央银行的损失函数是通货膨胀和产出缺口的二次函数，表示为：

$$L_t = \frac{1}{2}\sum_{\tau=0}^{\infty} \beta^{\tau} E_t(\pi^2_{t+\tau} + \lambda x^2_{t+\tau}) \tag{4-6}$$

① 可以通过不同的方式引入通货膨胀冲击 u_t：一种方式是引入可变边际成本加成对该加成的随机扰动项构成了通货膨胀冲击 u_t；另一种方式是区分了有效产出 Y^e_t 和自然产出 Y^n_t 之间的区别，认为从福利角度看，产出缺口应该是实际产出与有效产出之间的差，即 $x_t = Y_t - Y^e_t$，而不是与自然产出之间的差 $Y_t - Y^n_t$，与此相对应的新凯恩斯主义 Phillips 曲线可表示为：

$$\pi_t = \beta E_t\pi_{t+1} + \kappa[(Y_t - Y^e_t) + (Y^e_t - Y^n_t)] = \beta E_t\pi_{t+1} + \kappa(Y_t - Y^e_t) + k(Y^e_t - Y^n_t)$$

那些影响有效产出而不影响自然产出的扰动项将影响有效产出与自然产出之差，这些扰动项构成了通货膨胀冲击 u_t，两种引入方式得到的结果是一致的，但第二种方式更明确地说明了扰动项的经济含义。常见的通货膨胀冲击包括非预期的扭曲性税率的变动、垄断竞争厂商垄断力的变动等。

伍德福德（2003）在和新凯恩斯主义结构方程相同假定基础上，通过对代表性经济个体的效用函数的二次线性近似得到了具有微观基础的社会福利函数，这种福利函数和该二次损失函数所表示的含义是一致的。

进一步地假定扰动项是 AR(1) 过程，其自相关系数已知，并且两个扰动项之间相互独立，即：

$$e_t = \rho_e e_{t-1} + \xi_t \tag{4-7}$$

$$u_t = \rho_u u_{t-1} + \zeta_t \tag{4-8}$$

其中，ξ_t、ζ_t 是白噪声，而且两者之间相互独立。

二、承诺下的均衡结果及历史相依性

中央银行承诺选择适当的利率路径，以最小化损失函数（4-6），私人经济个体相信中央银行将遵循所确定的利率路径。承诺下均衡结果中的产出缺口、通货膨胀和利率路径是扰动项的函数。该最优化问题可表示为在 t 期选择适当的 $i_{t+\tau}$、$x_{t+\tau}$、$\pi_{t+\tau}$，$\tau \geqslant 0$ 以最小化（4-6），用拉格朗日函数表示为：

$$\sum_{\tau=0}^{\infty} \beta^{\tau} \left\{ \begin{aligned} &\frac{1}{2} E_t(\pi_{t+\tau}^2 + \lambda x_{t+\tau}^2) + \theta_{t+\tau}(x_{t+\tau} - E_{t+\tau}x_{t+\tau+1} + \sigma(i_{t+\tau} - E_{t+\tau}x_{t+\tau+1}) \\ &- e_{t+\tau}) + \Psi_{t+\tau}(\pi_{t+\tau} - \beta E_{t+\tau}\pi_{t+\tau+1} - \kappa x_{t+\tau} + u_{t+\tau}) \end{aligned} \right\} \tag{4-9}$$

或者根据期望迭代法则，表示为：

$$\sum_{\tau=0}^{\infty} \beta^{\tau} E_t \left\{ \begin{aligned} &\frac{1}{2}(\pi_{t+\tau}^2 + \lambda x_{t+\tau}^2) + \theta_{t+\tau}(x_{t+\tau} - x_{t+\tau+1} + \sigma(i_{t+\tau} - x_{t+\tau+1}) - e_{t+\tau}) \\ &+ \Psi_{t+\tau}(\pi_{t+\tau} - \beta\pi_{t+\tau+1} - \kappa x_{t+\tau} + u_{t+\tau}) \end{aligned} \right\} \tag{4-10}$$

对 $i_{t+\tau}$ 的一阶条件为 $\sigma E_t(\theta_{t+\tau}) = 0$，因此对所有 $\tau \geqslant 0$，要求 $E_t\theta_{t+\tau} = 0$，这意味着线性的附加预期的跨期 IS 方程对该最优化问题没有约束力。这和传统分析中的结果是一致的，只要不对名义利率的变动作出限定，或者说只要中央银行可以毫无损失地变动利率，通过适当的利率变动可以完全抵消需求冲击对经济的扰动。这也意味着我们可以由在（4–5）约束下的最小化问题得到产出缺口和通货膨胀的均衡路径，而（4–4）只相应地确定了为了实现该均衡结果所必需的利率路径。为了分析上的方便，我们直接假定中央银行的政策工具为产出缺口，只分析在（4–5）约束下最小化损失函数（4–6）得到的均衡结果，此时的扰动项只有通货膨胀冲击 μ_t。

假定 $E_t\theta_{t+\tau}=0$，其他一阶条件可表示为：

$$\pi_t+\Psi_t=0 \tag{4–11}$$

$$E_t(\pi_{t+\tau}+\Psi_{t+\tau}-\Psi_{t+\tau-1})=0 \quad \tau\geqslant 1 \tag{4–12}$$

$$E_t(\lambda x_{t+\tau}-\kappa\Psi_{t+\tau})=0 \quad \tau\geqslant 0 \tag{4–13}$$

一阶条件（4–11）和（4–12）之间的区别反映了承诺时最优政策的动态不一致性问题。假定在 t 期作出承诺，根据（4–12），对下一期通货膨胀的最优设定为 $\pi_{t+1}=-\Psi_{t+1}+\Psi_t$，但当到了下一期，如果中央银行能够重新作出承诺，其最优选择将是 $\pi_{t+1}=-\Psi_{t+1}$。因此在 t+1 期看来，t 期的承诺并不是最优的，如果不存在限定中央银行遵循承诺的可信约束，中央银行将重新最优化。动态不一致性问题使 t 期的承诺不可信。伍德福德（1999）给出了另一种最优承诺政策的定义，即 TP（timeless perspective）最优，该定义限定中央银行在各期都遵守条件（4–12）和（4–13），而放弃（4–11），从而避免了承诺下初始值的特殊性问题。伍德福德对 TP 最优的解释是，假定很长时间以来中央银行已经依规则制定货币政策了，就不用考虑刚开始作出承诺时的特殊性了。麦卡勒姆和纳尔森（2004）对这种 TP 最优的另一种解释是，假定我们关心的是已经实施了的政策体制的表现而不是从一种体制向另一种体制的转变。在这种情况下，可以假定政策体制已经长期存在了，特定的初始条件的影响已经不重要了，从而可以忽略了。麦卡勒姆和尼尔森进一步指出，卢卡斯、泰勒等早已使用了这种概念，这也是进行政策分析的最恰当的假定，因为基本的理性预期方法要求政策体制已经长期实施，以使私人部门理解了它并相信它将继续有效。

由（4–12）和（4–13）消掉拉格朗日乘子得到：

$$\pi_{t+\tau}=-\left(\frac{\lambda}{\kappa}\right)(x_{t+\tau}-x_{t+\tau-1}) \tag{4-14}$$

这是TP最优下通货膨胀和产出缺口必须满足的一阶条件，也是斯文森所强调的狭义目标规则的核心。在一般情况下，由条件（4-14）和结构方程（4-4）、（4-5）确定的均衡结果为完全承诺下的均衡结果，如果中央银行遵循狭义目标规则的要求，使目标变量满足（4-14），此时中央银行实现的均衡结果就是完全承诺下的均衡结果。

为了便于分析，把一阶条件（4-14）、结构方程（4-5）和扰动项过程（4-8）写成状态空间形式：

$$\begin{pmatrix} u_{t+1} \\ x_t \\ E_t\pi_{t+1} \end{pmatrix}=\begin{pmatrix} \rho_u & 0 & 0 \\ 0 & 1 & -\kappa/\lambda \\ -1/\beta & -\kappa/\beta & 1/\beta \end{pmatrix}\begin{pmatrix} u_t \\ x_{t-1} \\ \pi_t \end{pmatrix}+\begin{pmatrix} \zeta_{t+1} \\ 0 \\ 0 \end{pmatrix} \tag{4-15}$$

这是一个包含理性预期的差分方程，其中，前定变量是u_t和x_{t-1}，解该差分方程可得到均衡结果，均衡时x_t、π_t是u_t和x_{t-1}的线性函数。特别地，把（4-14）代入结构方程（4-5）得到：

$$\left(1+\beta+\frac{\kappa^2}{\lambda}\right)x_t=\beta E_t x_{t+1}+x_{t-1}=\frac{\kappa}{\lambda}u_t \tag{4-16}$$

假定$x_t=a_x x_{t-1}+b_x u_t$，则$E_t x_{t+1}=a_x x_t+b_x\rho_u u_t=a_x^2 x_{t-1}+(a_x+\rho_u)b_x u_t$，代入上式，并令两边系数相等可解出待定系数$a_x$和$b_x$，其中$a_x$是方程（4-17）的小于1的解：

$$\beta a_x^2-\left(1+\beta+\frac{\kappa^2}{\lambda}\right)a_x+1=0 \tag{4-17}$$

而：

$$b_x=-\left\{\frac{\kappa}{\lambda[1+\beta(1-\rho_u-a_x)]+\kappa^2}\right\} \tag{4-18}$$

均衡时的通货膨胀为：

$$\pi_t=\left(\frac{\lambda}{\kappa}\right)(1-a_x)x_{t-1}+\left\{\frac{\lambda}{\lambda[1+\beta(1-\rho_u-a_x)]+\kappa^2}\right\}u_t \tag{4-19}$$

由（4-14）和（4-19）可知，即使$\rho_u=0$，扰动项是非自相关的，也有$a_x>0$，这意味着，即使模型没有外生的持续性，承诺下的产出缺口和通货膨胀过程也包含滞后项，都具有一定的持续性。伍德福德（2003）强调承诺下的这种历史相关性（也称为惰性（inertia））的重要性：由于中央银行对过去的产出缺口作出反应（x_t 对 x_{t-1} 作出反应），因此过去产出缺口通过影响当前中央银行行为，进而通过 Phillips 效应（结构方程（4-5））影响当前的通货膨胀。或者换句话说，这种惰性意味着当前中央银行的行为影响对未来通货膨胀的预期，这种影响有助于中央银行更好地在产出缺口的波动性和通货膨胀的波动性之间作出权衡。

为了进一步说明承诺的历史相依性特征，下面采用数值分析方法画出产出缺口和通货膨胀对暂时性冲击的刺激反应图。① 我们假定差分方程（4-16）中扰动项是白噪声，不具有持续性，自相关系数 $\rho_u=0$。该差分方程中包含 β、κ、λ 三个参数，这里采用瓦什（2003）给出的参数值，分别取 0.99、0.25 和 0.05。②

图 4-1 给出了承诺情况下通货膨胀和产出缺口对一个暂时的价格冲击 u_t 的反应，其中假定 u_t 在第 1 期有一个标准差的变动（假定扰动项的标准差为 $\sigma_u=0.015$），然后恢复为 0。从图 4-1 可以看出，承诺下的均衡路径具有明显的持续性：尽管冲击本身不具有序列相关性，但产出缺口和通货膨胀都表现出较强的序列相关性。在一个正的价格冲击后，产出缺口长期小于 0，表现出明显的正相关性。中央银行通过承诺未来将使产出低于潜在产出（负的产出缺口），而降低了私人经济个体对未来通货膨胀的预期。从图 4-1（b）可以看出，在价格冲击之后通货膨胀也长期低于原先的通货膨胀水平（这里假定原先水平为 0），因此，价格水平将逐步回落，图 4-1（c）更清楚地表明了这种通货紧缩趋势，该图给出了价格水平本身在冲击之后的走势，其中假定原

① 本书在进行数值分析，包括画刺激反应图、泰勒曲线等图形和计算方差—协方差矩阵以及计算损失函数时采用的软件为 Matlab 6.5，其中参考和使用了 Klein（2000）和 Söderlind（1999）等的部分程序。

② 詹森（Jensen，2002）、麦卡勒姆和纳尔森（2004）也选取 λ = 0.25。参数 κ 反映的是实际边际成本的变动对通货膨胀的影响以及实际边际成本和产出缺口之间的共同变动。麦卡勒姆和纳尔森（2004）从实证角度分析，认为 κ 的范围应该在 [0.01，0.05]。罗伯特（Robert，1995）给出了一个更高的数值，詹森（2002）设定为 0.1，瓦什（2003）设定为 0.05。

先的价格水平为 1。承诺下中央银行在价格冲击之后的通货紧缩使私人经济个体在冲击发生时就形成了较低的通货膨胀预期，这种预期有助于降低冲击对当期通货膨胀的影响，从而有利于中央银行更好地在两个稳定目标之间作出权衡。这种价格向冲击发生前价格水平的回归现象意味着承诺时的均衡结果具有某种价格水平定标的特征。不少研究价格水平目标制度的文献也表明价格水平目标制度比纯粹的相机抉择下的社会损失低。

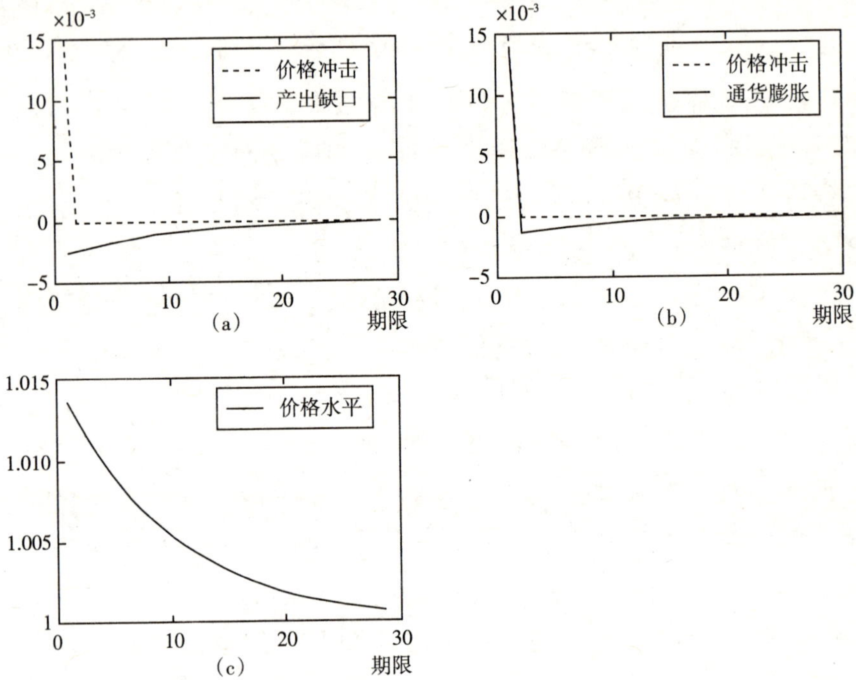

图 4-1　承诺下对暂时性冲击的反应

三、相机抉择时下均衡结果及稳定性偏差问题

麦卡勒姆和纳尔森（2004）区分了两种情况下的相机抉择之间的不同：第一种情况是，中央银行选择当期通货膨胀和产出缺口时假定私人经济个体对未来通货膨胀和产出缺口的预期是外生的，不受中央银行政策的影响，此时，中央银行完全不能影响私人经济主体对未来

的预期，决策问题可以看做是一个单期优化问题，在通货膨胀调整方程（4–5）约束下最小化 $\pi_t^2+\lambda x_t^2$。瓦什（2003）称这种中央银行不仅是相机抉择的而且是短视的，其中中央银行的相机抉择性表现为中央银行假定私人经济个体的预期不受政策的影响，其短视性表现为中央银行假定当前政策不影响未来状态变量。第二种情况是，中央银行意识到私人经济个体的预期与当期的状态变量有关，而中央银行可以通过影响这些状态变量来影响私人经济个体的预期（虽然不能直接影响预期，但可以间接影响预期）。如果状态变量具有序列相关性，则政策行为可以通过影响当前状态变量而影响对未来的预期。不过这里的状态变量只有外生冲击，不受中央银行政策的影响，因此两种定义是相同的。该单期最优化的一阶条件是：

$$\pi_t+\Psi_t=0,\ \lambda x_t-\kappa\Psi_t=0 \tag{4–20}$$

合并得：

$$\pi_t=-\left(\frac{\lambda}{\kappa}\right)x_t \tag{4–21}$$

相机抉择时的均衡结果由（4–5）和（4–21）决定。两种操作方式下的一阶条件（4–21）和（4–14）的比较表明，相机抉择时通货膨胀和上期产出缺口无关，其均衡结果不具有承诺时的历史相依性。图 4–2

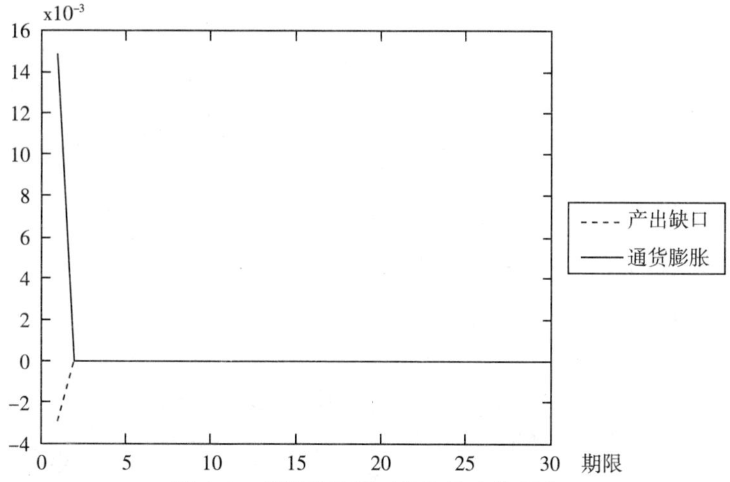

图 4–2 相机抉择下对价格冲击的反应

是一个暂时性的价格冲击下通货膨胀和产出缺口的刺激反应图。与图 4–1 相比较发现，虽然冲击是一样的，但相机抉择下两个变量都在冲击发生一期之后回复到原先路径，没有最优承诺时的持续性。通货膨胀没有持续性也意味着在相机抉择时价格在冲击后将继续保持在较高的新的水平之上，而不像承诺时那样向原先价格水平回归。

在相同的冲击假定下，相机抉择时的损失为 0.208，而承诺时的损失为 0.223，前者比后者大约 7.4%。表 4–1 给出了不同产出目标权重 λ[①] 下承诺和相机抉择时通货膨胀、产出缺口的波动性及损失的比较。由该表可知：①相机抉择时产出缺口的波动性小于承诺时的波动性，但通货膨胀的波动性大于承诺时的波动性，增大产出缺口的波动性能有效降低通货膨胀波动性，从而减少社会损失；②随着社会给予产出权重的增大，两种体制下产出缺口的波动性都降低，通货膨胀的波动性都升高，但相对于承诺下的损失，相机抉择时的损失幅度减弱。

表 4–1　不同目标权重下通货膨胀和产出缺口的波动性及福利损失（$\times 10^{-3}$）

目标权重	通货膨胀		产出缺口		损失		
	承诺	相机抉择	承诺	相机抉择	承诺	相机抉择	差别（%）
λ = 0.05	0.171	0.204	0.388	0.204	0.190	0.214	12.852
λ = 0.10	0.184	0.214	0.149	0.054	0.199	0.220	10.605
λ = 0.25	0.197	0.221	0.041	0.009	0.208	0.223	7.361
λ = 0.50	0.205	0.223	0.016	0.002	0.213	0.224	5.290
λ = 1.00	0.211	0.224	0.006	0.001	0.217	0.225	3.647

注：承诺和相机抉择下的损失是直接对通货膨胀和产出缺口的波动性进行加权计算得到的，损失之间的百分比差别为相机抉择时的损失超过承诺时损失的百分比。由于该表给出的波动性和损失只保留了小数点后三位数字，因此直接采用该表波动性数据计算的损失可能和给出的损失有所区别。（表 4–2 同）

不同操作方式下产出缺口和通货膨胀的波动性可以表示为泰勒曲线，图 4–3 给出了一个暂时性价格冲击下相机抉择和承诺下的泰勒曲线，其中横坐标表示产出缺口的波动性，纵坐标表示通货膨胀的波动

① 虽然根据伍德福德的分析，与代表性个体的福利相一致的社会福利函数中的目标权重 λ 是由微观经济个体的偏好所决定，即 λ 可表示为基本参数的函数（在新凯恩斯主义基本模型中 $\lambda=\kappa/\theta$），但在货币政策分析中通常假定目标权重 λ 是外生的，由中央银行的主观偏好所决定，不同文献对该权重的取值有明显不同。

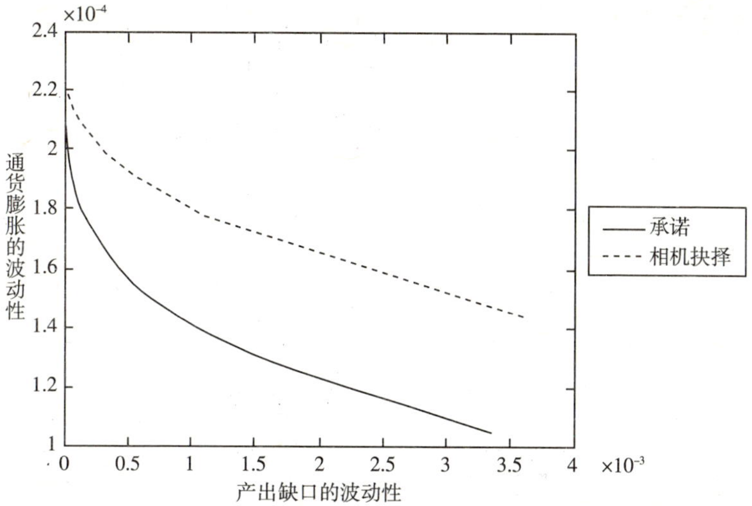

图 4–3 承诺和相机抉择下的泰勒曲线

性。从该图可以看出，承诺时的泰勒曲线位于相机抉择时泰勒曲线之下。这表明，在给定产出缺口的波动性后，承诺下通货膨胀的波动性总小于相机抉择时的波动性，或者说，在给定通货膨胀波动性后，承诺下产出缺口的波动性总小于相机抉择时的波动性。

表 4–2 给出了不同参数 κ 时的均衡结果。随着参数 κ 的增大，承诺和相机抉择下通货膨胀的波动性都减少，产出缺口的波动性都增大，而福利损失都减小。不过相机抉择和承诺下的损失之比的变动不是单调的，当 κ 较小时两者的损失之比随着参数的增加而增大，当 κ 较大时又随着参数的增大而降低。参数 κ 变动时表现出的这两个特征反映了该参数对均衡结果的影响：

（1）参数 κ 是供给曲线的斜率，斜率越大，为稳定通货膨胀所需要的产出的变动就越小，实现通货膨胀稳定的产出成本就越小，因此，在同样大小的价格冲击下，参数 κ 越大越能容忍产出的波动。

（2）两种体制下的损失之所以不同，主要是选取的通货膨胀和产出波动性组合不同，通过增大产出的波动性而有效降低了通货膨胀的波动性。随着参数 κ 的增大，在两个稳定目标之间进行权衡的重要性也越大，因此承诺下的相对收益也更大。但随着 κ 的增大，相机抉择下的通货膨胀也更加稳定，两种体制下的均衡结果趋于一致，因此当κ增加到一定幅度后，承诺的相对收益就减小了。

表 4-2 不同κ时通货膨胀和产出缺口的波动性及损失（×10⁻³）

	通货膨胀		产出缺口		损失		
	承诺	相机抉择	承诺	相机抉择	承诺	相机抉择	差别（%）
κ = 0.01	0.220	0.225	0.011	0.000	0.222	0.225	1.090
κ = 0.05	0.197	0.221	0.041	0.009	0.208	0.223	7.361
κ = 0.10	0.175	0.208	0.071	0.033	0.193	0.216	12.231
κ = 0.20	0.145	0.167	0.117	0.107	0.174	0.194	11.587
κ = 0.30	0.127	0.122	0.153	0.175	0.165	0.165	0.385

需要注意的是，由于我们假定中央银行的产出缺口目标为0，不存在通货膨胀偏差问题，因此，相机抉择下较大的损失不是由于传统的通货膨胀偏差问题引起的，而是由于对扰动项的反应的不同造成的，这种扭曲就是相机抉择时的稳定性偏差。

相机抉择和承诺下中央银行的利率变动也不相同，通常在承诺时利率的变动幅度较小，这反映了政策可信性的好处。图 4-4（a）和 4-4（b）给出了参数 $\sigma = 1.5$①时不同政策操作方式下通货膨胀、产出缺口和利率对价格冲击的反应情况。为了更清楚地表现各变量对通货膨胀冲击的反应，这里给出了冲击发生之前两期的情况，它不改变整个刺激反应的模式。刺激反应图表明在承诺下利率和通货膨胀、产出缺口一样也具有持续性。通过两个图的比较还发现了一个有意思的现象：当出现一个暂时性的通货膨胀冲击时，相机抉择时中央银行将提高利率以部分抵消冲击引起的通货膨胀，从而降低了产出水平；而在承诺下产出缺口的降低主要是由预期通货紧缩而引起的，不需要中央银行采取过紧的政策措施，甚至中央银行还需要降低利率，以缓解预期对产出的负面影响。不过通货膨胀冲击下降低利率的现象不是普遍成立

① 参数σ的大小反映了中央银行利率对需求的影响程度，这里采用瓦什（2003）对参数设定，选取 $\sigma = 1.5$。不同文献对该参数的选择有明显不同，例如伍德福德等（Rotemberg 和 Woodford，1997；1999）选取了更小的参数，假定 $\sigma=0.157$。

的，利率的变动情况受参数大小的影响。参数 σ 越小，利率降低的幅度就越小。图 4–4（c）给出了当 $\sigma = 0.1$ 时的反应情况，此时中央银行对通货膨胀冲击的反应是提高利率。

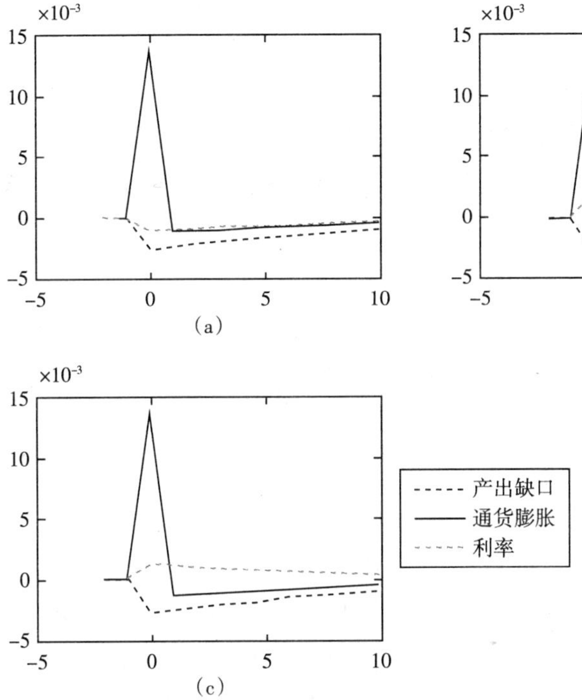

图 4–4　不同操作方式下对暂时性价格冲击反应的比较

说明：图（a）给出了承诺时对暂时性价格冲击的反应；图（b）给出了相机抉择时对相同冲击的反应；图（c）也是承诺时的反应，但参数有所不同。

四、持续冲击对均衡结果的影响

以上得到的均衡结果表明，无论是承诺还是相机抉择情况都比实际数据的持续性差。为了更符合现实，需要调整模型以增加通货膨胀等变量的持续性，一种方法是假定扰动项是自相关的，自相关的价格冲击能增强通货膨胀的持续性；另一种方法是引入通货膨胀的滞后项。这里首先分析通货膨胀冲击的自相关性对均衡结果的影响。和上面分析一样，基本参数 β、κ、λ 和 σ 分别取值 0.99、0.25、0.05 和 1.5，价

格冲击的标准差 $\sigma_u = 0.015$，但这里假定价格冲击（4–7）中的自相关系数 $\rho_u = 0.5$，在这些参数下可得到承诺和相机抉择下产出缺口和通货膨胀对价格冲击的刺激反应。

图 4–5（a）和 4–5（b）分别给出了价格冲击具有持续性时承诺下和相机抉择下产出缺口、通货膨胀和利率的刺激反应情况，通过与图 4–4 相比较可知，各变量在承诺下更具持续性，在相机抉择下也具有持续性。尽管如此，在冲击没有持续性时得到的一些基本结论仍然成立：承诺时的通货膨胀、产出缺口和利率比相机抉择时更具持续性，通过延长波动持续的时间来降低冲击发生时波动的幅度是承诺带来较高福利的表现形式；在冲击发生之后承诺时将出现通货紧缩，价格有向冲击发生前的水平回归的趋势，而相机抉择时却没有这种回归现象；承诺时利率的波动幅度较小，但实现的福利水平较高。

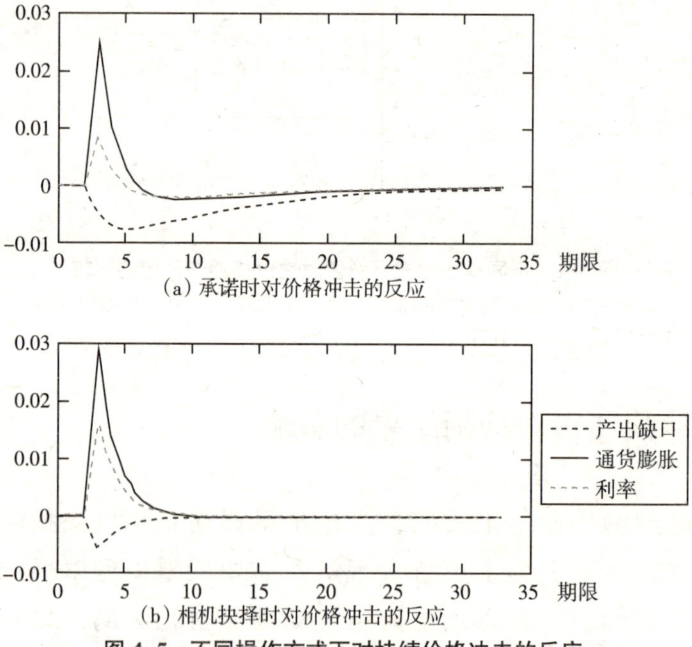

(a) 承诺时对价格冲击的反应

(b) 相机抉择时对价格冲击的反应

图 4–5　不同操作方式下对持续价格冲击的反应

与暂时性冲击下的情况相比，各变量的波动性明显增大，特别是在冲击发生时的变动更剧烈（图 4–1~图 4–4 中纵坐标的数量级是 0.001，而图 4–5 的数量级是 0.01），这表明持续性冲击对均衡结果的影响远大于暂时性冲击的影响。该结果和结构性方程的前瞻性特征是一致的，由于预期到未来冲击还将持续下去，当前私人经济个体和中央银行的反应幅度都加大了。

表 4–3　扰动项具有不同持续性时通货膨胀和产出缺口的波动性及损失（$\times10^{-3}$）

	通货膨胀		产出缺口		损失		
	承诺	相机抉择	承诺	相机抉择	承诺	相机抉择	差别（%）
$\rho_u=0$	0.195	0.221	0.043	0.009	0.206	0.223	8.405
$\rho_u=0.3$	0.387	0.486	0.155	0.020	0.425	0.491	15.519
$\rho_u=0.5$	0.787	1.131	0.504	0.045	0.913	1.142	25.123
$\rho_u=0.7$	2.302	4.390	2.762	0.176	2.992	4.434	48.176
$\rho_u=0.8$	5.062	13.151	9.617	0.526	7.466	13.283	77.901

注：$\rho_u=0$ 时的计算结果和表 4–1、表 4–2 时的差别是因为采用的程序略有不同，这里直接对最优化问题求解，而表 4–1、表 4–2 是对一阶条件求解。从理论上看，这两种方法的结果应该是相同的，但这种差异并不影响结论。

表 4–3 给出了不同 ρ_u 时通货膨胀和产出缺口的波动性及损失。随着价格冲击自相关程度的增强，两种操作方式下通货膨胀和产出缺口的波动性都增大，损失也随之增大。除此之外，还表现出两个有意思的特征：①随着自相关程度的增强，波动性和损失的增速加快；②相机抉择时的损失增速更快。

五、需求冲击对均衡结果的影响

以上主要分析了通货膨胀冲击 u_t 对承诺和相机抉择时均衡结果的影响，这种冲击是货币政策研究的重点，因为它引起了在通货膨胀稳定和产出缺口稳定之间进行取舍的问题。价格冲击下通货膨胀波动性和产出缺口的波动性之间是此消彼长的关系，中央银行不能同时实现两个稳定目标。与此不同，在需求冲击下中央银行可以通过适当的利率变动而完全抵消冲击的影响，从而实现通货膨胀和产出缺口的稳定。

这种特征和传统框架下的分析是一致的，而且本章第二节的理论分析也表明，在中央银行不考虑利率波动时，跨期 IS 曲线并不进入中央银行的拉格朗日损失函数，中央银行在通货膨胀和产出缺口之间进行权衡时不用考虑需求冲击的影响。下面通过数值分析进一步说明该观点。

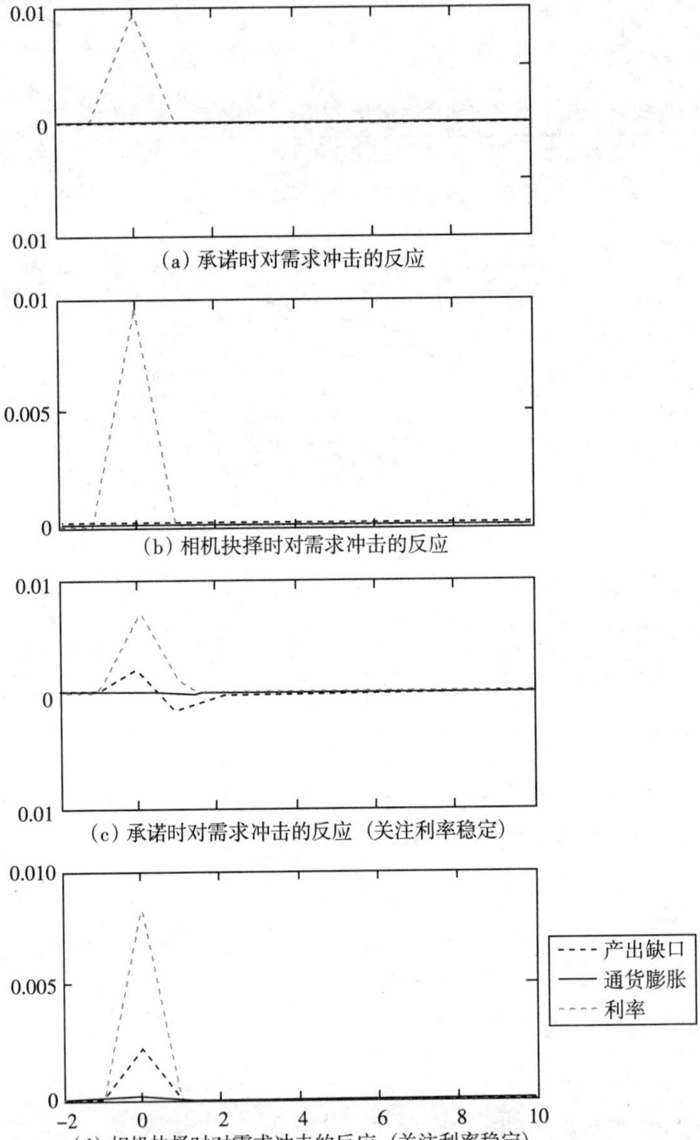

(a) 承诺时对需求冲击的反应

(b) 相机抉择时对需求冲击的反应

(c) 承诺时对需求冲击的反应（关注利率稳定）

(d) 相机抉择时对需求冲击的反应（关注利率稳定）

图 4-6 不同操作方式下对需求冲击的反应

图 4–6 给出了一个标准差（假定为 0.015）的需求冲击下通货膨胀、产出和利率的反应情况。从图 4–6（a）和图 4–6（b）中可以看出，在出现需求冲击时，承诺时和相机抉择时的反应是相同的，都通过利率的暂时提高来中和需求冲击的影响，通货膨胀和产出缺口保持不变。出现这种均衡结果与中央银行不关注利率的稳定有关。现实中的中央银行对利率的稳定比较重视：一方面，因为客观上存在名义利率不能小于 0 的限制，中央银行不能通过设定负的名义利率来中和较大的负的需求冲击，而且利率太低会陷入流动性陷阱中；另一方面，短期名义利率的过大波动不利于金融市场的稳定，而保持稳定的金融体系是中央银行的重要目标之一。在考虑利率稳定时，需求冲击下中央银行将允许通货膨胀和产出缺口有部分的波动，以避免利率出现过大的波动，此时中央银行需要在通货膨胀、产出缺口的波动性和利率的波动性之间进行取舍。通过数值分析可以更清楚地表明这种取舍关系：假定中央银行给予利率稳定的权重为 0.1,[①] 中央银行的单期目标函数变为 $\pi_t^2 + \lambda_x x_t^2 + \lambda_i i_t^2$,[②] 其中，$\lambda_x = 0.25$，$\lambda_i = 0.1$。关注利率稳定时的均衡结果表示在图 4–6c 和图 4–6d 上。

图 4–6c 和图 4–6d 的对比表明，承诺时均衡结果具有持续性，而相机抉择时并没有持续性。对这种区别的解释与价格冲击时的解释相同：承诺时中央银行能通过延长波动的持续性而降低当期波动的剧烈性。当出现一个正的需求冲击时，中央银行承诺未来将继续实行紧缩性政策，私人经济个体预期到未来将出现负的产出缺口，从而降低了当期的产出水平，因此承诺时冲击发生当期的产出升幅较低，而且此后还出现了负的产出缺口。而相机抉择时只是在冲击发生当期允许产

---

① 利率目标权重 λ_i 的选取和产出目标权重的选取一样具有随意性，伍德福德等基于经济个体的福利函数得到的产出目标权重和利率目标权重分别为 0.048 和 0.236，这里取 0.1 没有明确的含义。

② 中央银行关注利率稳定的主要表现是利率平滑，即中央银行力图使当期利率与上期利率的差的波动性最小化，此时的损失函数为 $\pi_t^2 + \lambda_x x_t^2 + \lambda_i (i_t - i_{t-1})^2$，大部分文献对利率平滑的分析也采用这种设定方式，这里简单地设定为 $\pi_t^2 + \lambda_x x_t^2 + \lambda_i i_t^2$，这种简化并不影响分析结果。

出有较大幅度的提高，以避免过大的利率波动。还有一个有意思的现象是，需求冲击发生时主要是在产出波动性和利率波动性之间进行权衡，通货膨胀几乎没有波动。进一步通过变动产出和利率稳定的权重表明，虽然不同权重设定下利率和产出缺口的波动程度不同，但通货膨胀基本上都是稳定的。

和价格冲击下类似，我们可以通过假定需求冲击是自相关的，以引入持续性。在需求冲击具有持续性时，承诺下的均衡结果持续性增强，相机抉择时也具有了一定的持续性。此时，和没有持续性时的情况一样，通货膨胀仍基本保持稳定。

第三节　对新凯恩斯主义模型的扩展

上面的分析以基本的新凯恩斯主义模型为基础，这种模型虽然能充分说明相机抉择下的稳定性偏差问题，但模型与现实差距过大，引入滞后因素能使之更符合现实。这里主要通过三种方式引入滞后因素：①假定当期价格是在上期确定的，或根据上期的信息确定的，这意味着当期的价格冲击不影响当期的通货膨胀；②直接在通货膨胀调整方程中加入上期通货膨胀，假定通货膨胀预期不是完全前瞻性的，或者说有部分经济个体的通货膨胀预期是适应性的；③考虑需求惯性，由于该模型不考虑投资因素，需求惯性等同于消费惯性。

一、价格前定

假定厂商在设定价格时是一期前定的，即当期的价格是在上一期确定的，当期确定下一期的价格。这种滞后的原因可能是多方面的，比如厂商只能根据上一期的信息制定当期的价格；或者在制定价格后还需要一段时间才能执行等。包含一期前定的新凯恩斯主义 Phillips 方程变为：

$$\pi_{t+1} = E_t\pi_{t+1} = \beta E_t\pi_{t+2} + \kappa E_t x_{t+1} + E_t u_{t+1} \tag{4-22}$$

为了简单，假定跨期 IS 方程（4–4）仍保持不变，不考虑其滞后性。由于在 t 期已经确定了 π_{t+1}，因此（4–4）式中的 $E_t\pi_{t+1}$ 等于 π_{t+1}，我们把（4–4）、(4–12)、(4–7)、(4–8) 表示成状态空间形式：

$$\begin{pmatrix} 1 & 0 & 0 & 0 & 0 \\ 0 & 1 & 0 & 0 & 0 \\ 0 & 0 & 1 & 0 & 0 \\ 0 & 0 & 0 & 1 & 0 \\ 0 & 0 & 0 & \kappa & \beta \end{pmatrix} \begin{pmatrix} e_{t+1} \\ u_{t+1} \\ \pi_{t+1} \\ E_t x_{t+1} \\ E_t\pi_{t+2} \end{pmatrix} = \begin{pmatrix} \rho_e & 0 & 0 & 0 & 0 \\ 0 & \rho_u & 0 & 0 & 0 \\ 0 & 0 & 0 & 0 & 1 \\ -1 & 0 & 0 & 1 & -\sigma \\ 0 & -\rho_u & 0 & 0 & 1 \end{pmatrix} \begin{pmatrix} e_t \\ u_t \\ \pi_t \\ x_t \\ \pi_{t+1} \end{pmatrix} + \begin{pmatrix} 0 \\ 0 \\ 0 \\ \sigma \\ 0 \end{pmatrix} i_t + \begin{pmatrix} \xi_{t+1} \\ \zeta_{t+1} \\ 0 \\ 0 \\ 0 \end{pmatrix} \tag{4-23}$$

其中，e_t、u_t 和 π_t 是前定变量，x_t、π_{t+1}是前瞻性变量。假定参数的取值和上节一样。

表 4–4　扩展模型的基本参数值

σ	λ	κ	β	σ_e	σ_u	ρ_u	ρ_e
1.5	0.25	0.05	0.99	0 或 0.015	0 或 0.015	0 或 0.5	0 或 0.5

1. 对价格冲击的反应

首先看只有暂时性价格冲击时的情景，此时表 4–4 中的 σ_u 和 ρ_u 为 0。图 4–7（a）和图 4–7（b）给出了承诺和相机抉择时的均衡结果，在这里相机抉择和承诺时一样，通货膨胀和产出缺口都没有波动，而且利率也没有波动，不论是私人经济个体还是中央银行都没有对暂时性的价格冲击作出反应。从方程（4–22）可以看出，当期通货膨胀是在上期确定的，不受当期冲击的影响，而且冲击是暂时性的，私人经济个体预期到冲击不影响未来产出缺口和通货膨胀，因此对下期的通货膨胀预期不受冲击的影响，从而使下期通货膨胀保持不变。既然产出缺口和通货膨胀预期都不受冲击的影响，中央银行也就没必要对这种冲击作出反应了。

图 4–8（a）和图 4–8（b）给出了冲击具有持续性时的均衡结果，和图4–7（a）、图 4–7（b）相比，均衡时的路径有了明显变化。特别是相机抉择时的产出缺口并不受价格冲击的影响，在冲击发生时及发生

后都保持不变。通过取其他不同的参数值表明，只要中央银行关注产出缺口稳定，即 $\lambda>0$，均衡结果就具有该特征。这可以从相机抉择时中央银行和私人经济个体之间的博弈行为本身来解释：假定是有限期博弈，在最后一期 T，由于通货膨胀是前定的，不受中央银行政策的影响，中央银行只能影响产出缺口，因此中央银行将选择能完全稳定产出缺口的利率政策，即令 $i_T=E_{T-1}\pi_T$，私人经济个体在 T-1 期预期到中央银行的这种行为，并相应地形成其通货膨胀预期。通过倒推可知，在所有各期双方的行为都是一样的，中央银行只稳定产出缺口，而放任通货膨胀自由波动。与相机抉择时的情景不同，在承诺下，中央银行可以直接影响私人经济个体的预期，因此在持续的价格冲击下，中央银行通过承诺未来将继续实行紧缩性政策而使私人经济个体对未来产出缺口的预期为负，这能减弱通货膨胀波动的剧烈性。与不存在价格滞后时的情景相同，这种负的产出缺口预期有利于中央银行的政策操作，中央银行不用大幅度升高利率就能降低通货膨胀预期，减弱通货膨胀的波动性，甚至在某些参数设定下，中央银行为了减弱这种预期的负面影响，在冲击发生时还需要降低利率，然后再逐渐升高，这

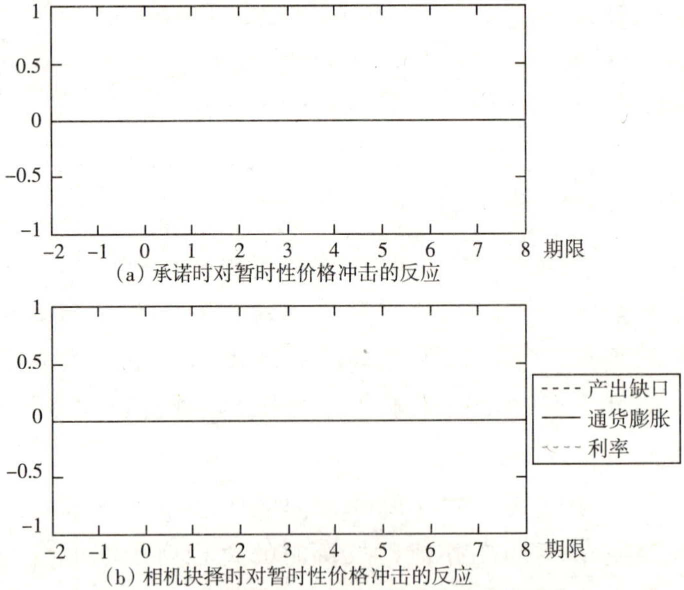

图 4-7 价格前定下对暂时性价格冲击的反应

反映在图 4–8（c）上，此时取 $\sigma=0.1$。

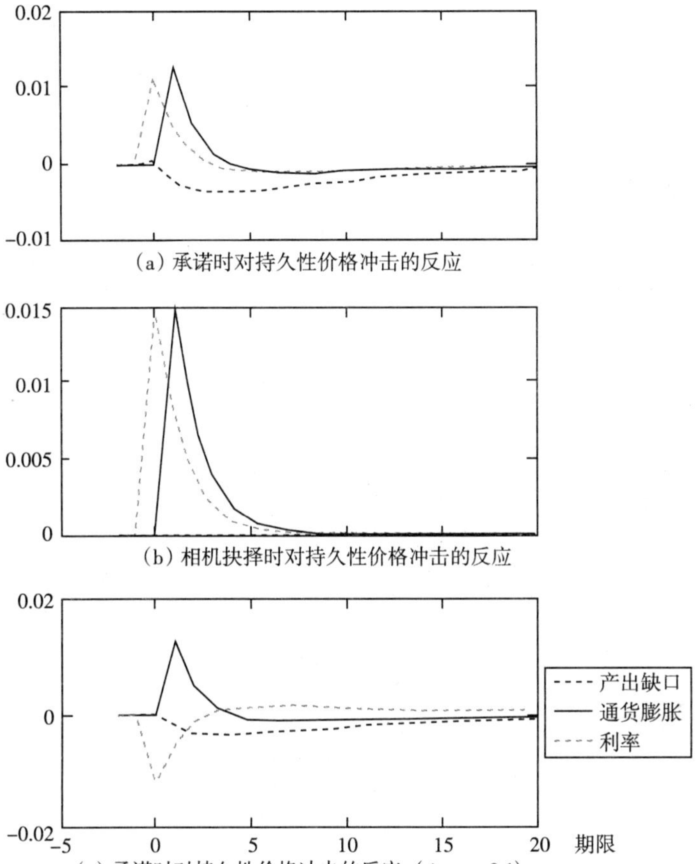

（a）承诺时对持久性价格冲击的反应

（b）相机抉择时对持久性价格冲击的反应

（c）承诺时对持久性价格冲击的反应（sigma = 0.1）

图 4–8 价格前定下对持久性价格冲击的反应

与不存在价格调整滞后时的情景相比，还有一点明显的区别，即利率变动超前于通货膨胀变动。当发生持续性的价格冲击时，虽然当期的通货膨胀不受冲击的影响，但通货膨胀预期将变动，中央银行需要通过较早的利率变动来抵消通货膨胀预期对当期产出的影响。承诺时和相机抉择时中央银行都有这种行为，只不过在相机抉择时中央银行只能通过提高与通货膨胀预期同等幅度的利率来稳定产出缺口，而在承诺时中央银行还可以通过直接影响私人经济个体的预期来实现这种稳定效果，因此利率升高的幅度较低。

2. 对需求冲击的反应

图 4-9 给出了需求冲击对均衡结果的影响，其中图 4-9（a）和图 4-9（b）假定需求冲击没有持续性，这时只有利率对冲击作出反应，产出缺口、通货膨胀都没有反应，承诺和相机抉择时的情况是一样的。这种反应方式和没有价格调整滞后时是一样的，当冲击发生时中央银行为了避免产出缺口的波动，通过恰当的利率调整可以完全抵消需求

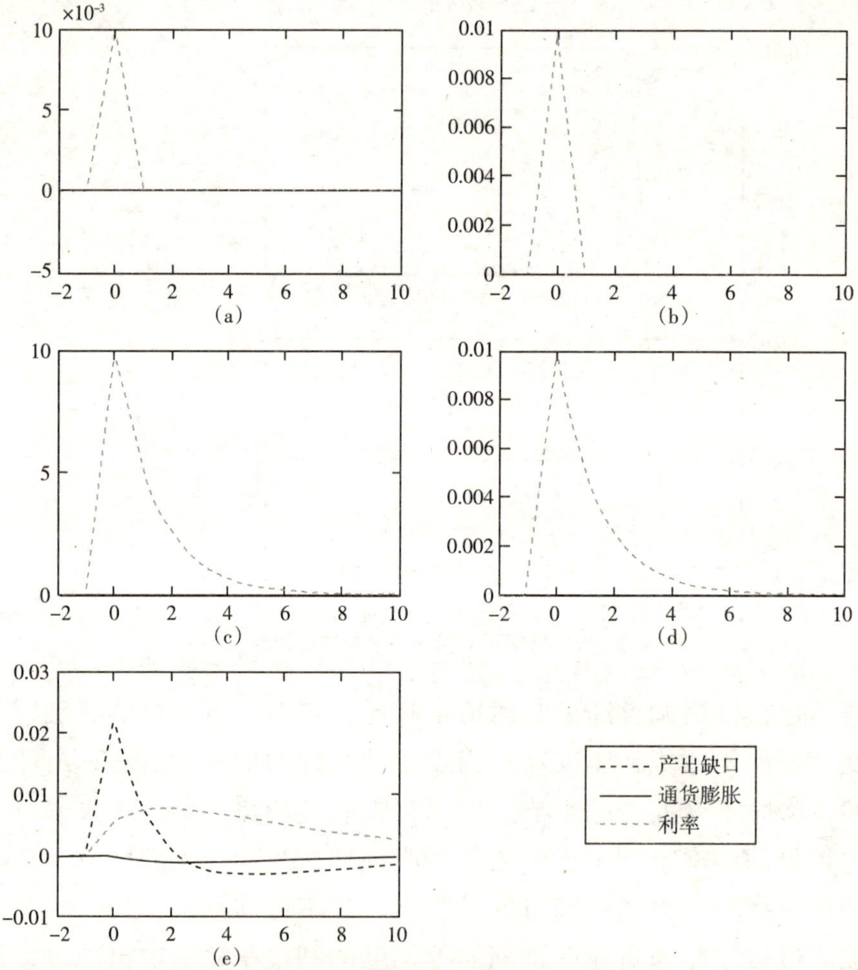

图 4-9　价格前定下对需求冲击的反应

说明：图（a）和（b）给出了承诺和相机抉择时对需求冲击的反应情况；图（c）和（d）考虑了冲击的持续性；图（e）是承诺时且关注利率稳定时的情景。

冲击的影响，引入持续性需求冲击也只增加了利率波动的持续性，并没有改变这种反应方式。图 4-9（e）给出了中央银行关注利率稳定时的情况，为了减弱利率的波动性，中央银行愿意承受部分产出缺口的波动，产出缺口在冲击发生时出现暂时性的升高，然后逐渐回落并在一段时期内保持为负。中央银行通过承诺未来保持负的产出缺口而影响私人经济体的预期，从而减弱了当期利率和产出缺口的波动幅度。

二、混合 Phillips 曲线

Phillips 方程给出了通货膨胀和产出（或者说失业）之间的取舍关系，这种关系长期以来一直是宏观经济研究中的中心问题之一，并且争论不断。在新凯恩斯主义之前，虽然在弗里德曼（1968）和费尔普斯（Phelps，1967）的影响下，人们普遍认为通货膨胀预期是 Phillips 方程中的重要部分，但关于如何形成通货膨胀预期，通货膨胀预期如何进入 Phillips 方程仍存在明显不同的观点。其中的一种观点把滞后通货膨胀作为对当期通货膨胀预期的代理指标，假定通货膨胀预期是适应性的。把滞后通货膨胀加入完全前瞻性的新凯恩斯主义方程，可表示为：[①]

$$\pi_t = \phi\pi_{t-1} + (1-\phi)\beta E_t\pi_{t+1} + \kappa x_t + u_t \tag{4-24}$$

其中，参数 $\phi \in (0, 1)$ 反映了滞后因素对通货膨胀的影响程度。这是一种混合方程，既包含了前瞻性的理性预期，又包含了适应性预期，在进行数值分析时取 $\phi = 0.3$ 为基本值。

把方程（4-4）、（4-24）、（4-7）、（4-8）表示成状态空间形式为：

① 严格的加权形式应该为 $\pi_t = \phi\pi_{t-1} + (1-\phi)(\beta E_t\pi_{t+1} + \kappa x_t + u_t)$，然而采取这种严格的表示方式有问题，特别是当模型是非前瞻性模型时，$1-\phi=0$，无法研究产出缺口的变动对通货膨胀的影响。从严格加权形式看，混合 Phillips 曲线（4-24）和基本模型中的参数 κ、扰动项等之间是不相同的。不过由于参数的具体取值对分析结果的影响不大，特别是不影响基本结论，因此本书没有对之进行区分。下面在考虑消费惯性时也存在这个问题。

$$\begin{pmatrix}1&0&0&0&0\\0&1&0&0&0\\0&0&1&0&0\\0&0&0&1&\sigma\\0&0&0&0&(1-\phi)\beta\end{pmatrix}\begin{pmatrix}e_{t+1}\\u_{t+1}\\\pi_t\\E_tx_{t+1}\\E_t\pi_{t+1}\end{pmatrix}=\begin{pmatrix}\rho_e&0&0&0&0\\0&\rho_u&0&0&0\\0&0&0&0&1\\-1&0&0&1&0\\0&-1&-\phi&-\kappa&1\end{pmatrix}\begin{pmatrix}e_t\\u_t\\\pi_{t-1}\\x_t\\\pi_t\end{pmatrix}+\begin{pmatrix}0\\0\\0\\\sigma\\0\end{pmatrix}i_t+\begin{pmatrix}\xi_{t+1}\\\zeta_{t+1}\\0\\0\\0\end{pmatrix}\tag{4-25}$$

其中，前定变量包括 e_t、u_t 和 π_{t-1}，前瞻性变量包括 x_t、π_t。

图 4–10 给出了产出缺口、通货膨胀和利率对暂时性和持久性价格冲击的反应情况。从图中可以看出，即使是在暂时性冲击下，均衡结果也表现出明显的持续性，这反映了结构方程（4–27）的滞后特征。上文已指出，通过滞后通货膨胀和通过增加冲击的自相关性都能增强通货膨胀的持续性，不过两种方法的经济含义是不同的：滞后通货膨胀进入结构方程意味着有一部分厂商的定价行为不是最优的，或者说存在限定其设定最优价格的因素，如信息不完全或信息处理能力有限等，而在扰动项具有自相关性时并不存在这种非最优性。在结构方程中包含滞后项虽然不具有最优决策的微观基础，但并不意味着其缺乏

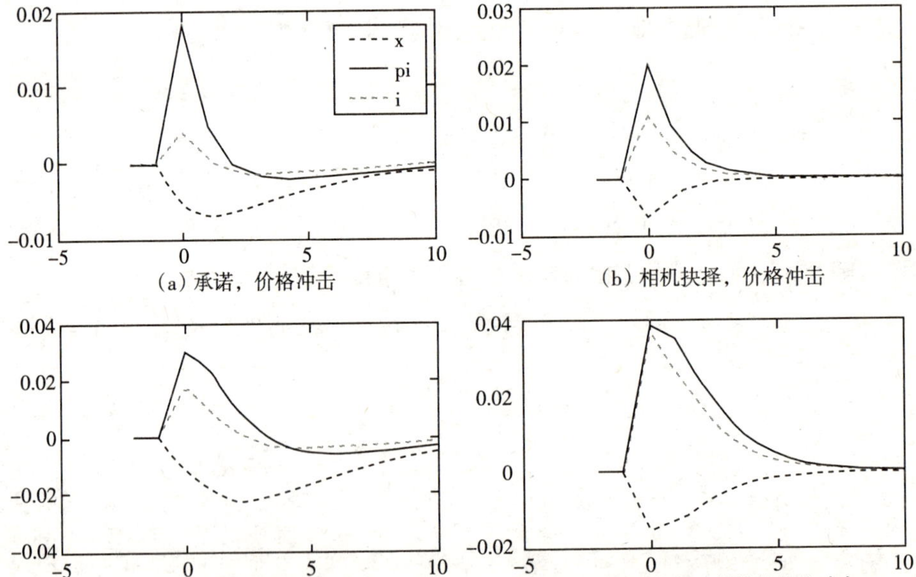

（a）承诺，价格冲击　（b）相机抉择，价格冲击　（c）承诺，持续性价格冲击　（d）相机抉择，持续性价格冲击

图 4–10　混合 Phillips 曲线下对价格冲击的反应

微观基础，假定某些微观经济个体的行为不具有最优性特征也与现实情况相符合。图 4-10（c）和图 4-10（d）同时考虑了滞后通货膨胀和持续性冲击的影响，引入自相关价格冲击增大了均衡结果的反应幅度和持续性，但并没有改变基本的模式。

三、习惯形成

不仅厂商的价格决策和劳动市场的工资决策具有惰性，而且消费者的消费决策也表现出明显的惯性。经济研究中分析的消费惯性主要有两种：一是个人消费习惯的持续性，通常假定个体的当期消费受上期消费水平的影响，福勒尔（Fuhrer，2000）研究了这种习惯形成（habit formation）行为对政策的影响；二是假定个人的当期消费受上期其他消费者消费水平的影响，阿贝尔（Abel，1990）最先研究了这种行为，即“catching up with the Joneses”，或者称为消费攀比。两种方式都可以在 IS 方程中引入滞后因素。可以把包含滞后因素的跨期 IS 方程表示为：

$$x_t = \theta x_{t-1} + (1-\theta)E_t x_{t+1} - \sigma(i_t - E_t\pi_{t+1}) + \tilde{e}_t \qquad (4\text{-}26)$$

在不同假定下，扰动项 $\tilde{e}_t$ 的具体含义不同，而且通常和结构方程（4-4）中的扰动项不同。进一步地，把结构方程（4-26）、（4-5）、（4-7）、（4-8）表示为状态空间形式（4-27），其中前定变量包括 $\tilde{e}_t$、u_t 和 x_{t-1}，前瞻性变量包括 x_t、π_t。

$$\begin{pmatrix} 1 & 0 & 0 & 0 & 0 \\ 0 & 1 & 0 & 0 & 0 \\ 0 & 0 & 1 & 0 & 0 \\ 0 & 0 & 0 & 1-\theta & \sigma \\ 0 & 0 & 0 & 0 & \beta \end{pmatrix} \begin{pmatrix} e_{t+1} \\ u_{t+1} \\ \pi_t \\ E_t x_{t+1} \\ E_t\pi_{t+1} \end{pmatrix} = \begin{pmatrix} \rho_e & 0 & 0 & 0 & 0 \\ 0 & \rho_u & 0 & 0 & 1 \\ 0 & 0 & 0 & 0 & 0 \\ -1 & 0 & 0 & 1 & 0 \\ 0 & -1 & 0 & -\kappa & 1 \end{pmatrix} \begin{pmatrix} e_t \\ u_t \\ \pi_{t-1} \\ x_t \\ \pi_t \end{pmatrix} + \begin{pmatrix} 0 \\ 0 \\ 0 \\ \sigma \\ 0 \end{pmatrix} i_t + \begin{pmatrix} \xi_{t+1} \\ \zeta_{t+1} \\ 0 \\ 0 \\ 0 \end{pmatrix} \qquad (4\text{-}27)$$

图 4-11 给出了价格冲击时产出缺口、通货膨胀和利率的均衡反应

路径。从图 4–11 可以看出，考虑产出的动态性得到的均衡结果和基本模型中的结果基本相同，但也反映出消费惯性的影响：图 4–11（a）和图 4–4（a）相比表明在暂时性价格冲击下，利率在冲击当期下降的幅度较低（在和图 4–4（c）相同的参数时等同于上升的幅度更大），而在冲击过后回复的速度更快。这种特征在冲击具有持续性时表现得更为明显，而且在相机抉择时也是如此：图 4–11（c）、图 4–11（d）和图 4–5（a）、图 4–5（b）的对比表明，利率在冲击发生时反应更为明显，而在冲击发生之后回复的也更迅速。中央银行的这种反应是合理的：由于消费具有惯性，利率的变动对当期的需求和产出的影响较弱，因此当价格冲击发生时，中央银行需要较大幅度地提高利率以降低产出，抵消冲击对通货膨胀的影响。在冲击发生之后，承诺时的中央银行需要保持产出缺口继续为负，但考虑到负产出缺口自身的惯性，中央银行只需要适度的紧缩性政策即可，因此利率可以较快地回复到冲击发生前的水平；而在相机抉择时，中央银行需要抵消冲击引起的负的产出缺口，因此也会尽快降低利率。

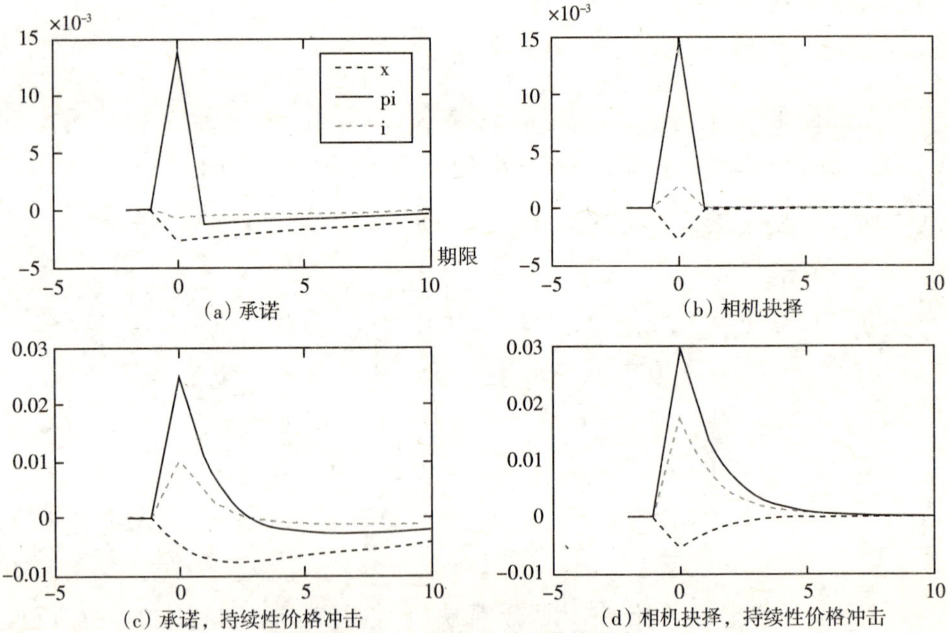

图 4–11　习惯形成下的最优反应

四、综合考虑各种情况

下面给出模型存在一期价格前定、包含滞后因素的跨期 IS 曲线和混合 Phillips 曲线时不同操作方式下通货膨胀、产出缺口和利率对价格冲击的反应情况。包含一期价格前定的 IS 曲线可表示为：

$$x_t = \theta x_{t-1} + (1-\theta)E_t x_{t+1} - \sigma(i_t - \pi_{t+1}) + \tilde{e}_t \tag{4-28}$$

其中，由于价格一期前定，对下期通货膨胀的预期 $E_t\pi_{t+1} = \pi_{t+1}$。包含一期价格前定和滞后项的混合 Phillips 方程可表示为：

$$\pi_{t+1} = \phi\pi_t + (1-\phi)\beta E_t x_{t+2} + \kappa E_t x_{t+1} + E_t u_{t+1} \tag{4-29}$$

把结构方程（4-28）、（4-29）、（4-7）、（4-8）表示为状态空间形式为：

$$\begin{pmatrix} 1 & 0 & 0 & 0 & 0 & 0 \\ 0 & 1 & 0 & 0 & 0 & 0 \\ 0 & 0 & 1 & 0 & 0 & 0 \\ 0 & 0 & 0 & 1 & 0 & 0 \\ 0 & 0 & 0 & 0 & 1-\theta & 0 \\ 0 & 0 & 0 & 0 & \kappa & (1-\phi)\beta \end{pmatrix}\begin{pmatrix} e_{t+1} \\ u_{t+1} \\ x_t \\ \pi_{t+1} \\ E_t x_{t+1} \\ E_t\pi_{t+2} \end{pmatrix} = \begin{pmatrix} \rho_e & 0 & 0 & 0 & 0 & 0 \\ 0 & \rho_u & 0 & 0 & 0 & 0 \\ 0 & 0 & 0 & 0 & 1 & 0 \\ 0 & 0 & 0 & 0 & 0 & 1 \\ -1 & 0 & -\theta & 0 & 1 & -\sigma \\ 0 & -\rho_u & 0 & -\phi & 0 & 1 \end{pmatrix}\begin{pmatrix} e_t \\ u_t \\ x_{t-1} \\ \pi_t \\ x_t \\ \pi_{t+1} \end{pmatrix} +$$

$$\begin{pmatrix} 0 \\ 0 \\ 0 \\ 0 \\ \sigma \\ 0 \end{pmatrix} i_t + \begin{pmatrix} \xi_{t+1} \\ \zeta_{t+1} \\ 0 \\ 0 \\ 0 \\ 0 \end{pmatrix} \quad (4\text{-}30)$$

其中，前定变量包括 $\tilde{e}_t$、u_t、π_t 和 x_{t-1}，前瞻性变量包括 x_t、π_{t-1}。

由于价格是一期前定的，因此当发生暂时性的需求冲击时，当期通货膨胀不变，产出由需求决定也不变，而且私人经济个体都知道该冲击是暂时性的，预期也不变，结果和图 4-7（a）、图 4-7（b）一样，产出缺口、通货膨胀和利率均保持不变。持续性价格冲击下各变量的反应情况见图 4–12。该图综合了不同假定对反应模式的影响。首先，利率在冲击发生当期大幅度下降和产出缺口的先升后降反映了习惯形成假定的影响：由于产出具有持续性，当期产出影响未来产出。当发生持续性价格冲击时，中央银行预期到该冲击可能的影响，因此在冲击发生时降低利率，受宽松货币政策的影响，当期产出升高，而后逐渐下降。其次，通货膨胀在冲击发生时没有变动是由于价格是上期确定的，而价格冲击下通货膨胀不升反降一方面是由于利率上升和产出下降的结果，另一方面是由于预期到产出将继续回落，这种预期抵消了价格可能出现的上涨。承诺和相机抉择时的通货膨胀和利率的走势基本相同，不过承诺时的波动幅度较小，其代价是未来产出较低。事实上，在冲击发生后相机抉择下产出只是逐步恢复到原先水平，而在承诺下还出现了负的产出缺口阶段。

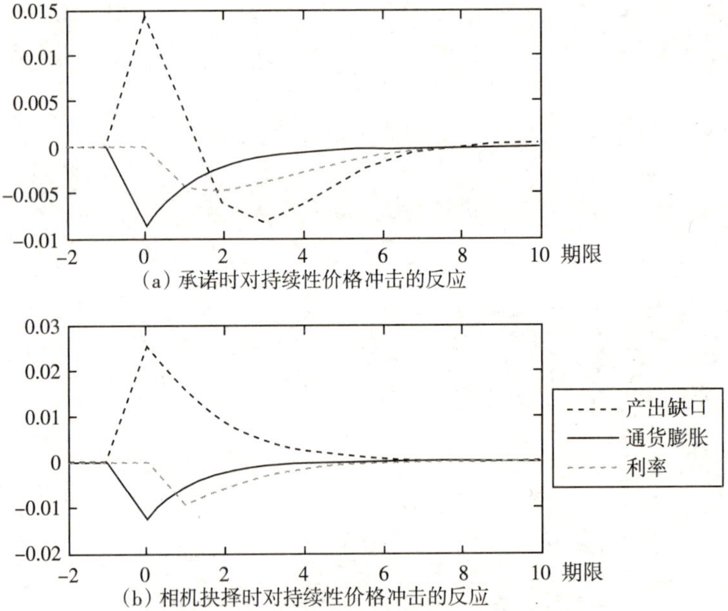

（a）承诺时对持续性价格冲击的反应

（b）相机抉择时对持续性价格冲击的反应

图 4–12　综合情况下对持续价格冲击的反应

有趣的是需求冲击对各变量走势的影响和持续的价格冲击的影响相类似。图 4–13 给出了一个暂时性需求冲击下产出缺口、通货膨胀和利率的反应，持续性需求冲击下的反应也基本相同，只是波动更大些，持续性更强些。当需求冲击发生时，由于价格是上期确定的，在本期不变，因此需求冲击使产出增加，但在冲击发生之后，产出将逐步回落。由于公众预期到产出将逐渐回落，从而降低了通货膨胀。

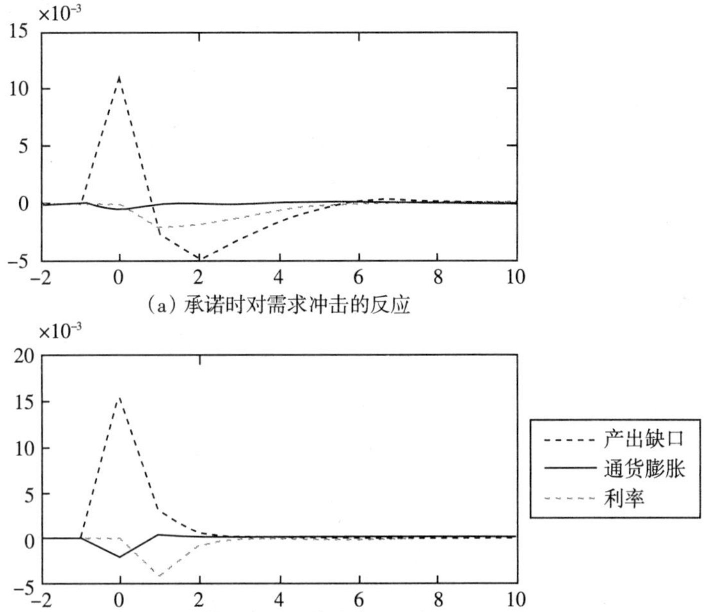

（a）承诺时对需求冲击的反应

（b）相机抉择时对需求冲击的反应

图 4-13　综合情况下对需求冲击的反应

第四节　不同目标规则下均衡结果的比较

以上主要分析的是在不同模型设定下承诺均衡与相机抉择均衡的差别，反映了承诺解的优势和相机抉择解的稳定性偏差问题。然而由于承诺下的动态不一致性问题，通常在没有一定的制度或其他方式的约束下，承诺是不可信的，因此承诺下的均衡结果也是不现实的。下面通过对不同目标规则下相机抉择均衡解的分析和比较，寻求改善相机抉择均衡的方法。

这里主要考虑了四种目标规则，其中通货膨胀目标规则（IT）是基准规则，[①] 另外三种是利率目标规则（IRT）、价格水平目标规则（PLT）和名义收入增长目标规则（NIGT）。利率目标规则即前面已经分析过的考虑利率平滑时的通货膨胀目标规则，名义收入目标规则和价格水平目标规则在前面章节中也有介绍。不同目标规则的区别见表 4–5。

表 4–5　不同目标规则下的损失函数

目标规则名称	单期损失函数	解　释
通货膨胀目标规则（IT）	$L_t=\pi_t^2+\lambda x_t^2$	
利率目标规则（IRT）	$L_t=\pi_t^2+\lambda x_t^2+\lambda_i(i_t-i_{t-1})^2$	包含利率平滑
价格水平目标规则（PLT）	$L_t=(p_t-p_t^*)^2+\lambda x_t^2$ 特别地取： $L_t=p_t^2+\lambda x_t^2$	当中央银行试图保持通货膨胀为 0 时，对应的价格目标为一常数。这里取目标路径为一常数，标准化后： $p_{t+\tau}^*=0$，$\tau=0$，1，2，…
名义收入增长目标规则（NIGT）	$L_t=(\pi_t+y_t-y_{t-1}-g^*)^2$	单期损失函数是名义收入增长的二次函数，即：$L_t=((p_t+y_t)-(p_{t-1}+y_{t-1})-g^*)^2$

一、基于混合模型的数值分析

为了对不同目标规则下的均衡结果进行比较，这里假定结构方程是包含滞后项的混合模型，IS 方程和 Phillips 方程分别为（4–26）和（4–24），即：

$$x_t=\theta x_{t-1}+(1-\theta)E_t x_{t+1}-\sigma(i_t-E_t\pi_{t+1})+\tilde{e}_t$$

$$\pi_t=\phi\pi_{t-1}+(1-\phi)\beta E_t\pi_{t+1}+\kappa x_t+u_t \tag{4–31}$$

为了分析方便，表示为状态空间形式：

$$\begin{pmatrix}1&0&0&0&0&0&0&0\\0&1&0&0&0&0&0&0\\0&0&1&0&0&0&0&0\\0&0&0&1&0&0&0&0\\0&0&0&0&1&0&0&0\\0&0&0&0&0&1&0&-1\\0&0&0&0&0&0&1-\theta&\sigma\\0&0&0&0&0&0&0&(1-\phi)\beta\end{pmatrix}\begin{pmatrix}e_{t+1}\\u_{t+1}\\i_t\\x_t\\\pi_t\\E_tp_{t+1}\\E_tx_{t+1}\\E_t\pi_{t+1}\end{pmatrix}=$$

$$\begin{pmatrix} \rho_e & 0 & 0 & 0 & 0 & 0 & 0 & 0 \\ 0 & \rho_u & 0 & 0 & 0 & 0 & 0 & 0 \\ 0 & 0 & 0 & 0 & 0 & 0 & 0 & 0 \\ 0 & 0 & 0 & 0 & 0 & 0 & 1 & 0 \\ 0 & 0 & 0 & 0 & 0 & 0 & 0 & 1 \\ 0 & 0 & 0 & 0 & 0 & 1 & 0 & 0 \\ -1 & 0 & 0 & -\theta & 0 & 0 & 1 & 0 \\ 0 & -1 & 0 & 0 & -\phi & 0 & -\kappa & 1 \end{pmatrix} \begin{pmatrix} e_t \\ u_t \\ i_{t-1} \\ x_{t-1} \\ \pi_{t-1} \\ p_t \\ x_t \\ \pi_t \end{pmatrix} + \begin{pmatrix} 0 \\ 0 \\ 1 \\ 0 \\ 0 \\ 0 \\ \sigma \\ 0 \end{pmatrix} i_t + \begin{pmatrix} \xi_{t+1} \\ \zeta_{t+1} \\ 0 \\ 0 \\ 0 \\ 0 \\ 0 \\ 0 \end{pmatrix} \tag{4-32}$$

其中，前定变量为 e_t、u_t、i_{t-1}、x_{t-1}、π_{t-1}，共 5 个，前瞻性变量为 p_t、x_t、π_t，共 3 个。前定变量中包含 i_{t-1} 是为了分析利率目标规则，前瞻性变量中包含 p_t 是为了分析价格水平目标规则。基准参数的选取和上节一样，$\beta=0.99$，$\phi=\theta=0.3$，$\kappa=0.05$，$\sigma=1.5$，$\rho_e=\rho_u=0$，目标参数 $\lambda=0.25$，$\lambda_i=0.1$，扰动项的标准差 $\sigma_u=0.015$，$\sigma_e=0$。

选取基准参数时不同目标规则下各变量对暂时性价格冲击的反应表现在图 4-14 上，其中图 4-14（a）给出的是承诺时的反应情况。从图 4-14 可以看出，相机抉择下各目标规则对价格冲击的反应和承诺下有较大的不同，特别是承诺下在冲击发生后出现了明显的通货紧缩，而相机抉择下除了名义收入增长定标规则下有不明显的通货紧缩外，其他规则下均不存在这种反应，而且利率的反应模式也有较大的不同。

表 4-6 不同目标规则下各变量的波动性及损失的比较

$\lambda=0.25$	承诺	IRT	NIGT	PLT	IT
产出波动性	0.0635	0.0344	1.0116	0.0159	0.0568
通货膨胀波动性	0.4066	0.5040	0.2897	0.5254	0.5025
损失	0.4225	0.5126	0.5426	0.5294	0.5167
损失的百分比（%）		21.3	28.4	25.3	22.3

注：损失的百分比是指各目标规则下的损失与承诺下损失相比增加的幅度。

① 这里的通货膨胀目标规则实质上是本章所分析的相机抉择情形。为了分析的方便本章假定中央银行的损失函数为（4-6）形式，它和通货膨胀目标规则下的损失函数相同，并不是一般意义上的社会损失函数。特别是在考虑价格冲击或考虑其他方面的实际扭曲时，该损失函数和社会损失函数有较大的区别，本章前言中也指出，这种形式的损失函数可以不用考虑通货膨胀偏差问题而集中分析稳定性偏差问题，但这并不意味着不存在通货膨胀偏差问题。

不同目标规则下的反应情况也各不相同，特别是名义收入增长目标规则下产出的波动性较大。

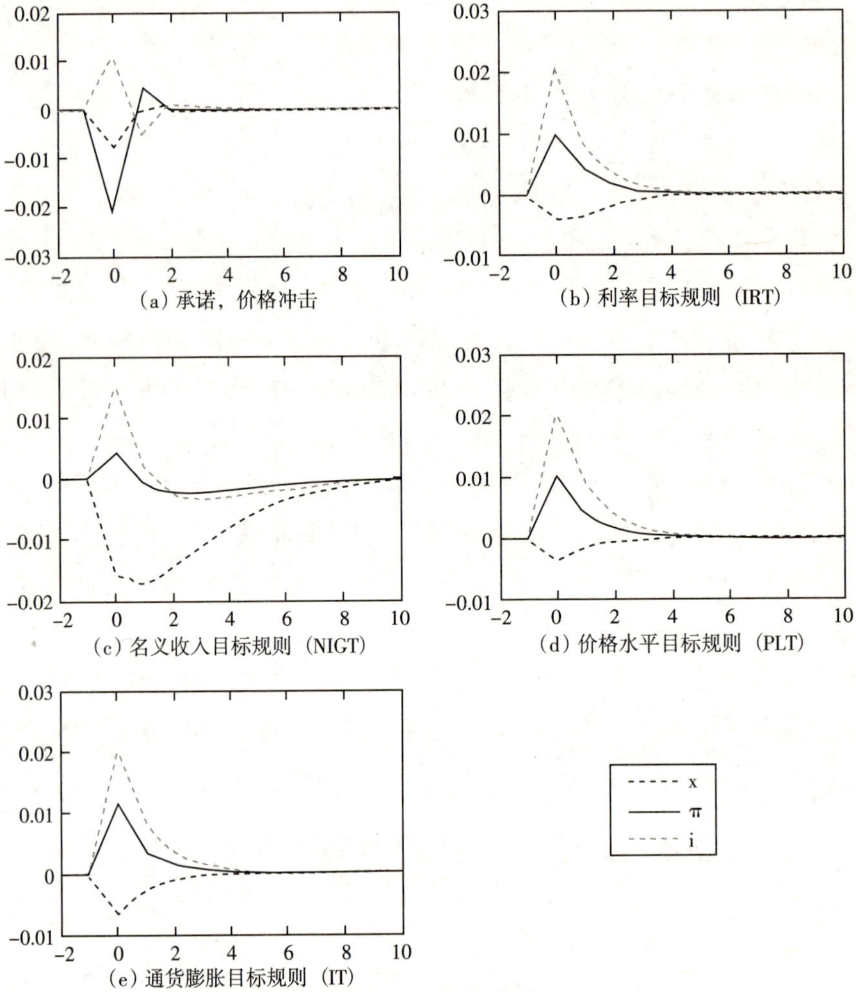

(a) 承诺，价格冲击　(b) 利率目标规则（IRT）
(c) 名义收入目标规则（NIGT）　(d) 价格水平目标规则（PLT）
(e) 通货膨胀目标规则（IT）

图 4-14　不同目标规则下各变量对暂时性价格冲击的反应

注：不同目标规则下对暂时性价格冲击的反应。

表 4-6 具体给出了不同目标规则下产出缺口、通货膨胀的波动性和损失的大小。从该表可以看出：①与承诺下的损失相比，相机抉择下的损失较大，而不同目标规则下损失的差别不大；②有意思的是 IRT 下的损失小于 IT 下的损失，这表明，在特定情况下通过给予相机

抉择中央银行以利率稳定目标，可以减少社会损失；③虽然不同目标规则下的损失相差不大，但各目标规则下对产出波动性和通货膨胀波动性的相对重视程度却有较大的区别，特别是名义收入目标规则对通货膨胀稳定的重视程度较高，而价格水平目标规则却更重视产出的波动性，这和我们平常的感觉不大一样。

不同目标权重下各目标规则的表现也不相同，表 4–7 给出了更小的产出目标权重下各目标规则的表现。从该表可以看出，名义收入增长目标规则的表现要远好于通货膨胀目标规则。与通货膨胀目标规则相比，名义收入目标规则通过增大产出的波动性而有效降低了通货膨胀的波动性，使总体损失减小；而利率目标规则则通过引入利率稳定目标同时降低了产出和通货膨胀的波动性，从而改善了社会福利。

表 4–7 不同目标规则下各变量的波动性及损失的比较（$\lambda = 0.05$）

$\lambda = 0.05$	IT	IRT	NIGT	PLT
产出波动性	0.9242	0.5996	1.0116	0.2200
通货膨胀波动性	0.3794	0.3776	0.2897	0.4591
损失	0.4256	0.4076	0.3403	0.4701
损失的百分比（%）		–4.23	–20.04	10.46

注：损失的百分比是指各目标规则下的损失与通货膨胀目标规则下损失相比增加的幅度。

表 4–8 给出了持续性冲击下不同目标规则的表现，该表与基准参数的情况（见表 4–6）相比表明，当价格冲击具有一定的持续性时，名义收入增长目标规则的表现要好于通货膨胀目标规则，而且当冲击的持续性达到一定程度后，价格水平目标规则的表现也好于通货膨胀目标规则。

表 4–8 不同目标规则下各变量的波动性及损失的比较（持续性冲击）

$\rho_u = 0.6$，$\lambda = 0.25$	IT	IRT	NIGT	PLT
产出波动性	1.1303	0.9659	14.0211	2.9130
通货膨胀波动性	6.6781	6.5794	1.5273	6.0814
损失	6.9607	6.8209	5.0326	6.8097
损失的百分比（%）		–2.01	–27.70	–2.17

注：损失的百分比是指各目标规则下的损失与通货膨胀目标规则下损失相比增加的幅度。

二、一种特殊情况

瓦什（2003）在新凯恩斯主义基本模型基础上讨论了一种特殊的目标规则：速度约束（speed limit）政策，假定中央银行的目标函数不是追求产出缺口的稳定而是追求产出缺口变动的稳定，其单期损失函数为 $L_t = \pi_t^2 + \lambda(x_t - x_{t-1})^2$，则短视的相机抉择的中央银行能实现承诺下的均衡结果。

瓦什从一般情况出发证明了这种改进。假定中央银行的损失函数和社会损失函数不同，不妨假定中央银行的损失函数为：

$$E_t\sum_{\tau=0}^{\infty}\beta^{\tau}\left[\frac{1}{2}(\pi_{t+\tau}^2 + \lambda x_{t+\tau}^2) + T(\pi_{t+\tau}, x_{t+\tau}; s_{t+\tau})\right] \tag{4-33}$$

其中，$s_t = \{\pi_t, x_t, u_t, s_{t-1}\}$表示所有的历史情况。完全短视的中央银行在纯粹相机抉择情况下只考虑单期问题，把当前状态和私人部门对 s_t 的预期看做给定，在结构方程（4–5）的约束下最小化单期损失函数$\frac{1}{2}(\pi_t^2 + \lambda x_t^2) + T(\pi_t, x_t; s_t)$，这里重新给出新凯恩斯主义结构方程（4–5）：

$$\pi_t = \beta E_t\pi_{t+1} + \kappa x_t + u_t \tag{4-5}$$

该最小化问题的一阶条件是 $\pi_t + T_\pi + \Psi_t = 0$ 和 $\lambda x_t + T_x - \kappa\Psi_t = 0$，合并两式得到：

$$\pi_t = -\left(\frac{\lambda}{\kappa}\right)x_t - \left(\frac{1}{\kappa}\right)T_x - T_\pi \tag{4-34}$$

由该一阶条件和承诺下的一阶条件（4–14）相比可知，如果 $T_x = -\lambda x_{t-1}$，$T_\pi = 0$，短视的相机抉择中央银行能实现承诺下的均衡结果。特别地，如果中央银行的损失函数为$\frac{1}{2}(\pi_t^2 + \lambda(x_t - x_{t-1})^2)$，则 $T_x = -\lambda x_{t-1}$，$T_\pi = 0$，短视的相机抉择的中央银行能实现承诺下的均衡结果。进一步地，如果假定自然产出遵循一个确定的时间趋势，不妨假定增长率为 δ，有 $y_t^n - y_{t-1}^n = \delta$，此时 $x_t - x_{t-1} = y_t - y_{t-1} - \delta$，要实现承诺下的均衡结果，要求中央银行的产出增长率目标是其自然产出的增长率 δ。

可以根据承诺下均衡结果的历史相关性解释该结论：假定中央银行关注的不是产出缺口本身，而是产出缺口的变动，在相机抉择体制中引入历史相关性，从而得到最优承诺解。在通货膨胀冲击之后，产出在暂时的收缩后要回复到原来水平，此时，产出缺口的变动将是正的，以稳定产出缺口变动为目标的中央银行将继续保持紧缩性政策以减弱产出缺口的增加，从而使政策和承诺下的一样具有一定的持续性。

与产出缺口变动目标规则相似，把通货膨胀目标规则改为价格水平目标规则也可以引入历史相关性，得到承诺下的均衡结果。假定短视的相机抉择中央银行的损失函数是产出缺口的波动性和价格水平的波动性的函数，即 $p_t^2+\lambda x_t^2$，在结构方程（4-5）的约束下一阶条件为：

$$p_t=-\left(\frac{\lambda}{\kappa}\right)x_t \tag{4-35}$$

求差分即可得到承诺下的一阶条件（4-14）。这意味着价格水平目标规则下的短视的相机抉择的中央银行能实现承诺下的均衡结果。

第三节的数值分析表明，相机抉择下的价格水平目标规则不能实现承诺下的均衡结果，原因在于这里考虑的是短视的相机抉择情况，中央银行完全不考虑其对公众预期的影响。而第三节分析的是第二种定义的相机抉择，中央银行虽然不能直接影响公众的预期，但知道其可以通过影响状态变量来影响公众的预期，能间接影响公众预期。有意思的是，这种看似改善的假定却使均衡结果更差。

第五节　本章小结

本章基于现代框架进行了最优货币政策分析，比较了承诺和相机抉择下最优均衡结果对各种冲击的反应情况，并对相机抉择下不同目标规则进行了比较。鉴于最优均衡结果的表达式较复杂，有些甚至没有明确的解析形式，本章主要采用了数值分析方法，把特定参数下产出缺口、通货膨胀和利率等变量对冲击的反应用图形表示出来，并计算出相应的方差—协方差矩阵和损失函数的值而且比较不同操作方式下各变量的刺激反应图、波动性和损失能形象地说明相机抉择和承诺之间的区别。

本章考察的冲击主要有通货膨胀冲击和需求冲击，其中每种冲击又分为暂时性冲击和持续性冲击两种。本章首先基于新凯恩斯主义基本模型进行了最优政策分析，然后扩展到更为复杂但更接近于现实的混合模型，对模型的扩展包括引入价格的一期前定、滞后通货膨胀和滞后产出（消费惯性）等。本章基于新凯恩斯主义混合模型对相机抉择下不同目标规则的均衡结果进行了简单比较，这种分析和传统框架中通过最优目标规则来改善通货膨胀偏差问题的分析类似。分析表明，通过适当改变中央银行的损失函数，使其和社会损失函数不同，能改善社会福利，甚至实现承诺下的均衡结果。

下面列出本章的要点。

（1）承诺的动态不一致性及历史相关性。本章通过对新凯恩斯主义基本模型的解析分析再一次表明承诺均衡解的动态不一致性。解析分析和数值分析均表明均衡解的历史相关性，特别是各变量对暂时性冲击的刺激反应表现出明显的持续性，这种持续性意味着承诺下通过延长对冲击的反应时间而降低了冲击发生当期反应的幅度，进而减小了中央银行的损失，显现出承诺的优势。

（2）承诺下价格的回归趋势。承诺下的均衡结果表明，在通货膨胀冲击发生后将出现一段通货紧缩时期，价格将从较高水平逐步向冲击发生前的水平回归。这种回归特征意味着承诺下的均衡结果可以通过某种价格水平目标规则来实现。

（3）两种相机抉择定义。麦卡勒姆和纳尔森（2004）区分了两种相机抉择定义：在第一种定义下，中央银行认为私人经济个体的预期是完全外生的，不受其行为的影响，此时均衡结果等同于结构方程约束下的单期最优化问题；在第二种定义下，中央银行意识到虽然不能直接影响私人经济个体的预期，但由于私人经济个体基于状态变量形成其预期，可以通过影响状态变量来间接影响他们的预期。

（4）相机抉择的非历史相关性及稳定性偏差问题。相机抉择下均衡结果对暂时性冲击的反应是暂时性的，不具有持续性。这意味着通过调整中央银行的损失函数增加持续性可能有助于改善相机抉择时的福利水平。相机抉择下对冲击的反应和承诺下的反应不同，这使产出缺口和通货膨胀的方差不同，从而使损失函数的值也不相同，此即稳定性偏差问题。

（5）利率平滑的影响。如果中央银行不关心利率稳定（利率平滑），就可以通过适当的利率变动完全中和需求冲击的影响，这和传统货币政策分析得到的结论一样。然而，由于名义利率下限（名义利率不能低于0，流动性陷阱问题）和维持金融市场稳定等的限制，实践中的中央银行注重保持利率的稳定。此时，中央银行需要在利率稳定、产出缺口和通货膨胀稳定等目标之间进行权衡。在关注利率稳定时对冲击，特别是对需求冲击的反应模式和不关注利率稳定时的反应有很大的区别。

（6）通货膨胀的持续性问题。实践中通货膨胀等变量对冲击的反应比基本模型中的反应更具持续性。可以通过两种方式引入持续性：增加冲击的持续性或在结构方程中加入滞后项。增加冲击的持续性反映了冲击本身可能是序列相关的，而增加通货膨胀调整方程的滞后项却意味着放弃了结构方程的最优选择的微观基础。不过从现实看，假定部分微观经济个体的预期是适应性的也是合理的。

（7）参数取不同值时均衡结果的比较。由于不能确定各参数的具体值，需要研究不同参数下均衡结果及其区别。一般情况下，随着产出目标权重 λ 的增大，通货膨胀的波动性增大，产出缺口的波动性减小。随着 Phillips 方程斜率 k 的增大，承诺和相机抉择下的损失减小，但两者之间的差别在 k 较小时是增的，而后又是减的。随着价格冲击自相关性 ρ_u 的增大，两种操作方式下通货膨胀和产出缺口的波动性都增大，损失也随之增大，而且波动性和损失的增速加快，另外相机抉择时损失的增速要比承诺时的增速更快。

（8）价格前定。当价格是一期前定时，通货膨胀、产出缺口和利率均不对暂时性的价格冲击作出反应，这种冲击不影响均衡结果。价格前定时均衡结果对持续性价格冲击作出反应，另外，相机抉择时的产出在持续性价格冲击下几乎不变。

（9）滞后通货膨胀。虽然具体的经济解释不同，但在模型中引入滞后项和考虑持续性冲击时的最优反应是相同的。同时，考虑滞后项和持续冲击只是进一步增大了反应的持续性，而没有改变反应的特点。

（10）习惯形成。考虑消费的惯性或者产出缺口的持续性要求增大利率对冲击的反应程度，在通货膨胀冲击发生时提高利率的幅度大于没有持续性时的幅度，而在冲击过后，利率向下回复的速度也快于没有持续性时的速度。

（11）不同目标规则之间的比较。根据相同的社会损失函数可对不同目标规则下的均衡结果进行福利比较，这种分析类似于传统分析框架中的最优目标规则分析。本章基于新凯恩斯主义混合模型分析表明，与假定中央银行采用社会损失函数的通货膨胀目标规则相比，通过引入利率稳定目标能改善均衡结果，减少社会损失；在特定情况下，名义收入增长目标规则和价格水平目标规则实现的均衡结果优于通货膨胀目标规则下的均衡结果，特别是当中央银行给予产出的权重较低或通货膨胀具有更大的持续性时更是如此。

（12）在某种特殊的目标规则下，例如，速度约束（Speed limit）目标规则和价格水平目标规则下，完全短视的中央银行也可以实现承诺下的均衡结果。其中，速度约束目标规则假定中央银行关注的不是产出缺口本身，而是产出缺口的变动。这些特殊的目标规则在相机抉择体制中引入历史相关性，从而得到最优承诺解。

第五章　货币政策规则的本质及内涵

前面章节主要通过理论分析说明了规则相对于相机抉择的优势，讨论了通过目标规则来改进相机抉择的方法。其中，第二章简要介绍了几种重要的货币政策规则，包括工具规则和目标规则，第三、四章分别在传统框架和现代框架中进行了货币政策规则的最优化分析。在以上分析中货币政策规则这一概念主要有两层含义：

（1）规则即规律，用规则来表示中央银行的货币政策操作行为，例如在第二章中的规则就表示这一层含义。作为对行为的描述，要求它和中央银行货币政策操作的实际情况相符合：对于工具规则而言，要求能较好地拟合政策工具的历史数据；对于目标规则而言，要求它和货币政策目标变量的实际情况相符合。

（2）把规则看做一种可信承诺，基德兰德和普雷斯科特（1977）之后这种处理方法逐渐成为理论研究中的标准方法，第三章和第四章中的规则就表示这一层含义。把规则作为一种可信承诺，与宏观经济研究中重视预期，货币政策研究中重视预期管理是一致的。

从预期管理的角度看，两层含义之间具有一致性：如果把规则看做是一种可信承诺，就意味着中央银行会遵循事先确立的政策规则、事先宣布的政策意向、事先为了影响公众预期而作出的承诺，因此中央银行实际的货币政策行为将和规则所表示的相一致，用政策规则来描述中央银行的行为是恰当的；反过来，如果把规则看做是对中央银行行为的一种描述，则意味着中央银行过去、现在、甚至将来的行为将和政策规则相一致，私人经济个体将依照规则形成其对未来货币政策的预期。尽管如此，两层含义之间还是有明显区别的：第二层含义强调了通过规则来影响私人经济个体的预期（即预期管理）的重要性，反映了货币政策规则的实质，而第一层含义只是规则的一种表现形式和结果。与规则相反，相机抉择下中央银行不能通过承诺来影响公众的预期：虽然在这种操作方式下中央银行的政策操作行为也是有规律的，私人经济个体也是根据这种规律而形成其对未来货币政策的预期的，但是中央银行不能通过承诺等方式来改变公众的预期，也就是说，中央银行不能通过预期管理途径而提高货币政策的有效性。

本章的核心目的是要进一步说明规则的本质及其含义。首先简要回顾了规则的研究历史，包括规则与相机抉择之间在一般意义上的争论，也包括规则的具体形式的演变；然后对规则的本质和内涵进行了总结说明；最后通过对理论研究中曾经出现的不一致的甚至是错误的认识做了进一步的解释，以加深对规则的认识。

从一般意义上说，动态不一致性反映了规则的实质。规则是一种可信的事先承诺，其发挥作用的途径是预期管理。在规则约束下，中央银行通过预先宣布未来的货币政策能影响公众的预期，从而提高货币政策调控宏观经济的有效性。从其具体形式的演变过程看，货币政策规则已经不再是一个简单的方程式，而是一种目标规则形式，即通过对承诺下可能实现的最优均衡结果的描述来间接给出货币政策规则。要实现承诺下的均衡结果，对货币政策操作框架的各个方面都有较高的要求。至于规则的具体设定可能是不唯一的、复杂的，或许通过对通货膨胀目标制度等中央银行的实践的研究能提高对规则形式的认识。

第一节　从一般意义上考察规则的含义和优势

费希尔（1990）指出，可以从两个层面上讨论货币政策规则：一是在规则的一般意义上的讨论，即从原则上分析支持规则、反对相机抉择的论据，不涉及规则的具体内容和相机抉择的具体细节；二是具体的，讨论货币供给究竟应该这样变动还是那样变动，或者名义利率是否应当固定等问题。借鉴费希尔的分类，本节首先从一般意义上讨论规则和相机抉择之间的争论，第二节则是对具体规则的考察。

一般而言，货币政策操作方式中的所谓“规则”是指在货币政策予以实施之前，事先确定并据以操作政策工具的程序或原则，而相机抉择是指中央银行在操作政策工具过程中不受到任何固定的程序或原则的束缚，而是依据经济运行态势灵活取舍，以图实现货币政策目标。通常，规则反映的是中央银行的责任和受到的约束，而相机抉择反映的是中央银行的权力和自由度。

一、自由主义对规则的支持及和凯恩斯主义的争论

货币政策操作方式选择中“规则与相机抉择”之争可谓由来已久，据维纳（1955）考证，该争论早在19世纪中叶英国银行学派与通货学派之间的争论中就已提及。尽管事过境迁，但争论的主题始终未变，即究竟选择规则还是选择相机抉择的货币政策操作方式更有益于政策目标的实现。

自由主义经济学家一直以来极力反对相机抉择的货币政策。20世纪30年代经济大萧条之后，芝加哥学派对政策规则的研究和支持是影响货币政策理论研究的重要力量。西蒙斯（1948，初见于1936年）在《货币政策的规则与当局之争》一文中指出，“对于一个以企业自由为基础的系统能否存在来说，货币方面一定的、稳定的、具有法律效力的游戏规则有着至高无上的重要性。”弗里德曼（1948,[①] 1959，1969）认为货币政策操作具有长期而可变的作用时滞，因此相机抉择的反周期的行动主义政策时常在不适当的时机发挥作用，结果不但起不到稳定的作用，甚至使得货币政策本身成为经济不稳定的根源。弗里德曼

① 该文初见于1948年，后收入弗里德曼（1953）。

还强调，由于货币政策操作过程中容易受到公众意见和政治压力的左右，相机抉择的货币当局往往会屈服于外来压力，这样也容易使货币政策不稳定，造成经济波动。基于以上原因，弗里德曼赞成货币量固定增长规则。长期以来该规则几乎是货币政策理论研究中的默认规则。

与芝加哥学派和货币主义相反，凯恩斯主义提倡政府的反周期干预，主张相机抉择。他们认为中央银行根据经济的周期性运行特征进行反向调控可以促进社会福利。他们反对使用规则的主要理由是：经济中存在不可预测的扰动，相机抉择的货币政策可以保持中央银行的灵活性，以便对经济中的各种扰动作出反应；而任何固定规则都无法预测出经济中所有的扰动，因此无法对外来冲击作出有效反应，从而至少在短期内不能避免经济的大幅度波动。

货币主义和凯恩斯主义把争论局限于弗里德曼规则，争论的焦点是政府是否应该使用货币政策进行积极的反周期干预。这种争论反映了芝加哥学派和凯恩斯主义的不同信仰。芝加哥学派坚持自由主义信条，认为市场经济通过自我调解能达到有效率的稳定的均衡，政府的主要目的是为私人经济个体决策和市场经济运行提供良好的政策环境，要避免使政策本身成为经济波动的根源。而凯恩斯主义坚持政府干预的主张，认为市场经济是不完善的，政府应该通过适当的政策来弥补市场机制的不足，特别是要通过反周期的政策熨平或减弱经济的周期性波动。

尽管争论局限于货币量固定增长规则，但弗里德曼支持规则的理由具有一般性。他提出并进行了广泛实证分析了长而可变的时滞问题是货币政策传导机制研究中的一个中心问题，也是研究货币政策规则所不可回避的一个问题；他关于政治和公众舆论对货币政策压力的讨论和当前的政治经济周期理论的思想是一致的，是支持中央银行独立的重要理论观点。

二、动态不一致性研究对规则的支持

费希尔（1990）指出，弗里德曼支持规则的理由始终存在逻辑上的弱点。“相机抉择似乎要优于规则：如果某一项具体的规则可以使经济稳定下来，那么相机抉择的政策制定者总可以做到这一点——同时还保有在需要的时候改变规则的灵活性。”在动态不一致性问题未被引入之前，任何支持规则的论调都面临着同一个问题：好的规则都可以为相机抉择所采用，所以在1977年以前都是相机抉择占据争论的上风。

基德兰德和普雷斯科特（1977）首先将动态不一致问题引入宏观经济学领域，他们把规则看做是一种可信承诺。巴罗和戈登（1983）采用相同的思路详细分析了货币政策操作中的动态不一致性问题，并论述了相机抉择货币政策下的通货膨胀偏差问题：采用相机抉择操作方式的中央银行不能作出可信承诺，其所能实现的均衡结果与承诺下的均衡结果相比，产出水平相同而通货膨胀更高，相机抉择下的均衡结果所带来的社会福利少于承诺下的均衡结果。

用博弈论的语言说，如果承诺是空洞的、不可信的，相机抉择下的均衡结果就是一种子博弈完美纳什均衡，是所能实现的最优的均衡结果。第三章在传统框架下已经详细分析了动态不一致性问题，为了进一步说明规则的实质，这里采用一个简单的博弈论模型来重新解释动态不一致性问题。

博弈结构可表示为：该博弈的参与人是中央银行和公众，博弈分三个阶段，首先，中央银行公布一项特定的货币政策，确定一个特定的通货膨胀率；其次，公众形成其通货膨胀预期；最后，中央银行执行货币政策。其中，中央银行在第三阶段所执行的货币政策是从最大化其福利函数出发的，可能与第一阶段承诺的通货膨胀率不一致。

假定中央银行的损失函数是一个二次函数，表示为：

$$L = \pi^2 + \lambda(y - \bar{y})^2 \qquad (5\text{-}1)$$

其中，通货膨胀和产出均为对数形式，且进行了标准化处理。参

数 $\lambda \geqslant 0$ 表示两个稳定目标之间的相对比重。该损失函数表明，中央银行的通货膨胀目标等于其自然水平（标准化为 0），而产出目标 $\bar{y} > 0$ 大于自然产出水平（同样标准化为 0）。

约束条件是卢卡斯供给曲线，为了简单不考虑随机扰动项的影响：

$$y = b(\pi - \pi^e) \tag{5-2}$$

将约束条件代入损失函数得到：

$$L = \pi^2 + \lambda[b(\pi - \pi^e) - \bar{y}]^2 \tag{5-3}$$

如果中央银行在第一阶段宣布的政策是可信的，那么将能够影响公众的通货膨胀预期，此时它担任了斯坦克尔伯格领导者的角色。由于公众的预期是理性预期，这要求实际实现的通货膨胀和通货膨胀预期相等，即：

$$\pi^e = \pi \tag{5-4}$$

将（5-4）代入（5-3）并直接对 π 求导得到一阶条件为：

$$\frac{\partial L}{\partial \pi} = 2\pi = 0 \tag{5-5}$$

即：

$$\pi = 0 \tag{5-6}$$

中央银行承诺的通货膨胀率得以实现。把均衡值代入损失函数可得到福利损失，承诺下的均衡结果为：

$$\pi_C = \pi^e = 0;\ \ y = 0;\ \ L_C = \lambda\bar{y}^2 \tag{5-7}$$

然而该均衡结果存在动态不一致性问题：一旦中央银行成功地将经济主体的通货膨胀预期引向 0，预期形成（5-4）所施加的限制就不存在了。在第三阶段，给定通货膨胀预期 $\pi^e = 0$，中央银行损失最小化的一阶条件为：

$$\frac{1}{2}\frac{\partial L}{\partial \pi}\bigg|_{\pi^e} = \pi + b\lambda[b(\pi - \pi^e) - \bar{y}] = 0 \tag{5-8}$$

由此可得到中央银行的反应函数为：

$$\pi = \frac{b\lambda}{1 + b^2\lambda}(b\pi^e + \bar{y}) \tag{5-9}$$

将通货膨胀预期 $\pi^e = 0$ 代入该反应函数可求得通货膨胀：

$$\pi_U = \frac{b\lambda}{1+b^2\lambda}\bar{y} \tag{5-10}$$

由此得到实际产出：

$$y_U = \frac{b^2\lambda}{1+b^2\lambda}\bar{y} \tag{5-11}$$

如果情况如上所述，那么总经济福利会高于承诺解的水平，即：

$$L_U = \frac{1}{1+b^2\lambda}\lambda\bar{y}^2 = \frac{1}{1+b^2\lambda}L_C < L_C \tag{5-12}$$

因此，中央银行会违背其第一阶段的承诺，承诺是空洞的、不可信的。

由于第一阶段的承诺是不可信的，公众能正确预期到中央银行的反应函数，并依此形成其通货膨胀预期。在反应函数（5–9）中令通货膨胀预期等于通货膨胀得到：

$$\pi_D = b\lambda\bar{y} > 0 \tag{5-13}$$

此即相机抉择下的均衡通货膨胀率，该均衡结果存在通货膨胀偏差。代入损失函数得到相机抉择下的损失为：

$$L_D = (1+b^2\lambda)\lambda\bar{y}^2 = (1+b^2\lambda)L_C > L_C \tag{5-14}$$

相机抉择均衡与承诺均衡结果的唯一区别是带来了更高的通货膨胀率，其福利水平低于承诺下的福利水平。

巴罗—戈登模型通过一个简单的博弈说明了承诺下均衡结果所具有的动态不一致性，即如果没有可信规则的约束，承诺下的均衡结果不是一个子博弈精练均衡结果，该均衡结果不能实现。与该博弈相对应的货币政策规则是使中央银行在第一阶段的承诺可信的所有可能的措施。例如，通过法律规定中央银行要保证通货膨胀始终为 0（通货膨胀目标制度），任命一位保守的中央银行家，或者设定中央银行的产出目标是使产出稳定在自然水平，或者惩罚背弃承诺的中央银行等。

为了更直观地说明动态不一致性和规则的含义，这里给定上述博弈模型中参数的具体值。不妨令 $b = \lambda = \bar{y} = 1$，则承诺下的损失 $L_C = 1$，而相机抉择下的损失 $L_D = 2$，承诺下的损失小于相机抉择下的损失，承诺优于相机抉择。不过该承诺可能是不可信的，因为中央银行在公众预期形成后背弃承诺将使其损失更小，即 $L_U = 1/2$，也就是说引诱中央银行背弃承诺的诱惑是 $L_C - L_U = 1/2$。用博弈树把该博弈表示为图 5-1。

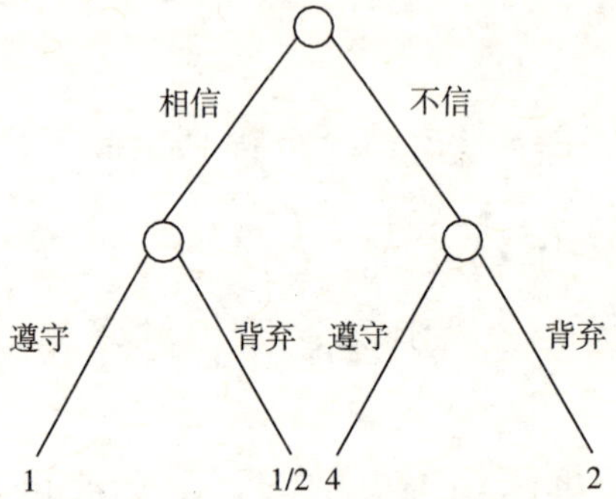

图 5-1　动态不一致性问题的博弈树

该博弈树表明，中央银行在作出使通货膨胀为 0 的承诺后，公众可能相信该承诺，依据该承诺形成预期；也可能不相信该承诺，那么形成的通货膨胀预期不受该承诺影响。在公众预期确定后，中央银行可以选择遵守承诺，也可以选择背弃承诺。该动态博弈中只假定私人经济个体是理性预期的，能正确预期到中央银行下一步的选择而没有给出私人经济个体的收益（损失）。[①] 在该博弈模型中，不论公众选择什么，中央银行选择背弃的损失都小于选择遵守的损失，背弃是中央银行的占优策略。公众是理性预期的，能正确预期到中央银行的选择，因此唯一的子博弈完美均衡结果是（不信，背弃），这对应于相机抉择下的均衡结果。在该均衡结果中，社会损失是 2，大于承诺下的损失 1。

由该博弈模型可进一步分析可信规则所必须满足的条件：要使中央银行不背弃其承诺，需要增加其背弃承诺下的损失。在该例中，中央银行背弃承诺的诱惑是 1/2，如果通过制度或者其他方式使中央银行背弃承诺所受到的惩罚大于该诱惑，则中央银行在背弃下的损失将大

① 由卢卡斯不完全信息周期理论和卢卡斯曲线可知，私人经济个体收益在（相信，遵守）策略下最大，而（不信，背弃）的收益要大于（相信，背弃）下的收益。因此私人经济个体的收益比较也表明，最终均衡结果是相机抉择下的均衡结果。

于遵守下的损失，中央银行才有可能遵守承诺。图 5-2 给出了存在惩罚下的博弈树，其中，当对中央银行背弃承诺的惩罚 $P>1/2$ 时，中央银行遵守承诺的结果将是一个子博弈完美均衡结果。[①]

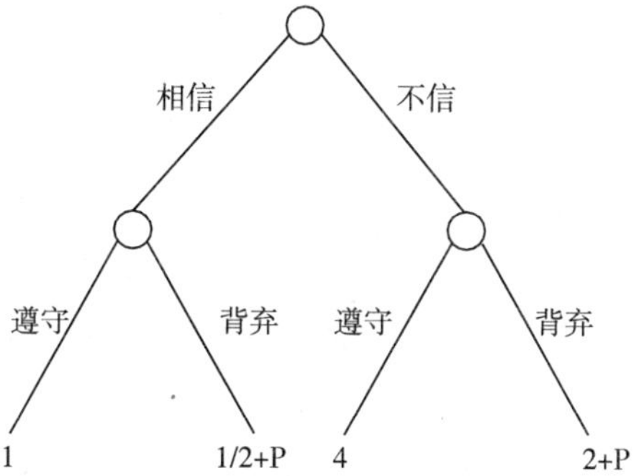

图 5-2　存在可置信惩罚下的博弈树

第二节　从规则的具体形式的演变看其内涵的扩展

20 世纪 30 年代经济大萧条之后，较重要的货币政策规则主要有：弗里德曼规则、麦卡勒姆规则、泰勒规则等工具规则，以及价格水平目标规则、名义收入目标规则、通货膨胀目标规则等目标规则。理论界对规则的认识，随着中央银行货币政策实践的发展，随着宏观经济理论本身的发展而越来越深入，规则的类型越来越多，规则的内涵越来越丰富。下面依据其出现的先后顺序对主要的货币政策规则进行简单的介绍和对比，首先介绍的是工具规则，这是理论界长期侧重研究的规则；然后介绍的是通货膨胀目标规则，它是当前理论研究中最重要的规则。[②]

① 由卢卡斯供给曲线可知，（相信，遵守）策略下私人经济个体的收益最大，因此在惩罚是充分可信条件下，私人经济个体将选择相信策略，唯一的均衡结果就是（相信，遵守），中央银行没有受到惩罚，惩罚只是一种可置信威胁。

② 向祥华（2004）详细综述了各种具体形式的货币政策规则及其演变趋势。

一、弗里德曼规则

弗里德曼对货币及其作用进行了广泛而深入的研究，其重新解释了货币数量理论，并以此为基础提出了货币量固定增长规则。弗里德曼考察了美国的经济史发现，在过去的100年间，美国国民生产总值（GNP）年均增长率大约为3%，劳动力年均增长率大约为1%~2%，因此应该保持货币供应量按照每年4%~5%的固定增长率增长，这就是弗里德曼所主张的“单一规则”，或称为货币量固定增长规则。用公式可表示为：

$$m_{t+1} - m_t = \mu^* \qquad (5\text{-}15)$$

其中，m为对数形式的货币量，可以是侠义货币也可以是广义货币，由中央银行根据实际情况选择。μ^* 为货币量的目标增长率，是根据GNP平均增长率和劳动力平均增长率确定的一个固定的数值。

弗里德曼提出的支持该规则的理论和观点主要包括如下三个方面：

（1）弗里德曼反对以利率为中介目标，主张以货币供应量为目标。他认为利率并不像想象的那样容易被中央银行所控制，因为保持低利率要求中央银行不断买入证券，而这会导致货币供应量的快速增长以及公众通货膨胀预期的上升，从而推动实际通货膨胀上升，结果将提高名义利率。弗里德曼在《货币政策的作用》中指出，货币政策不可能长期钉住利率，因为为了达到钉住利率的目标，货币增长必须是顺周期的，这会导致经济出现更大的波动。进一步地，弗里德曼在对货币需求的理论分析和实证研究基础上认为，货币供应量与经济运行——特别是与名义需求和通货膨胀之间存在稳定的关系，控制货币量就可达到控制名义需求和通货膨胀的目的。而且，由于商业银行和公众的行为通常是稳定的，存款—储蓄比和存款—通货比具有一定的稳定性，中央银行可以通过调节基础货币的供给而实现控制货币供应量的目的。

（2）弗里德曼反对货币政策直接钉住失业率、实际收入等实际变量。弗里德曼认为，在劳动力市场存在“自然失业率”，提高货币供应量的增长率开始时确实可以降低利率，刺激支出和投资，从而使失业率低于自然失业率，但无法使失业率长期低于自然率，也无法改变自然失业率。从长期看，钉住实际变量的货币政策是无效的。在提高货币量增长率的初期，工人还没有意识到物价上涨，雇主可以按照原来的名义工资雇佣工人，从而达到降低失业率的目标。但是，一旦公众意识到实际工资下降以后，他们会要求增加工资。只要实际工资低于均衡水平，就会存在对劳动力的超额需求，工人就会继续要求增加工资，直到实际工资回到均衡水平为止。在这个过程中，除非货币增长率不断提高，使物价的上涨始终超过人们的预期，从而使实际工资的回升总赶不上物价的上涨，这样才有可能不断保持超额劳动需求，保持低失业率。否则，不论货币增长率维持在多高的水平，只要它所带来的物价上涨率已经成为工资决策的一个重要因素，对劳动的超额需求就会伴随着实际工资的回升而下降，使失业率恢复到自然水平。因此弗里德曼强调，加速货币增长率只能在短期内钉住失业率，无法在长期改变"自然失业率"，中央银行不应该钉住像失业率、实际收入之类的实际变量。

（3）弗里德曼主张完全放弃"行动主义"的货币政策，保持货币供应量增长率固定不变。由于货币政策对经济的影响存在长期而可变的时滞，货币当局希望通过"行动主义"的货币政策来稳定经济的愿望很难实现，而且货币政策往往在不适当的时期发挥作用，从而加大了经济的波动幅度。通过对美国历史上各次经济波动的详尽分析，弗里德曼等人（1963）发现，"通货膨胀无论何时何地都是一种货币现象"。既然行动主义的货币政策无法达到控制失业率的目的，反而会导致通货膨胀，那么还不如保持货币供给以不变的比率增长，使它与经济增长大体相适应。

二、麦卡勒姆规则

货币量固定增长规则作为一种中介目标规则，要求满足相关性、可测性和可控性等标准，尽管弗里德曼通过理论分析和实证研究证明了货币量固定增长规则满足这些标准，[①] 但该规则完全限制了货币政策对经济冲击、经济波动的反应，与中央银行的实践不相符，而且作为一种货币政策规则，要指导中央银行的具体实践仍显得不足。麦卡勒姆在弗里德曼研究的基础之上提出并实证研究了麦卡勒姆规则。与弗里德曼规则相比，麦卡勒姆规则是一种基础货币规则，假定中央银行以基础货币为政策工具，而基础货币的可控性更强；麦卡勒姆规则还允许基础货币根据货币流通速度的变化和目标变量（名义 GNP）的变化作阶段性调整，从而使之具有更强的适应性。

用 b 表示基础货币，V 表示基础货币的流通速度，Y 表示名义 GDP，则麦卡勒姆规则可表示为：

$$\Delta b_t = \Delta Y^* - \Delta V_t^a + 0.5(\Delta Y^* - \Delta Y_{t-1}) \tag{5-16}$$

其中，Δb_t 是作为政策工具的基础货币增长率（$\ln b_t - \ln b_{t-1}$）；ΔY^* 是名义 GDP 增长率的目标值，麦卡勒姆假定该目标值是一个常数，等于 4.5%。ΔV_t^a 是平均的基础货币流通速度，用滞后四年的平均值来表示，用季度数据可表示为 $(1/16)[(Y_{t-1} - b_{t-1}) - (Y_{t-17} - b_{t-17})]$，其中基础货币流通速度定义为名义 GDP 与基础货币的比率，$\Delta Y^* - \Delta Y_{t-1}$ 是名义 GDP 与其目标值的差额。

麦卡勒姆规则右边包含三个主要部分：中央银行在长期追求的名义 GDP 增长目标，[②] 货币流通速度变化的移动平均值，反馈规则，用来表示基础货币如何调整以纠正名义 GDP 对其目标值的偏离。

与弗里德曼规则相比，麦卡勒姆规则的优势主要体现在如下几个方面：①麦卡勒姆规则以基础货币为政策工具增强了工具的可控性；②该规则考虑了货币流通速度变化的影响，从而具有更强的适应能力；

---

① 弗里德曼把货币需求看做一种资产需求，强调货币需求的稳定性，认为货币需求和名义收入之间存在稳定的关系，通过控制货币供应量就可以控制名义总需求等变量。弗里德曼还通过大量的实证研究表明，货币供应具有“外生性”，独立于实际经济的变动，这样中央银行可以保持货币供应量按照固定的比例增长。

② 麦卡勒姆规则假定货币政策的最终目标是稳定名义收入，因此也称为基础货币—名义收入增长规则。

③麦卡勒姆规则以稳定名义收入为目标，这样可以在一定程度上达到稳定名义收入进而稳定通货膨胀的目的；④该规则是一种反馈性规则，允许中央银行针对经济运行情况进行适当的反周期操作，允许中央银行根据自己对货币流通速度和名义收入的判断来调整政策工具。

麦卡勒姆规则给出的是基础货币对名义收入变动的反应函数，假定中央银行能准确控制基础货币。然而金融创新和放松管制使得这种工具的可控性大大减弱，而且中央银行在制定货币政策时使用的主要操作工具是短期利率而不是基础货币。正因为如此，麦卡勒姆规则的影响远小于泰勒（1993）给出的以短期利率为政策工具的利率规则。尽管如此，麦卡勒姆（2000）通过实证研究表明，在绝大多数时期，泰勒规则和麦卡勒姆规则所提供的货币政策松紧的信号是相同的，出现不同货币政策立场的时候极少，而且麦卡勒姆规则有时表现的还要更好些。例如，1995~1998 年日本处于通货紧缩时期，根据泰勒规则得到的名义利率应该为负，根本不可行，而如果使用基础货币为政策工具，则发现日本中央银行的实际基础货币增长率远低于麦卡勒姆规则推荐的增长率，货币政策过紧了。

三、泰勒规则

麦卡勒姆规则以基础货币为政策工具，这和美国等发达国家中央银行的实践不相符，而且理论界对名义收入目标也有不小的争议，特别是名义收入不变不一定能够保证经济按照预定的路径增长。泰勒规则以短期利率为政策工具，同时把名义收入目标细分为通货膨胀目标和产出目标，根据通货膨胀缺口和产出缺口各自的变动来调整利率，是对麦卡勒姆规则的改进。

经典的泰勒规则可表示为：

$$i_t = \pi_t + 2 + 0.5y_t + 0.5(\pi_t - 2) \tag{5-17}$$

其中，i_t 是联邦基金利率，π_t 是前四季度的通货膨胀率，y_t 是实际 GDP 偏离其目标水平的百分比。泰勒规则的基本含义是：如果通货膨胀超过2%的目标水平，或者实际GDP超过趋势GDP，则提高联邦基金利率；如果通货膨胀低于2%的目标水平，或者实际GDP低于趋势GDP，则提高联邦基金利率；如果通货膨胀率和实际GDP处于目标水平，则保持联邦基金利率在4%的水平，或者说保持实际利率在2%的水平。

泰勒规则不仅能很好地拟合美国、英国等发达国家利率政策的变动情况，而且符合基本的理论要求。

（1）泰勒规则强调实际利率在货币政策决策中的中心作用。泰勒规则可以看做是一个实际利率规则，它给出了实际利率的具体设定方式：当通货膨胀高于目标值或产出高于潜在水平时，应该升高实际利率使之超过均衡值。泰勒通过实证分析表明，在各种影响价格和经济增长的因素中，只有实际利率能与这两者保持长期稳定的相关关系。据此泰勒认为，虽然名义利率是中央银行的操作工具，但中央银行应该通过名义利率的调整使实际利率发生相应的变动。当出现通货膨胀时，为了提高实际利率，名义利率升高的幅度应高于通货膨胀上升的幅度，此即“泰勒原理”。

（2）泰勒规则抓住了货币政策的两个主要目标：使通货膨胀稳定在较低的水平，使产出稳定在潜在产出水平。该目标和基本的宏观经济理论是一致的，也和货币政策的具体实践相一致。对此可有不同的理解：一种是把通货膨胀稳定目标看做中央银行的长期目标，而把产出目标看做短期目标。泰勒规则就是短期目标和长期目标的结合，其中短期目标具有逆风向的特征，目标权重的大小体现了通货膨胀和产出这两个目标之间的取舍关系。另一种是中央银行主要是保持通货膨胀稳定的，泰勒规则中包含产出缺口因子表明该规则具有前瞻性、预反应的特征：由于产出缺口反映了未来通货膨胀的走势，正的产出缺口表示未来通货膨胀可能要升高，提高利率是为了避免未来出现通货膨胀。

泰勒（1999）强调泰勒原理的重要性，认为它充分反映了泰勒规则的基本思想，是判断中央银行是否遵循泰勒规则的重要标志，是判断货币政策操作成功与否的基本标准。当前人们公认 1987 年以来 Fed 的表现较好，而 1960~1970 年的表现较差。泰勒（1999）对不同历史阶段的实证分析表明，泰勒规则和 Fed 成功实施货币政策时期相一致，而和表现较差时期不一致。表 5-1 是泰勒根据计量方程 $i_t = a + h\pi_t + gx_t + \varepsilon_t$ 给出的最小二乘回归结果。

表 5-1　美国不同时期的利率反应函数

时期	常数项 α	通货膨胀的系数 h	产出缺口的系数 g
1960.1~1979.4	2.054	0.813	0.252
1987.1~1997.3	1.174	1.533	0.765

注：该表数据摘自泰勒（1999），该文对 1879~1997 年的多个历史时期进行了实证分析。

从通货膨胀系数看，在中央银行表现较好的 1987~1997 年，通货膨胀的系数大于 1，满足泰勒原理；当通货膨胀超过目标水平时，Fed 对利率提高的幅度大于通货膨胀升高的幅度，从而提高了实际利率，实行紧缩性政策；而在 1960~1979 年，通货膨胀的系数小于 1，不满足泰勒原理，当通货膨胀升高时，虽然 Fed 也相应提高了名义利率，但由于名义利率的上升幅度低于通货膨胀的上升幅度，实际利率仍然走低，是一种扩张性政策。

把该回归结果表示成图形将更有利于理解泰勒原理的含义。从图 5-3 可以看出，泰勒规则中通货膨胀系数是否大于 1 等同于实际利率

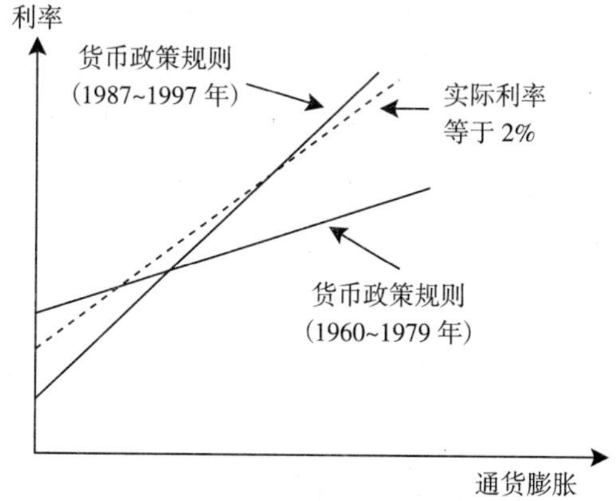

图 5-3　美国不同时期的利率规则

资料来源：本图摘自钱小安（2002），第 276 页。

对通货膨胀的反应是否是逆风向的，这已经成为中央银行政策操作是否成功的一个重要标志。

泰勒原理反映了泰勒规则和麦卡勒姆规则之间的区别。在泰勒规则中，中央银行的政策工具对通货膨胀和产出偏离各自目标的反应程度是不同的，特别是对通货膨胀偏离目标水平的反应幅度要大于 1。而麦卡勒姆规则是一种名义收入目标规则，假定中央银行的政策工具只对名义收入作出反应，这意味着通货膨胀和实际产出的系数是相同的。

四、通货膨胀目标规则

通货膨胀目标规则是斯文森（1997，1999）等在通货膨胀目标制度出现之后对这种制度的理论总结。由于和实践的结合比较紧密，又由于和宏观经济学广泛研究的货币政策规则（例如，泰勒规则等工具规则）有较大的差异，目前关于通货膨胀目标规则和其他目标规则的研究还有较多分歧。

斯文森假定中央银行是通过最小化特定的损失函数来进行政策操作的，进入中央银行损失函数的变量是目标变量，目标规则就是对目标变量之间某种关系的承诺。斯文森把目标规则划分为广义和狭义两种。广义的目标规则可用中央银行所要最优化的福利（损失）函数来表示，在具体的结构方程约束下，可得到该最优化问题的一阶条件，斯文森把该一阶条件看做是狭义目标规则。斯文森经常提及的广义通货膨胀目标规则的标准形式是最小化如下形式的损失函数：

$$L_t = \frac{1}{2}\sum_{\tau=0}^{\infty}\beta^{\tau}E_t(\pi_{t+\tau}^2 + \lambda x_{t+\tau}^2) \tag{5-18}$$

斯文森通常在基本的新凯恩斯主义 Phillips 曲线约束下最小化该损失函数，由此得到的一阶条件就是狭义的通货膨胀目标规则：

$$\pi_{t+\tau} = -\left(\frac{\lambda}{\kappa}\right)(x_{t+\tau} - \pi_{t+\tau-1}) \tag{5-19}$$

该损失函数是现代分析框架下的标准损失函数，具有严格的微观基础，而且也得到了理论界和实践界的广泛认可。然而第四章的分析表明，狭义目标规则是完全承诺下的均衡结果，这意味着斯文森所说的通货膨胀目标规则不仅要求中央银行的目标函数是可信的，而且要求中央银行有能力对未来各期的货币政策路径作出承诺，是一种完全规则。斯文森没有通过具体限定货币政策操作行为来描述通货膨胀目标规则，也不是通过对货币政策目标的设定来间接约束中央银行的，而是通过限定规则下的均衡结果来定义规则的，是一种间接的定义方式。为了实现完全规则下的均衡结果，要求整个货币政策操作框架（包括其各个组成部分和相互关系）不但要保证中央银行愿意并能够作出最优承诺，而且要保证公众相信中央银行的这种承诺是可信的。实践中的通货膨胀目标制度对整个政策操作框架有较详细的规定，或许近似反映了通货膨胀目标规则的要求。①

五、货币政策规则的发展趋势

与中央银行制定货币政策的实践相适应，与宏观经济理论的发展相一致，货币政策规则也处于不断发展之中。新的规则往往是在继承原规则优点的基础上弥补其不足，从而能更好地描述中央银行行为，更好地指导中央银行的货币政策操作。上文在介绍各规则时，已经指出了其对以往规则的改进之处，这里从规则发展趋势角度出发，进一步论述了各规则的改进之处。

1. 麦卡勒姆规则对弗里德曼规则的改进

尽管麦卡勒姆规则和弗里德曼规则都采用了货币量而不是利率作为政策工具，但与弗里德曼规则相比，麦卡勒姆规则的改进之处主

① 我们在第三章第三节、第四章第四节中分析了另一种形式的通货膨胀目标规则，它是一种部分承诺下的最优目标规则，是“有约束的相机抉择”。以现代分析框架为例，这种通货膨胀目标规则假定中央银行只能对（4-6）形式的损失函数作出承诺，而在其他方面仍然是相机抉择的。实践中的通货膨胀目标制度可以看做是介于两种形式的目标规则之间的一种制度。

要有：

（1）麦卡勒姆规则是一个积极的反馈规则，明确表明中央银行应该对宏观经济进行反周期调控。弗里德曼的单一规则反映了芝加哥学派一贯坚持的自由主义信条，该学派假定市场经济通过自我调解能实现有效率的稳定的均衡，政府的主要目的是为私人经济个体的决策和市场经济的运行提供良好的货币环境，要避免使政策本身成为经济波动的根源。凯恩斯主义认为市场经济本身是不完善的，政府应该通过适当的政策来弥补市场机制的不足，特别是要通过反周期的政策来熨平或减弱经济的周期性波动。麦卡勒姆注意到了这种批评，所给出的政策规则不再是完全消极的规则，而是一种积极的反周期操作规则。

（2）麦卡勒姆规则以稳定名义收入为目标，而弗里德曼规则以稳定货币供应量为目标。弗里德曼反对直接以就业或实际产出为政策目标，而且鉴于货币政策发生作用的时滞较长，效果也不确定，因此反对直接以稳定通货膨胀为政策目标，为此，他支持货币供应量固定增长规则。但随着金融自由化和全球化进程的加快，货币量和最终目标之间的相关性大大减弱，一些学者主张直接以名义收入为货币政策目标，并研究了其合理性，麦卡勒姆规则反映了 20 世纪 80 年代这种实践和理论研究的新发展。

（3）麦卡勒姆规则给出的是基础货币规则，强调政策工具的可控性。从货币政策的传导机制看，弗里德曼规则实际上是一种中介目标规则，和其他目标规则一样，只是对中央银行目标进行了一定的约束，而没有明确限定中央银行的政策工具操作行为。麦卡勒姆认为只有对中央银行具体的政策操作行为作出明确限制才能有效约束其相机抉择行为。

2. 泰勒规则对麦卡勒姆规则的改进

虽然泰勒规则和麦卡勒姆规则都允许中央银行根据货币政策最终目标变量的变动进行积极的反周期宏观调控，但两者还是有明显区别的，泰勒规则对麦卡勒姆规则的改进主要体现在如下几方面：

（1）泰勒规则以短期利率为政策工具，这与发达国家中央银行的实践相符合。利率规则摆脱了货币主义的负面影响，客观评价了货币量在政策制定中的作用，重新认识到了利率传导渠道的重要性。随着金融体系的快速变化，特别是在各种衍生工具层出不穷和电子支付非常发达的现代金融制度下，各种资产和货币之间的替代性越来越强，货币供应量的概念越来越模糊，货币供应量和基础货币的可控性越来越差，各种类型的货币量指标在中央银行的货币政策决策中的作用越来越小。与这种实践相对应，当前已经有越来越多的学者使用没有货币的经济模型来研究货币政策。

（2）泰勒规则进一步细化了政策目标，不是以稳定名义收入为目标，而是以稳定实际产出和通货膨胀为目标。名义收入的增长等于通货膨胀加上实际产出的增长率，名义收入（增长）目标规则实际上是以稳定通货膨胀和实际产出增长率之和为目标的，它给予两个最终目标的权重相同，而泰勒规则所给予通货膨胀的权重更大（通货膨胀稳定目标的权重大于 1，产出稳定目标的权重通常小于 1）。泰勒规则给予两个稳定目标以不同的权重也意味着中央银行在制定货币政策时不仅要分析总需求的整体变动趋势，而且还要考虑通货膨胀和产出各自的变动，要考虑两者之间的关系（Phillips 曲线）。

3. 通货膨胀目标规则对工具规则的改进

在通货膨胀目标制度出现之前，虽然理论界关于名义收入、价格水平等最终目标和货币量、实际利率、汇率等中介目标有过广泛研究，但货币政策规则通常是指泰勒规则和麦卡勒姆规则等工具规则。通货膨胀目标规则的提出使理论界对货币政策规则的认识由工具规则扩展到了目标规则。[①] 与工具规则相比，目标规则的包容性更强，给予中央银行的自由度更高。

（1）目标规则是通过对货币政策目标的限定来间接约束中央银行

① 尽管从货币政策传导机制角度看，货币量是一个中介目标，弗里德曼规则是一种（中介）目标规则，但在货币政策规则的相关研究中通常简单假定中央银行能有效控制货币供应量，把该规则看做是一种工具规则。

的行为的。麦卡勒姆规则、泰勒规则等工具规则直接规定了货币政策工具的调整方向和幅度，是对货币政策操作行为的直接限定，而目标规则只是对货币政策的最终目标提出了要求（广义目标规则要求货币政策最小化特定的损失函数），或者给出了目标变量所应满足的特定关系（狭义目标规则要求中央银行使实际产出、通货膨胀等目标变量满足一个最优化一阶条件）。

（2）目标规则实质上是给定了一个政策操作框架。具体的政策操作行为不仅与中央银行目标函数的设定有关，还与宏观经济模型的设定有关，在不同的宏观经济模型下利率等政策工具的行为方式有明显区别。例如，在目标框架下可以假定中央银行有稳定利率的责任，从而可以分析利率平滑下的均衡情况；又如前面章节的分析表明，在同一个目标函数下，如果总供给曲线是新凯恩斯主义形式的，则规则下的均衡结果具有历史相关性，相机抉择结果存在稳定性偏差，而如果总供给曲线是卢卡斯形式的，则规则下的均衡结果可以是完全前瞻性的，相机抉择结果也可以不存在稳定性偏差。

（3）目标规则下往往是通过设定目标函数、严格规定具体的操作程序、强调决策和信息的透明度、提高中央银行的责任约束等制度的和非制度的因素来约束中央银行的行为，规则的表现形式多种多样。斯文森给出的目标规则假定中央银行遵循其对未来政策的承诺，假定私人经济个体相信中央银行的这种承诺，最终在这些假定下研究规则下的均衡结果及其与相机抉择相比的优势所在。在目标规则研究中并没有考虑如何才能保证中央银行承诺的可信性。不过，斯文森和其他一些学者通过对实践中的通货膨胀目标制度的广泛研究，通过对通货膨胀目标制度下的目标设定方式、操作程序、透明度以及中央银行的责任约束等的研究可以看做是对具体的目标规则形式的研究。

第三节　规则的实质和内涵

从前面章节看，基于卢卡斯供给曲线的传统货币政策分析主要通过对通货膨胀偏差问题的分析证明了规则相对于相机抉择的优势：在相机抉择下虽然产出仍保持在自然产出水平，但通货膨胀要比规则下的通货膨胀高。引入动态化之后，相机抉择下的货币政策存在稳定性偏差问题，即产出、通货膨胀等变量对价格冲击的反应和规则下的不一样，通常是通货膨胀的波动性太高而产出的波动性不足。通过提高产出的波动性能有效降低通货膨胀的波动性，改进社会福利。基于新凯恩斯主义的供给曲线更进一步说明了稳定性偏差问题。在价格冲击下，具有承诺能力的中央银行可以使冲击的影响在多期逐渐地、小幅度地散发出来，从而减弱了在冲击发生时的影响。在新凯恩斯主义分析框架中，相机抉择下的稳定性偏差通常也表现为产出的波动性太低，通货膨胀的波动性过高。

动态不一致性问题反映了规则作为一种可信的事先承诺的实质。用博弈论语言来说，要使中央银行关于未来政策的承诺可信，需要减少中央银行背弃承诺所能增加的收益，以使其背弃承诺的损失大于遵守承诺的损失，这是规则可信的必要条件。规则的这一本质特征与现代宏观经济学强调预期在私人经济个体决策中的重要性是一致的。由于中央银行的行为方式是影响公众预期的重要因素，不同行为方式下公众形成预期的方式并不相同，因此在规则和相机抉择两种操作方式下即使所进行的政策操作完全相同，所得到的均衡结果也可能不相同。

从理性预期和动态不一致性问题出发还可以进一步认识规则发挥作用的途径——预期管理。规则通过使公众相信中央银行事先作出的承诺而改变公众的预期，公众预期的改变通过影响其决策而改善均衡结果。如果中央银行能够通过某种行动来影响公众关于未来货币政策的预期，就说明中央银行具有预期管理能力，并且可以通过预期管理渠道来提高货币政策的效果。规则的实质就是通过约束中央银行未来的行为来提高货币政策对当前私人经济个体行为的影响效果。与规则相对立，相机抉择就表示中央银行没有能力使公众相信其关于未来货币政策的承诺，没有能力改变公众的预期，不能通过预期管理来提高货币政策的有效性。从这一角度看，规则总是可以优于相机抉择的。

对具体形式的规则的研究表明，规则的内涵是不断扩展的。从目标规则和工具规则的对比表明，货币政策规则基本上已不再局限于某一条定性或定量化的准则，规则的内容几乎已涉及货币政策框架的各个方面，规则概念的扩展使得对规则的研究和货币政策的实际操作更加一致了。事实上，纯粹的规则和纯粹的相机抉择是不存在的，现实中的货币政策操作都是规则和相机抉择的相互结合。正如费希尔（1990）指出，货币政策操作方式更应该被看做是一个连续的区间。其中，中央银行相机抉择的程度由其目标设定、政策操作与这些目标之间联系的紧密性等所决定。在相机抉择这一极端情形下，中央银行能自由地操作各种货币政策工具，只是要求它以促进经济福利为目标，但并没有明确规定数量化的目标，甚至没有明确规定经济福利的含义。而在另一个极端，中央银行甚至被要求严格遵守某一个单一规则。大部分国家都是规则与相机抉择的结合，如明确规定了货币政策目标、要求中央银行公开未来一段时期的政策操作计划、要求中央银行报告其以往政策的执行效果等。公众和其他政府部门对政策操作的意见和对政策效果的评价、立法机构或财政部可能对中央银行进行干预的威胁等是限制中央银行相机抉择的重要因素。

第四节　对货币政策规则的进一步说明

下面分析理论研究中容易出现分歧的几个地方，以进一步增进对货币政策规则及其内涵的认识。

一、货币政策的最优性与不同操作方式之间的比较

与现代宏观经济学中其他领域的研究一样，关于货币政策操作方式的研究也是以理性经济人假设为前提的。理性经济个体的预期是理性预期，其决策是特定条件下的最优决策。不论是相机抉择下的还是规则下的均衡结果都是最优均衡结果，只不过是由于两者对中央银行行为方式的假定不同，得到的是不同条件下的最优均衡结果。上节在分析动态不一致性问题时也指出，相机抉择均衡结果是一个子博弈完美均衡结果，可信规则的引入改变了不同博弈策略下的收益分布，得到的是一个新的博弈下的子博弈完美均衡结果。

正如巴罗—戈登模型那样，一个简单的单期多阶段博弈模型就可清楚地说明相机抉择下均衡结果存在的问题。目前不少文献都采用这种简单的处理方式，如伍德福德（2003）、克拉丽达等（1999）。不过需要注意的是，这种处理方式是以一定的假设为前提的，即它要求私人经济个体的决策和中央银行的决策只影响当前的效用，不会跨期传递。用动态规划的语言说，决策变量所能影响的状态变量是序列无关的。如果用单期模型来代替多期模型，就要求私人经济个体和中央银行自身的决策只影响中央银行当期的目标函数，不具有跨期传递效应。例如，在传统的货币政策分析框架下，假定中央银行的损失函数为：

$$\min_{\{\pi_{t+\tau}\}_{\tau=0}^{\infty}} \sum_{\tau=0}^{\infty} \beta^{\tau} E_t L_{t+\tau} \tag{5-20}$$

其中，单期损失函数为 $L_t = \pi_t^2 + \lambda(y_t - \bar{y})^2$。进一步假定供给曲线为混合 Phillips 曲线：

$$y_t = \rho y_{t-1} + b(\pi_t - \pi_{t|t-1}^e) + \varepsilon_t \tag{5-21}$$

则该最优化模型中的状态变量为 y_{t-1} 和 ε_t，如果要简化为单期最优化问题，则要求 $\rho=0$，以去掉具有序列相关性质的状态变量 y_{t-1}。

与有些研究用局部最优的相机抉择（例如，用单期最优来代替多期最优）来简化分析相比，对简单工具规则等非最优规则的研究则更

为普遍。需要注意的是，如果规则下中央银行的行为是非最优的，则其均衡结果可能要比相机抉择下的最优结果差。与相机抉择下为了分析方便不同，之所以研究非最优规则是因为最优性并非是规则所应具有的唯一条件。例如，规则在现实中必须是可信的，通常认为简单工具规则比复杂的目标规则更容易受到公众的监督，因此更可信。

二、相机抉择下的灵活性和现实中规则的非最优性

一般对相机抉择和规则的认识是：两者各有利弊，规则具有可信性而相机抉择具有灵活性，中央银行对货币政策操作方式的选择应该是在灵活性和可信性之间作出权衡，实现规则和相机抉择的有机结合。这种看法和直观相一致，甚至和实际情况相吻合，似乎是一种常识性的观点。规则之所以给人以不灵活的感觉是由于规则通常表现为一种约束和限制，而且现实中的规则是不完全的、非最优的规则，依规则行事就显得僵硬、不灵活、不能对冲击（形势）的变化作出迅速反应。不过灵活性和可信性之间的区别并不是规则和相机抉择之间的本质区别。稳定性偏差问题表明：与规则下的均衡结果相比，相机抉择下的均衡结果对冲击的反应更差、更无效（相机抉择下所带来的社会福利小于规则下的福利）。如果把灵活性理解为能对各种冲击作出更有效的反应的话，则从理论上看规则下的均衡结果不仅具有可信性而且具有灵活性，灵活性也是规则相对于相机抉择的优势。下面通过一个例子来说明其具体含义。

罗戈夫（1985）首先指出了相机抉择所具有的灵活性优势，他认为规则下的货币政策缺乏灵活性，在出现供给冲击、需求冲击和经济波动时不能作出灵活迅速的政策调整。凯恩斯主义也因为灵活性问题而批评政策规则。布兰查德和费希尔（1989）认为不能简单地就得出规则优于相机抉择的判断，而需要具体情况具体分析，因为相机抉择下的政策可能具有更好的灵活性，一种积极的反周期的货币政策可能更富有效率。规则的可信性和相机抉择下政策的灵活性之间的权衡可

以在一个包含非对称信息的传统模型中反映出来。假定中央银行的损失函数为：

$$L = \pi^2 + \lambda(y - \bar{y})^2 \tag{5-22}$$

供给曲线为卢卡斯曲线 $y = b(\pi - \pi^e) + \varepsilon$，由第三章的计算可知相机抉择下的均衡结果为 $\pi = \lambda b\bar{y} - \beta\varepsilon$，$y = (b\beta + 1)\varepsilon$，其中 $\beta = \lambda b/(1 + \lambda b^2)$。进一步假定供给冲击 ε 的均值为 0，方差为 σ^2，而且是序列无关的，则预期损失为：

$$E(L^D) = \lambda(\lambda b^2 + 1)\bar{y}^2 + (\beta^2 + \lambda(b\beta + 1)^2)\sigma^2 \tag{5-23}$$

如果中央银行遵循弗里德曼提出的"单一规则"，货币政策行为可表示为：

$$x + y = 0 \tag{5-24}$$

则该工具规则下公众的通货膨胀预期等于 0，把单一规则代入卢卡斯供给曲线可得到均衡结果：$\pi = -\varepsilon/(1 + b)$，$y = -\varepsilon/(1 + b)$。该均衡结果下预期损失为：

$$E(L^C) = \lambda\bar{y}^2 + \frac{1 + \lambda}{(1 + b)^2}\sigma^2 \tag{5-25}$$

这两个均衡结果的预期损失都包括两项，其中相机抉择下的第一项较大，反映了通货膨胀偏差问题，而单一规则下的第二项较大，反映了中央银行受规则的约束而不能对冲击作出反应的事实。两种操作方式下的损失大小取决于可信性（没有通货膨胀偏差）和灵活性（能对冲击作出反应）之间的对比。

在该模型中，之所以会出现可信性与灵活性之间的取舍问题是由于假定中央银行只能遵循单一规则。单一规则要求中央银行在公众形成预期之后即使观测到供给冲击也不能对之作出反应，单一规则下的货币政策缺乏灵活性。事实上，第三章给出的最优货币政策规则是一个反馈性规则，在该规则下的均衡结果是 $\pi_t = \beta\varepsilon_t$，$y_t = (b\beta + 1)\varepsilon_t$。与该规则相对应，预期损失为：

$$E(L^O) = \lambda\bar{y}^2 + (\beta^2 + \lambda(b\beta + 1)^2)\sigma^2 \tag{5-26}$$

正如第三章所指出的那样，该最优规则下不存在通货膨胀偏差问题，而且中央银行对冲击的反应和相机抉择下的反应相同，不存在灵活性问题。如果采用动态化模型或新凯恩斯主义模型可知相机抉择下的均衡结果具有稳定性偏差，这意味着相机抉择下中央银行对冲击的最优反应所能带来的福利小于最优规则所带来的福利。与最优规则相比，相机抉择反而不具有进一步提高货币政策效率的灵活性。

其实，从规则的本质可进一步认识到两者的区别：与最优规则下中央银行具有预期管理能力相反，在相机抉择下中央银行不具有或不用预期管理这种可能增进货币政策效果的途径。或者说，与最优规则下的均衡结果相比，相机抉择下的均衡结果只是一种局部最优结果。

三、现代框架中规则的一般形式及其应用

前面章节表明，基本的新凯恩斯主义模型中包含前瞻性预期项，均衡结果具有历史相关性。伍德福德（2003）通过对不包含滞后项的完全前瞻性模型（即基本的新凯恩斯主义模型）的分析表明，如果货币政策不具有历史相关性，则均衡结果是不确定的。上章也指出，在包含前瞻性预期项的模型中，历史相关性反映了规则的本质。中央银行根据过去政策（或前期变量）制定当期货币政策相当于中央银行作出了一种承诺：未来的货币政策也将对当前的货币政策和经济形势作出反应。这种具有"事后追究"特征的行为方式能有效约束私人经济个体的行为。下面给出基本新凯恩斯主义模型中规则的一般形式来进一步说明历史相关性。

由第四章的分析可知，基本的新凯恩斯主义模型中承诺下的均衡条件为：

$$\pi_{t+\tau} = -\left(\frac{\lambda}{\kappa}\right)(x_{t+\tau} - x_{t+\tau-1}) \tag{5-27}$$

该一阶条件反映了均衡结果的历史相关性：当期通货膨胀受上期产出的影响。第四章还给出了用产出缺口和冲击表示的通货膨胀形式：

$$\pi_t = \left(\frac{\lambda}{\kappa}\right)(1 - a_x)x_{t-1} + \left\{\frac{\lambda}{\lambda[1 + \beta(1 - \rho_u - a_x)] + \kappa^2}\right\}u_t \tag{5-28}$$

该式意味着规则下的通货膨胀不仅与当期冲击有关，也与上期产出缺口有关。由该形式可知，在基本的新凯恩斯主义模型（二次损失函数、线性结构方程）中规则的一般形式可表示为下面任何一种：

$$\pi_t = a_{\pi x}(x_t - x_{t-1})$$

$$x_t = a_x x_{t-1} + b_x u_t$$

$$\pi_t = a_\pi x_{t-1} + b_\pi u_t \tag{5-29}$$

其中，第一个形式为一般化的目标规则，下面两个形式为一般化的工具规则。① 系数 $a_{\pi x}$、a_x、b_x、a_π、b_π 为待定参数，通过最小化中央银行的损失函数可得到最优货币政策规则中各参数的值。

克拉丽达等（1999）文献假定货币政策工具仅为当期冲击的线性函数而没有滞后项，如 $\pi_t = b_\pi u_t$。这种形式的政策规则不具有历史相关性。根据伍德福德的论述，其均衡结果可能是不确定的，而且即使通过最小化中央银行的损失函数而得到参数 b_π 的最优值，也只是特定范围内（限定政策规则只对当前冲击作出反应）的最优规则，不是全局意义上的最优规则。

同样我们不能直接假定政策规则的形式为 $\pi_t = a_d x_t$，这种形式的目标规则实质上是一种相机抉择下的均衡结果。由第四章可知相机抉择下的一阶条件为 $\pi_t = -(\lambda/\kappa)x_t$，如果假定目标规则形式为 $\pi_t = a_d x_t$，则通过最优化得到的是相机抉择下的均衡条件。②

通过对现代框架中规则的一般形式的分析还可以增进对通货膨胀目标规则的了解。斯文森（1997，1999）所给出的广义目标规则和狭义目标规则之间是有区别的。根据斯文森的论述，广义目标规则是中央银行所要最小化的一个二次损失函数，该损失函数中不仅包括通货膨胀稳定目标，而且包括使产出稳定在其自然水平的产出稳定目标，

① 这里假定产出缺口或通货膨胀为中央银行的政策工具，不少文献在分析货币政策时也这样处理。如果假定利率或货币量为货币政策工具，则还需要和跨期 IS 曲线（总需求曲线）来共同确定政策工具的具体形式。

② 相机抉择下中央银行的行为也是有规律的，在模型分析时也可表示为一个方程式，甚至在不引起混淆的情况下还可称为相机抉择下的货币政策规则。

是一种灵活的通货膨胀目标制度。伍德福德（2003）也证明，在合理的假设下这种形式的损失函数和代表性经济个体的效用函数是一致的。事实上，大部分的货币政策分析文献也认可这种形式的损失函数。但问题是斯文森所给出的广义形式和狭义形式之间是有本质差别的，广义规则并不是一种严格意义上的规则。在新凯恩斯主义分析框架下，对应于同样的损失函数既可以得到规则下的一阶条件和均衡结果，也可以得到相机抉择下的一阶条件和均衡结果，相机抉择下的一阶条件是 $\pi_t=-(\lambda/\kappa)x_t$。该一阶条件所给出的目标变量之间的关系中不包含伍德福德所强调的历史相关性。由于存在这种本质上的差别，斯文森所给出的广义目标规则并不能算是一种严格意义上的政策规则。

第五节　本章小结

本章的核心目标是要进一步说明规则的本质及其含义。首先简要回顾了规则的研究历史，包括两个层面：一是规则与相机抉择之间在一般意义上的争论；二是对规则的具体形式的研究。其次对规则的本质和内涵进行了总结说明，规则本质上是一种可信承诺，其具体内涵是一个不断丰富的过程，特别是斯文森所倡导的货币政策目标规则几乎涉及货币政策操作框架的各个方面。最后通过对理论研究中容易出现争议，甚至出现错误的几个地方的说明和解释来进一步说明规则的本质和内涵。

本章的一些重要观点归纳如下：

（1）从一般意义上说，动态不一致性反映了规则的实质。规则实质上是一种可信的承诺，其发挥作用的途径是预期管理。在规则约束下，中央银行通过预先宣布未来的货币政策能影响公众的预期，提高货币政策的有效性。

（2）弗里德曼对规则的支持主要有两点：一是由于存在长而可变

的时滞，中央银行通过“行动主义”的货币政策稳定经济的行为很难达到目的，甚至在不适当的时期发挥作用，反而加大了经济的波动幅度；二是相机抉择下的货币政策更容易受到政治和公众舆论变动的影响。弗里德曼的第二个理由和现代政治经济周期是一致的，是支持独立中央银行制度的重要理论观点。

（3）理论研究中比较重要的规则主要有弗里德曼规则、麦卡勒姆规则、泰勒规则和通货膨胀目标规则等。规则形式的演变与中央银行的实践相符合，与宏观经济理论的发展相一致。规则的内涵是不断扩展的，这种扩展主要表现在：由单一规则扩展到反馈规则；由货币量规则扩展到利率规则；由工具规则扩展到目标规则。目前，货币政策规则已经不再是一个简单的方程式，而是一种广义上的规则，几乎涉及货币政策操作框架的各个方面。

（4）在最优货币政策分析中，相机抉择下的货币政策操作也是一种最优行为，相机抉择下的货币政策规则也是一种最优规则。有时为了方便，往往把多期模型简化为单期模型，这种简单处理方式也能说明相机抉择操作方式存在的不足。不过，如果前提条件不成立则得到的均衡结果可能不是一种最优化结果，从而与理性经济人假定不相符，更一般的处理方式是动态规划方法。

（5）一般认为，规则具有可信性，但缺乏相机抉择下的灵活性，应该在可信性与灵活性之间作出权衡以选择恰当的货币政策操作方式。这种观点反映了实践中规则的不完全性和非最优性特征。但从理论上说，最优规则不但具有可信性，而且具有灵活性。与规则下的均衡结果相比，相机抉择下的稳定性偏差问题反映了规则的灵活性优势。

（6）在现代分析框架中，斯文森给出的狭义目标规则及其变形可以看做是规则的一般形式，与这种形式不相符的货币政策规则通常不是最优货币政策规则，特别是不具有历史相关性的规则甚至可能是一种相机抉择下的货币政策规则。

第三篇

应用篇

第六章 通货膨胀目标制度及其理论基础

本章主要包括三部分：第一部分简要介绍了实践中的通货膨胀目标制度，进一步考察了其产生背景和主要特征，以便能形成关于这种制度的一个初步认识。前面章节已多次提及，通货膨胀目标制度强调保持通货膨胀稳定的重要性，强调规则的重要性。这种强调是如此明显，以至于使人们担心中央银行在面对各种冲击时是否会过分强调通货膨胀的稳定而忽视了对就业和经济增长的支持。

第二部分给出了支持通货膨胀目标制度的主要理论。最优货币政策规则理论，特别是新凯恩斯主义货币政策理论，是当前用于分析通货膨胀目标制度和其他类型的货币政策制度的主要理论框架，也是支持通货膨胀目标制度的主要理论。另外，一些关于货币政策有效性方面的基本观点、关于通货膨胀危害的前期研究，关于避免政治和社会思潮的变动对货币政策的干扰的研究、关于货币政策传导机制复杂性等方面的研究也和通货膨胀目标制度是一致的。

第三部分是对通货膨胀目标制度的重新认识。通货膨胀目标制度作为当前一种代表性的货币政策制度框架，既反映了中央银行积极应对金融、经济环境变化的现实情况，也反映了宏观经济理论和货币政策理论研究的新发展，同时也预示着未来货币政策制度和货币政策理论研究的方向。结合其实践和相关理论看，通货膨胀目标制度既可以被看做是一种具有极大包容性的制度框架（可以在该框架下对各种类型的货币政策进行分析），也可以被看做是一种与现代金融体系相适应的货币政策制度，对经济、金融各方面都有较高的要求。在进行货币政策分析和具体的货币政策制度改革时要注意这两个角度的有机结合。

第一节　通货膨胀目标制度的实践

进入 20 世纪 90 年代后，很多发达国家、发展中国家和转型国家相继宣布放弃以货币供给量为中介目标或钉住汇率的货币政策框架，而采用通货膨胀目标制度。通货膨胀目标制的出现和盛行是 20 世纪 90 年代货币政策实践中的重大事件。

一、通货膨胀目标制度产生的背景

从主要通货膨胀目标制度国家的历史看，之所以采用通货膨胀目标制度是由各国特定的政治经济状况和历史条件决定的。货币目标制度和固定汇率制度的失败是它们选择通货膨胀目标制度的主要原因。

20 世纪 70 年代布雷顿森林体系解体后，凯恩斯主义经济学的主导地位被货币主义所取代，大多数西方国家采用了货币学派所倡导的以“单一规则”为核心的货币目标制度（1975 年，IMF 建议各国以货币供应量为中介目标）。这一制度对于解决西方国家普遍存在的滞胀问题起到了积极的作用。但是从 80 年代开始，随着金融自由化和全球化的快速发展，货币量作为中介目标的作用越来越弱，货币目标制度逐渐被发达国家所抛弃。由于没有更好的选择，加拿大、新西兰、澳大利亚等国家曾经在一段时期内采用相机抉择的货币政策，但结果不能令人满意，直到通货膨胀目标制度出现后才又重新找到了满意的货币政策框架。

英国、瑞典、芬兰等国在货币量中介目标失效后首先采用汇率目标制度，但 1992 年汇率危机导致它们先后退出欧洲汇率机制，让汇率自由浮动。在这种情况下，通货膨胀目标制度也就成了固定汇率制度失效后的首要选择。以英国为例，1986 年 10 月，由于货币供应量与名义收入之间关系的恶化，货币当局抛弃了货币目标转而关注汇率目标，在 1990 年 10 月加入欧洲汇率机制，正式采用汇率目标制度。虽然在 1992 年以前基本实现了汇率目标，但未能有效阻止通货膨胀的上升。1992 年英国遭遇汇率危机，9 月 16 日宣布英镑贬值，并暂时退出欧洲汇率机制，让英镑自由浮动；10 月 8 日，英国财政大臣宣布采用通货膨胀目标制度。

二、通货膨胀目标制度的主要特征

在通货膨胀目标制度下，政府通常颁布法律或通过正规的文件设立一个具体的通货膨胀目标（如 2%）或目标区间（如 1%~3%），中央银行负责使通货膨胀稳定在所规定的目标范围之内。如果出现偏离，中央银行要解释其原因，并保证在一定的期限内（如 1~2 年）使通货膨胀重新达标。本书引言部分简要介绍了实践中的通货膨胀目标制度，并把其特征归纳为三方面：①规定一个明确的数量化的通货膨胀目标，这是通货膨胀目标制度得以确立的标志；②该目标是中央银行的首要目标，中央银行对该目标负责；③为了实现所公布的目标，中央银行应具有一定的权利，同时受到相应的约束，这种权利主要体现在中央银行的独立性方面，而其约束主要反映在严格的决策程序、较高程度的透明性等方面。为了增进对通货膨胀目标制度的认识，这里摘录了一些代表性国家的相关特征，其中，表 6-1 是关于最终目标设定方面的特征，表 6-2 是关于责任约束和透明度方面的具体规定，表 6-3 是关于权力和责任约束等方面的具体规定。

从表 6-1 至表 6-3 可以看出通货膨胀目标制度的一些具体细节：①维持价格稳定是货币政策的首要目标，并给出了具体的年度（或多年度）通货膨胀目标，这些目标可以是区间目标也可以是点目标；可以是长期都固定不变的（如英国、瑞典），也可以是逐年有所变化的。对于那些在高通货膨胀情景下开始采用通货膨胀目标制度的国家（这些国家往往是发展中国家和转型国家），一般选取的区间目标幅度较宽，并使通货膨胀逐年降低。②在价格指数的选取上通常使用公众熟悉的消费者价格指数（CPI），但有些国家对该指数进行了小的调整，如有的国家剔除了食品、能源；有的国家剔除了受管制商品价格的变动和补贴、间接税的变动等的影响；也有的国家剔除了利率等货币政策工具的调整对价格指数的影响。③货币政策操作程序、货币政策的透明度和责任约束等方面的规定往往比较具体。

表 6-1　若干国家通货膨胀目标制度的目标设定

国家	起始时间	最终目标		
			其中通货膨胀目标	价格指数
新西兰	1990 年 3 月	以国内价格稳定为首要目标	1990 年：3%~5% 1991 年：2.5%~4.5% 1992 年：1.5%~3.5% 1993~1996 年：0%~2% 自 1997 年以来：0%~3%	CPI：1999 年以前，在 CPI 中剔除利息费用和其他只代表一次性效应的价格变化；1999 年以后，采用扣除利息费用后的 CPI
加拿大	1991 年 2 月	稳定货币币值和其他目标	1991 年：3%~5% 1992 年：2%~4% 1994 年 6 月：1.5%~3.5% 自 1995 年以来：1%~3%	核心 CPI：剔除食品、能源和间接税
英国	1992 年 10 月	以国内价格稳定为首要目标	1992~1995：1%~4% 1996 年以来：2.5%	RPIX：剔除按揭利息支出的零售价格指数
瑞典	1993 年 1 月	以国内价格稳定为首要目标	自 1995 年以来：2%（±1%）	CPI
智利（发展中国家）	1991 年 1 月	稳定货币币值和其他目标	1991 年：15%~20% 1992 年：13%~16% 1993 年：10%~12% 1994 年：8%~11% 1995 年：±8% 1996 年：±6.5% 1997 年：±5.5% 1998 年：±4.5% 1999 年：±4.3% 2000 年：±3.5% 2001 年以后：2%~4%	CPI
捷克（转型国家）	1998 年 1 月	以稳定币值为首要目标	1998 年：5.5%~6.5% 1999 年：4%~5% 2000 年：3.5%~5.5% 2001 年：2%~4%	核心 CPI：剔除了受管制的商品价格和间接税

资料来源：各国中央银行网页；沙克特等（Schaechter 等，2000）；米什金和施密特—赫布尔（Mishkin 和 Schmidt-Hebbel，2001）；卡拉若和斯通（Carare 和 Stone，2003）。

表 6-2 通货膨胀目标制度的责任约束和透明度要求

国家	责任约束		增加透明度措施		
	偏离目标时的说明义务	免责条款	公布通货膨胀/货币政策报告	公布用以预测通货膨胀的研究/模型	公布货币政策措施
新西兰	公开解释偏离目标的原因，已经采取的措施和使通货膨胀会到目标区间的所需的时间。此外，财政部长可以请政府批准重新任命储备银行行长	被认为不会造成长期通货膨胀压力的异常事件	每季公布包含详细的多年经济预测	公布凭以预测的研究和模型	通过新闻发布会、媒体及其他公开方式发布
加拿大	公开解释	在异常情况，如重大的石油价格冲击和自然灾害时，修订目标路径	每半年公布一次，但每季度进行更新，并包含所预测的未来一年的通货膨胀点估计	公布凭以预测的研究和模型	通过新闻发布会、媒体及其他公开方式公布
英国	向财政部长致公开信，解释偏离目标的原因、已经采取的措施和使通货膨胀回到目标区间所需的时间	无	每季度公布，包含所预测的未来两年通货膨胀的扇形图	公布凭以预测的研究和模型	通过新闻发布会、媒体及其他公开方式公布
瑞典	无	无	每季度公布，包含所预测的未来两年通货膨胀的扇形图	公布凭以预测的研究和模型	通过新闻发布会、媒体及其他公开方式公布
智利	无	无	一年分三次公布，包含所预测的未来两年通货膨胀的扇形图	公布凭以预测的研究和模型	通过新闻发布会、媒体及其他公开方式公布
捷克	无	自然灾害、全球性的稀有资源的价格冲击、与国内经济基础和货币政策无关的汇率冲击、农业生产冲击	每季度公布，包含所预测的未来一年通货膨胀的扇形图	没有	通过新闻发布会、媒体及其他公开方式公布

资料来源：各国中央银行网页；沙克特等（Schaechter 等，2000）；米什金和施密特—赫布尔（Mishkin 和 Schmidt-Hebbel，2001）；卡拉若和斯通（Carare 和 Stone，2003）。

表 6–3 中央银行的权力和责任约束

国家	中央银行政策工具的独立性	货币政策决策机构和体制
新西兰	政府和中央银行联合公布“通货膨胀目标”，中央银行在日常货币政策工具运用上有独立性，但政府有否决的权力	一年 8 次货币政策会议，在与高级官员协商之后由行长决策，委员会成员全部由中央银行官员组成
加拿大	同新西兰	一年 8 次货币政策委员会会议，委员会内征求意见后做出集体决策，委员会成员全部由中央银行官员组成
英国	由政府公布“通货膨胀目标”，但中央银行有工具独立性	每月一次货币政策委员会会议，投票决策，委员会成员包括无行政能力的非中央银行成员
瑞典	中央银行具有目标独立性和工具独立性	每月一次货币政策委员会会议，投票决策，委员会内的非中央银行成员全职行使行政权力
捷克	政府和中央银行联合公布“通货膨胀目标”，中央银行在日常货币政策工具运用上有独立性	同瑞典
智利	同瑞典	同瑞典

注：表 6–1~表 6–3 摘自周素芳（2003），第 84~85 页，第 88~89 页和第 93 页。
资料来源：各国中央银行网页；卡拉若和斯通（Carare 和 Stone，2003）。

第二节 通货膨胀目标制度的理论基础

通货膨胀目标制度是由中央银行家在实践中创造出来的一种新的货币政策制度。1990 年，通货膨胀目标制度首次在新西兰出现时，宏观经济学和货币政策理论研究并未对其提供直接的理论指导。斯文森（2002）指出，除了一些研究中央银行独立性和低通货膨胀益处的文献，以及古德哈特（Goodhart）建议加强新西兰储备银行的内部激励机制外，在新西兰 1990 年初宣布实施通货膨胀目标制度以前，并没有出现直接相关的研究文献。伍德福德（2003）认为，理论研究未对 20 世纪 90 年代中央银行的实践提供多大指导的主要原因有三：①卢卡斯（1976）对凯恩斯主义经济模型和政策评价方法的批判；②基德兰德和普雷斯科特（1977）对在研究经济政策操作方面常用的最优控制方法的批判；③新一代经济周期模型（实际经济周期模型）的发展，它虽然具有更严格的微观基础，但隐含着货币政策不能影响经济福利的结论。

尽管如此，在通货膨胀目标制度出现之前，理论界已经对货币政策的作用、货币政策的目标等问题进行了广泛而深入的研究，并达成了一些共识。这些研究和共识为通货膨胀目标制度的出现提供了重要的理论基础。20 世纪 90 年代后半期，随着理论界对通货膨胀目标制度实践经验的不断总结，特别是在随机动态一般均衡分析方法在货币政策分析中得到推广之后，对通货膨胀目标制度的理论研究发展迅速，成为支持和指导通货膨胀目标制度实践的重要理论来源，其中新凯恩斯主义的作用最为明显。由于相关研究内容较多，这里根据通货膨胀目标制度的基本特征，主要从两方面归纳相关的理论支持：为什么稳定通货膨胀是重要的？为什么规则是重要的？

一、通货膨胀目标制度和一些基本的理论观点是一致的

从早期的休谟、费雪、魏克塞尔到弗里德曼、费尔普斯、卢卡斯等，宏观经济学界关于货币政策的研究广泛而深入。在长期的理论研究和中央银行的实践中逐渐形成了一些关于货币政策的基本观点，这些观点在当前仍有广泛影响，仍然是货币政策制度建设和具体的政策操作的重要理论基础。

1. 关于货币政策效果的基本观点

关于货币政策对实际变量影响的基本观点是：货币政策在长期是中性的，在短期是非中性的，但其短期效果具有不确定性。

货币政策是政府最重要的宏观调控政策之一，货币政策的效果体现在其对具体的目标变量的影响上。货币政策的目标变量通常包括名义变量和实际变量两种，其中名义变量通常用通货膨胀来代表，实际变量通常用实际产出来代表，货币政策对这两种变量的影响程度是不同的。一般说来，中央银行可以通过利率变动或货币量的变动来影响名义总需求，但名义总需求的变动最终是导致价格水平的变动，还是

导致实际产出的变动呢？这取决于名义黏性的大小和具体的影响方式。当存在名义黏性时，名义总需求的变动不能很快地完全转化为一般价格水平的变动，从而能影响实际经济活动。名义黏性主要包括价格黏性和工资黏性。对名义黏性的假定不同，货币政策对实际产出和通货膨胀的影响程度和方式也不相同。名义黏性的作用集中反映在总供给曲线（Phillips 曲线）的特征上。总供给曲线可以简单地表示为产出—通货膨胀图上的一条直线，其斜率反映了名义黏性的大小和对货币政策实际效果的影响程度。如果总供给曲线是垂直的，那么由货币政策变动导致的总需求的变动就不能影响实际产出，而只能导致价格水平的上涨。多恩布什和费希尔在其教科书中指出，“所有现代模型，不论其出发点如何不同，都倾向于得到一个类似的结果：在短期内，总供给曲线的斜率为正，而在长期则是垂直的”。[①] 这种总供给曲线意味着货币政策在短期内能影响实际产出，而在长期只能影响价格水平，此即货币政策的长期中性和短期非中性命题。

货币政策的长期中性是指：从长期看货币政策是通货膨胀等名义变量的主要决定因素，货币量的变动和通货膨胀的变动是一致的，而在通货膨胀和产出之间几乎没有关系；实际产出水平由自然产出所决定，自然产出几乎不受货币政策的影响。货币政策的长期中性观点最早可追溯到传统的货币数量理论，如休谟等的货币面纱论。弗里德曼（1968）和费尔普斯（1967）等提出的自然率假定合理解释了 20 世纪 70 年代的滞胀现象，使货币长期中性的观点为宏观经济学界广泛接受。

与货币政策的长期中性相反，不同学派对短期非中性问题的争论较大。凯恩斯主义强调名义黏性的重要性，认为单凭市场机制还不能使产出稳定在其潜在水平附近，政府的反周期政策是稳定宏观经济的重要力量；新古典宏观经济学认为名义黏性是不重要的，并从理性预期出发得到货币政策无效性观点：根据卢卡斯的货币经济周期理论，

① 多恩布什，费希尔. 宏观经济学. 北京：中国人民大学出版社，1997.

预期到的政策变动不会影响私人经济个体的行为和实际经济的运行，虽然预期外的政策变动能影响实际经济运行，但这种变动是纯随机性的，不能提高社会福利水平。与理论上的争议相似，相关的实证研究结果也千差万别。[①] 麦肯德里斯和韦伯（McCandless 和 Weber，1995）考察了来自 110 个国家、跨时 30 年的数据资料，得出了两个重要结论：

（1）货币供给的增长率和通货膨胀之间的相关系数几乎是 1，根据货币供给口径的不同，其数值在 0.92~0.96。两者之间的这种高度正相关关系和货币数量理论是一致的：货币增长率的变动会引起“通货膨胀率的同等变动”。

（2）不论通货膨胀还是货币增长，与实际产出增长率之间的相关性很弱。既存在低产出增长和低货币增长、低通货膨胀并存的国家，也存在低产出增长和高货币增长、高通货膨胀并存的国家。

2. 关于通货膨胀成本的早期研究

从长期看，货币政策不能有效影响实际产出，货币量的变动主要反映在通货膨胀的变动上。新古典宏观经济学和其他学派关于通货膨胀成本的研究部分说明了通货膨胀的危害，尽管其计算出的温和通货膨胀的成本较小。中央银行家和经济学家都承认通货膨胀是无益的，维持一个低而稳定的通货膨胀是货币政策的重要目标。

高通货膨胀对经济的危害较为明显，它往往导致经济增长缓慢甚至陷入停滞状态。高通货膨胀的危害主要包括：①公众必须花费大量的资源来规避通货膨胀，金融系统过于庞大；②高通货膨胀使金融系统变得更加脆弱，发生金融危机的可能性更大；③由于商品和劳动力的实际价值与其价格之间存在极大的偏差，商品市场和劳动力市场难以发挥其资源配置功能；④经常发生的再定价成本以及监测原料供应者和竞争对手的价格的成本；⑤社会成果的再分配效应以及大多数人拥有的财富的实际价值下降（货币贬值）。可以说，高通货膨胀带来的危害是灾难性的。

① 卡尔·瓦什（2004）第一章对该实证结果做了详细的总结。

在新凯恩斯主义之前，理论界关于更温和的通货膨胀（比如低于10%的通货膨胀）是否对经济有害还有较大的争议。根据新古典宏观经济学的观点，温和的通货膨胀最重要的成本来自通货膨胀与税收体系的相互作用。例如，投资品的折旧通常是以历史成本而不是以其现值为基础的，通货膨胀意味着提取的折旧份额不足，应税额度偏大，通货膨胀侵蚀了资本的税后收益，降低了投资动机，并可能引发资金在不同部门之间的不合理配置。费希尔（1994）研究表明：平均起来看，通货膨胀每上升1%点，就会使经济增长率付出大约0.1%的代价。

3. 弗里德曼等对“行动主义”的批判

弗里德曼和施瓦茨（1963）基于大量的实证研究认为，货币政策的作用具有“长而可变的时滞”。因此，相机抉择的反周期的“行动主义”政策时常在不适当的时候发生作用，结果不但起不到稳定的作用，甚至使得货币政策本身成为经济不稳定的根源。同时弗里德曼强调，由于货币政策操作过程中容易受到公众舆论和政治压力的左右，相机抉择的货币当局往往会屈服于外来压力，这样也容易使货币政策不稳定，从而造成经济波动。

弗里德曼关于货币政策传导机制的观点长期以来是货币政策研究中的一个基本出发点，其关于货币政策可能受到政治压力等影响的观点和政治经济周期理论相一致，是支持中央银行独立性的重要理论依据，是推动中央银行专业化的重要因素。

4. 动态不一致性问题和通货膨胀偏差问题

弗里德曼等对规则的支持由于没有考虑中央银行货币政策操作方式对私人经济个体预期的影响，因此不能从逻辑上证明规则相对于相机抉择的优势。以基德兰德和普雷斯科特（1977）的分析为基础，巴罗和戈登（1983a）采用卢卡斯供给曲线分析了相机抉择货币政策存在的通货膨胀偏差问题。通货膨胀目标制度虽然不是一种严格的规则，但这种制度充分体现了通过约束中央银行行为来稳定公众预期的特征。

二、现代货币政策理论对通货膨胀目标制度的支持

尽管早期宏观经济理论和货币政策理论中的一些基本观点和通货膨胀目标制度是一致的，但它们对这种制度的支持并不充分，特别是随着实际经济周期理论的影响越来越大，理论研究对货币政策实践的支持甚至越来越弱。直到 20 世纪 90 年代中后期出现了以新凯恩斯主义为基础的现代货币政策理论后，这一局面才大为改善。

从通货膨胀的成本和稳定通货膨胀的重要性角度看，实际经济周期理论认为价格的绝对水平与资源配置无关，只有相对价格才是重要的；传统的凯恩斯主义虽然认为工资和价格增长率的变动与经济活动和就业波动有关，但其提出的政策建议却是——货币政策应用于实现产出和就业目标，而非优先考虑价格的稳定。新凯恩斯主义是在为原凯恩斯主义寻找微观基础的过程中发展起来的，在给出名义黏性的合理解释的同时也表明，一般价格水平的波动带来了相对价格的扭曲，稳定一般价格水平能改善资源配置，提高经济福利，是中央银行重要的目标之一，新凯恩斯主义为通货膨胀稳定的重要性提供了合理的理论解释。

从对货币政策规则的支持看，现代货币政策理论进一步说明了预期管理渠道的重要性，更深刻地论述了稳定性偏差问题，并为研究各种货币政策规则提供了合理的分析框架。前面章节的论述清楚地展现了现代框架的优势所在。

1. 新凯恩主义对稳定通货膨胀的支持

新凯恩斯主义通过在一般均衡模型中引入名义黏性，合理说明了通货膨胀的成本，证明了在某种情况下通货膨胀稳定和产出稳定之间的一致性，并证明了稳定通货膨胀和增进私人经济个体福利之间的一致性。这些研究较合理地说明了稳定通货膨胀的重要性，支持了通货膨胀目标制度。

（1）新凯恩斯主义研究表明一般价格水平的波动能带来相对价格

扭曲，影响厂商决策，产生无效资源配置。保持价格水平的稳定有助于消除相对价格扭曲，增进社会福利水平。

新凯恩斯主义是观点极为不同的群体，不存在一个统一的新凯恩斯主义模型。当前比较有影响的模型是建立在交错定价基础上的所谓的“新凯恩斯主义 Phillips 曲线”（基本的新凯恩斯模型）。该曲线可由卡尔沃（1983）最优交错定价模型推导得出。卡尔沃对价格黏性的假定是：每期都有一部分商品价格保持不变，而其余的商品可制定新的价格。为了简单，常假定在任一时期任何商品的价格被调整的概率固定，独立于与上次价格调整的时间间隔，独立于商品的当前价格本身。由于部分商品价格不能即时调整，一般价格水平的波动只能通过那些可以调价的商品的价格变动体现出来，从而导致相对价格扭曲，产生无效资源配置。

与上述基于黏性价格基础不同，另一类有影响的新凯恩斯主义模型是行为主义模型。行为主义重视人们在决策时可能存在的某些缺陷，而传统的理性人假定却忽略了这些缺陷的影响。特别地，一些文献认为厂商在定价时不能即时处理并对大量的宏观经济信息作出恰当反应，否定了一般均衡模型中的完全信息假定。与弗里德曼、卢卡斯等对不完全信息的假定不同，曼邱和瑞斯（Mankiw 和 Reis，2002）对黏性信息的假定是：在每期，只有一部分厂商能得到当期的完全信息，该部分厂商是随机选定的，即每个厂商在每期都以一固定概率更新其信息集，否则将继续基于过时的信息制定价格。在该模型中，厂商在每期都可以根据其最新信息调整价格，价格是灵活的，但由于各厂商的信息集是不同的，只有那些得到当期完全信息的厂商才能对冲击作出反应。和黏性价格相同，由于黏性信息，一般价格水平的波动也只能通过部分商品价格的变动体现出来，从而导致相对价格扭曲，产生无效的资源配置。

两类新凯恩斯主义模型都认为：一般价格水平的波动能通过相对价格渠道影响厂商的生产，导致无效资源配置和经济福利的损失，一般价格水平的稳定能增进社会福利水平。与新凯恩斯主义不同，传统的凯恩斯主义虽然也假定一般价格水平（或工资）是黏性的，但假定所有商品的价格的黏性是相同的。一般价格水平的波动等同于所有商品价格的同等幅度的波动，不能通过相对价格渠道导致无效资源配置，因此一般价格水平的波动不能直接产生福利损失。产出稳定是增进社会福利的唯一目标，通过通货膨胀来获取产出目标成为货币政策的合意选择。

（2）基本的新凯恩斯主义模型的一个重要政策含义是：通过价格稳定来实现产出缺口稳定目标。

基本的新凯恩斯主义模型在动态一般均衡中引入名义价格黏性。名义价格黏性是实现最优资源配置的唯一重要的扭曲因素（为了使名义黏性假定更加合理，需要假定存在垄断竞争等实际黏性，但假定实际黏性的影响较小，或者可以通过财政政策等其他措施来消除实际黏性扭曲）。货币政策的目标是消除名义黏性对资源配置的影响，实现与灵活价格下相同的资源配置均衡结果。如果货币政策能够保持一般价格水平完全不变，则在均衡时即使变动价格无须成本，厂商也不会频繁变动价格，价格黏性对均衡产出没有影响。

标准的新凯恩斯主义 Phillips 曲线可表示为：

$$\pi_t = \beta E_t \pi_{t+1} + \kappa x_t \tag{6-1}$$

方程（6-1）中，π_t 表示第 t 期的通货膨胀率，x_t 表示产出缺口，即产出超过自然产出的百分比，如果用 y_t 表示产出，y_t^* 表示自然产出，则 $x_t = y_t - y_t^*$。$0 < \beta < 1$ 是代表性家庭的贴现因子，$\kappa > 0$ 的大小与基本的经济结构假定，如交错价格调整模型中价格调整的频率、垄断竞争程度等有关。

在方程（6-1）中，没有明显的扰动项，或者说自然产出水平 y_t^* 是唯一的扰动项，它反映了所有实际扰动，如政府购买、消费者偏好和技术等冲击对产出、通货膨胀关系的影响。事实上，伍德福德（2003）给出了潜在产出 y_t^* 的具体函数形式，它是各种实际扰动项的线性函数：

$$y_t^* = a(\varepsilon_t^g + a_c \varepsilon_t^c) + b(\varepsilon_t^a + b_h \varepsilon_t^h) \tag{6-2}$$

其中，ε_t^g、ε_t^c、ε_t^a和ε_t^h分别表示非货币政策因素的政府购买冲击、消费需求冲击、技术冲击和劳动供给冲击，其具体含义和实际经济周期理论中的含义一致。系数 a、a_c、b 和 b_h 与经济结构假定有关。

不存在自然产出之外的其他扰动项意味着保持总体价格水平的稳定相当于保持产出缺口等于零，即实际产出水平等于自然产出水平。这为通货膨胀目标制度强调价格稳定提供了重要的理论支持。斯文森(2002)认为，自然率假设是通货膨胀目标制的一个重要理论基础。金(1997)在传统框架中的模型分析表明，假定产出缺口目标为零，即产出目标为自然产出水平，能使相机抉择下不存在通货膨胀偏差问题，从而相机抉择最优均衡结果和承诺下的最优均衡相同。古德弗瑞达和金（1997）等通过理论分析和实证分析表明，保持总体价格水平稳定，使产出等于其自然产出水平时的社会福利水平几乎等于可以实现的最高福利水平。

需要指出的是，通货膨胀稳定意味着产出水平等于自然产出水平，产出走势和自然产出走势相一致。然而产出缺口稳定不等于产出稳定，由于受到各种实际冲击的影响，自然产出本身并不是稳定的。实际经济周期理论在只有实际变量的模型中能模拟得到和现实世界中几乎相同走势的结果说明自然产出并不平稳。

(3) 新凯恩斯主义基于个人效用函数推导出社会福利函数，给出了具体的货币政策目标函数。其中，保持通货膨胀稳定在零附近是重要的货币政策目标。

在货币政策分析中，常用的社会损失函数是预期未来各期损失的贴现和，形式为：

$$W = E_{t_0}\left\{\sum_{t=t_0}^{\infty}\beta^{t-t_0}L_t\right\} \tag{6-3}$$

单期损失函数为：

$$L_t = \pi_t^2 + \lambda(x_t - x_t^*)^2 \tag{6-4}$$

其中，λ 表示产出缺口相对于通货膨胀目标的权重，$x_t^* > 0$ 表示产出缺口的最优水平。在与方程（6-1）相同的微观经济结构假定下，伍德福德（2003）证明：代表性家庭的期望效用的二阶泰勒近似等于方程（6–3）乘以一个负的常数，这意味着方程（6–3）与代表性个人的效用函数是一致的，中央银行的目标函数也具有了坚实的微观基础。此时要求 β 和方程（6–1）中的贴现因子一样，$\lambda = \kappa/\theta$（其中，θ 表示不同商品之间的替代弹性），x_t^* 是垄断竞争厂商的市场力量大小和税收扭曲程度的函数。

2. 最优货币政策规则理论对通货膨胀目标制度的支持

基本的新凯恩斯主义模型假定不存在通货膨胀冲击，通货膨胀稳定和产出稳定是等价的，中央银行不需要在两个稳定目标之间作出权衡。然而该假定太严格了，与中央银行的实践不相符。上面章节所论述的最优货币政策规则理论主要研究的就是存在通货膨胀冲击下货币政策的操作问题。这种研究充分说明了规则相对于相机抉择的优势，而且模拟表明在相当大程度上，稳定性偏差均表现为通货膨胀的波动性太大，而产出的波动性不足。这些结果与中央银行强调通货膨胀稳定的重要性是一致的。

第三节　重新认识通货膨胀目标制度

第二节主要从稳定通货膨胀的重要性和规则的重要性这两方面归纳了支持通货膨胀目标制度的主要理论。尽管这两方面是通货膨胀目标制度的主要特征，但并不是其全部内容。事实上，在 1990 年这种制度出现之后，不少国家的中央银行、IMF 和众多的经济学家从多方面对这种制度进行了较全面的分析和总结，重要的文献有伯南克等（1999）、斯文森（1997，1999）、米什金（1997，1999，2000）、卡拉热和斯通（2003）等。与纯粹的理论研究不同，这些文献通常是把通货膨胀目标制度作为一种分析、评价并进行货币政策操作的制度框架，详细分析了其操作工具、操作目标、最终目标、信息变量等方面的特征。下面首先从多个角度分析通货膨胀目标制度以增进对其优缺点的认识，然后再讨论其作为一种政策框架的两个重要特征。

一、通货膨胀目标制度的多角度分析

已有不少文献通过对通货膨胀目标制度和货币目标制度或汇率钉住目标制度等历史上曾经出现过的政策制度的对比来分析通货膨胀产生的历史必然性、前提条件以及其主要优缺点。第六章在讨论货币政策规则的内涵时也进行了简单的对比。与已有研究的角度不同，下面分别通过和理想框架、实践经验、Fed 货币政策操作的对比来说明通货膨胀目标制度的优势和可能存在的不足。这种对比也有利于增进我们对货币政策制度的现状、发展趋势等的认识。

1. 与理论上的“最优货币政策制度”的差别

自通货膨胀目标制度出现以来，相关的文献不计其数，其中有的研究在理论层次上把通货膨胀目标制度当作是一种“最优货币政策分析框架”，并认为这种制度具有普适性，已有的货币政策制度都可被看做是它的一种类型。

(1) 把通货膨胀目标制度看做一种最优的货币政策分析框架。斯文森（1997）指出：尽管只规定了通货膨胀目标，但现实中的中央银行都不是通货膨胀疯子，都关注产出、就业等其他政策目标，是一种灵活的通货膨胀目标制度（Flexible Inflation Targeting）。这种政策分析框架继承了巴罗和戈登（1983）等研究货币政策的传统，认为货币政策的一个主要目标是维持通货膨胀的稳定，同时还有稳定经济增长的目标。为了分析上的方便，用通货膨胀波动性和产出波动性的加权和来表示货币政策的损失函数，最优货币政策就是在特定的经济条件（经济模型）的约束下最小化其损失函数。

(2) 把通货膨胀目标制度看做是兼具规则与相机抉择特征，是综合考虑政策的灵活性和可信性的结果，是一种“有约束的相机抉择机制”。长期以来，关于规则与相机抉择之争是货币政策研究中的一个焦点问题。在卢卡斯引入理性预期并提出著名的“卢卡斯批判”之后，特别是在基德兰德和普雷斯科特（1977）对动态不一致性问题进行充分论述之后，人们对规则与相机抉择的看法发生了根本性的转变，认为规则是一种可信的承诺，是中央银行通过承诺来影响公众预期进而影响其行为的一条途径，而相机抉择货币政策不具备这种能力。但现实世界中的信息总是不完全的，承诺也只能是一种不完全承诺。对货币政策的规则性方面要求越高越具体，货币政策的可信度就越高，但在出现新情况、得到新信息后的“相机抉择”能力就越差，政策的灵活度就越低，甚至有机械、僵化的嫌疑。因此，任何制度下的货币政策都要在可信性与灵活性、规则与相机抉择之间做出权衡。伯南克等（1999）把通货膨胀目标制度概括为一种“有约束的相机抉择”机制，即兼具可信性和灵活性的机制。这种观点显然适用于任何制度。

斯文森的分析表明，货币政策目标应该是多元的，特别是应该兼顾通货膨胀稳定和产出稳定。理论研究和实证分析表明，由于不能有效地使产出持续高于潜在产出，货币政策的合意产出目标应该是使产出稳定在潜在产出附近。但实践中的通货膨胀目标制度只给出了通货膨胀目标，而没有规定产出目标，更没有规定两个目标之间的权重。这种非对称的规定可能会使实践中的通货膨胀目标制度更加重视对通货膨胀的稳定而影响产出稳定目标的实现。

伯南克等（1999）从货币政策的可信性和灵活性的角度分析了通货膨胀目标制度的最优性。实践中的通货膨胀目标制度为了保证低通货膨胀信誉，规定了具体的数量化的通货膨胀目标，并通过增强透明度和责任约束来保证该目标的实现。这种为了政策的可信性而作出的限定可能会削弱货币政策的灵活性。具体从法律规定看，通货膨胀目标制度要求中央银行把通货膨胀稳定在其目标区内或点目标附近。如果出现偏离，不仅要求中央银行在一定的时间期限内使通货膨胀重新回归到目标区内，而且还要求中央银行对偏离的原因和可能的应对措施作出解释和说明。可以说，通货膨胀是否达标是评价中央银行业绩的最重要的标准，也是中央银行在具体的政策制定中首要考虑的问题，是其决策的出发点。

综合来看，实践中的通货膨胀目标制度可能具有如下一些缺点：①对短期通货膨胀稳定的过分强调可能会限制货币政策的灵活性，特别是可能会限制货币政策在稳定产出方面的作用；②通货膨胀目标制度特别强调宏观信息、决策程序和工具方面的透明度，而在目标方面又特别强调与通货膨胀相关的透明度而忽略产出等其他方面，这种片面的透明度可能会进一步扩大该制度存在的不足；③通货膨胀一旦突破目标限制而又不能及时恢复，可能会严重影响货币政策的可信性；④对中央银行自身能力的要求较高，特别是在信息处理、模型预测和判断等方面都有较高的要求。

2. 和历史经验的一致性

通货膨胀目标制度强调长期价格稳定的重要性，并明确规定了保持长期价格稳定是货币政策的根本任务，这与货币政策操作的历史经验是一致的。下面通过回顾美国货币政策的历史来加以说明。

第二次世界大战后，美联储（Fed）的货币政策操作可划分为三个阶段。第一阶段是沃克尔成为 Fed 主席之前的时期（1950~1970 年）。前沃克尔时期的一个重要特征是：周期性的货币政策成为经济波动的重要根源。当通货膨胀不是特别高时，Fed 实施扩张性的货币政策以支持经济增长，只有当通货膨胀很高，以至于社会不能容忍时才实施紧缩政策。然而由于人们预期到不久后的货币政策仍将是扩张性的，暂时的紧缩性政策的效果并不明显，这迫使 Fed 加大政策操作的力度，导致政策出现较大的波动性，并呈现出明显的周期性。第二阶段是沃克尔的反通货膨胀时代（1979~1987 年），由于此前持续的通货膨胀并未带来经济的高速增长，反而导致了滞胀，沃克尔时代货币政策的核心任务是不惜成本降低通货膨胀和通货膨胀预期，使价格稳定下来，为经济发展提供良好的环境，并为货币政策建立低通货膨胀信誉。这种反通货膨胀的成本是巨大的，它直接导致了 1981~1982 年的经济衰退。第三阶段是格林斯潘时代（1987~2005 年）。这一时期 Fed 继续努力维持公众的较低的通货膨胀预期，并充分享受这种预期下货币政策在支持经济增长、应对金融恐慌中的灵活性。

总体看来，一些得到公认的经验主要有：①货币政策很重要，特别要避免其成为经济波动的根源；②一旦形成通货膨胀和通货膨胀预期，货币政策的灵活性和有效性将大大削弱，建立低通货膨胀信誉的难度很大，反通货膨胀的成本巨大；③可信的低通货膨胀政策为Fed提供了极大的灵活性；④从长期看，货币政策应通过维持低而稳定的通货膨胀来为经济增长创造良好环境。

理论研究反映了美国货币政策的历史，有力地支持了上面提到的"基本经验"。弗里德曼（1963，1969）对货币政策的重要性和不稳定货币政策导致经济波动的研究举世公认。基德兰德和普雷斯克特（1977）、巴罗和戈登（1983）以及罗格夫（1985）等对片面追求高增长的货币政策所带来的动态不一致性问题的研究和对政策可信性的重要性的强调，说明了实行低通货膨胀政策是明智的选择，这些文献表明中央银行通过某种方式（如独立中央银行制度、保守银行家等）建立低通货膨胀信誉是至关重要的。

美国货币政策的历史和理论研究都说明了建立并维持低通货膨胀的重要性。维持长期价格稳定是中央银行的首要目标，也是货币政策为经济繁荣可能作出的最重要的贡献，这一观点已经成为当前理论界和实践界的共识。通货膨胀目标制度和这种共识是一致的。

3. 和美国货币政策制度的异同

格林斯潘时代，Fed的货币政策操作和通货膨胀目标制度相比，主要有两点区别：①对货币政策的灵活性和可信性的权衡不同，通货膨胀目标制度更注重货币政策的可信性（维持低通货膨胀信誉），而Fed更重视货币政策的灵活性。②树立低通货膨胀信誉的途径不同，通货膨胀目标制度主要是通过制度和法律规定，而Fed的信誉来源则较复杂，有更多的历史因素和个人因素。

与通货膨胀目标制度相比，格林斯潘时代的货币政策表现出了更大的灵活性。与通货膨胀目标制度特别强调通货膨胀稳定的重要性不同，格林斯潘时代的Fed更像是在保证长期价格稳定的前提下追求可持续的经济增长和充分就业目标。特别是 20 世纪 90 年代中后期以来，Fed 已经建立了低通货膨胀信誉，并充分享受这种信誉提供的灵活性。这种灵活性与美国没有采用通货膨胀目标制度有关：由于没有具体的数量化目标的限制，Fed 既可以在刚出现通货膨胀苗头时就迅速采取紧缩性措施，也可以在通货膨胀已经远远超过所谓的目标范围后基于对通货膨胀将出现回落的预期而不采取紧缩性货币政策，甚至可以在出现不太严重的通货膨胀时仍然针对它认为更为重要的经济增长问题、金融恐慌问题等实行宽松的货币政策。

与通货膨胀目标制度主要通过法律和制度来树立低通货膨胀信誉相比，Fed 的低通货膨胀信誉来源更为复杂。可以说，基于历史经验和教训所形成的关于长期价格稳定的重要性的共识、独立中央银行制度，再加上格林斯潘个人的信誉共同铸就了美国货币政策的可信性。①美国的历史经验——特别是沃克尔时代反通货膨胀的行为——树立了 Fed 的低通货膨胀信誉。当前，美国公众、政府、议会和 Fed 都承认保持长期价格稳定是 Fed 的重要目标，而且也相信 Fed 有能力维持长期价格稳定。这种共识为保持低通货膨胀信誉提供了良好的环境，同时也成为约束中央银行行为的重要因素。②独立的中央银行制度。Fed 对货币政策工具的操作不受政府意图的影响，不会出现明显的政治经济周期现象。③格林斯潘的个人信誉。格林斯潘不厌其烦地在重要场合宣称维持长期价格稳定的重要性，并且通过具体行动表明对通货膨胀的警惕：在出现通货膨胀迹象时，会及时采取紧缩性货币政策直到其确信已经能控制住通货膨胀为止。

通货膨胀目标制度和 Fed 的货币政策相比，一个自然的疑问是：是否需要通过规定短期通货膨胀目标限制中央银行的短期行为来维持低通货膨胀信誉呢？应该说，这还是一个无法从实践中得到验证，也无法从理论上充分解释的问题。不过，作为当今世界两种主要的货币政策制度，Fed 的操作模式和通货膨胀目标制度都取得了良好的业绩，它们之间也有很多相似之处。概括起来看主要有如下几个方面：①都注意通过前瞻性行为来保持通货膨胀的稳定，两者都密切关注通货膨胀和通货膨胀预期的变动，在出现通货膨胀迹象的初期就采取紧缩性货币政策；②都关注通货膨胀和经济增长走势，承认需要在两者之间做出一定的权衡，特别地，通货膨胀目标制度不是“通货膨胀疯子”，注重通过货币政策支持经济增长；③都承认货币政策的可信性和灵活性的重要性，都是一种“有约束的相机抉择”机制；④都没有宣布具体的中介目标（如货币供应量、信贷总量或汇率等），而是直接针对最终目标（如通货膨胀和经济增长）来设定短期利率水平；⑤都重视通过模型或其他分析工具来更科学、更数量化地处理经济信息，从而使政策的制定更科学、更精确；⑥中央银行的政策操作都具有较高的透明度；⑦中央银行都具有高度的独立性，其对货币政策工具的操作不受政府意图的影响。

4. 通货膨胀目标制度的优缺点

通过对比分析表明，通货膨胀目标制度的优点主要有：①承诺具有较高的可信性，有利于稳定公众的通货膨胀预期；②透明度高、可责性强，对货币政策的目标和制定程序都有明确的规定，便于公众、政府和议会对之进行监督，这使得中央银行的决策更科学、更有效；③可兼顾经济增长等其他目标，在不影响通货膨胀目标实现的前提下独立的中央银行具有较大的灵活性；④由于通货膨胀预期更稳定，中央银行可以在一定的制度约束下充分享有这种稳定的预期所带来的灵活性和有效性；⑤保持通货膨胀稳定意味着货币政策不仅要反通货膨胀，还要反通货紧缩，从而也可能是一种有效的反通货紧缩制度。

与这些优点相对立，通货膨胀目标制度也存在一些可能的缺点，特别是对短期灵活性的制约。另外需要注意的是，通货膨胀目标制度作为一种成功的政策制度，需要和各国具体的财政模式、社会制度等方面相协调，需要一个有效的货币政策传导机制。具体从我国看，可能存在的制约条件有：缺乏独立的中央银行制度；存在巨大的潜在金融风险；商业银行作为主要的货币政策传导主体对中央银行的货币政策反应不灵敏；社会变动较快，还无法建立一个可靠的模型来较好地预测经济形势和通货膨胀走势。

二、通货膨胀目标制度的两个重要特征

通货膨胀目标制度是一种在实践中产生，然后得到理论研究大力支持进而逐步完善的，从而适应现代金融、经济环境的货币政策操作框架。同时，它也是仅规定了最终目标而没有更多地限制中介目标、政策工具的货币政策分析和评价框架。通货膨胀目标制度既具有现代性也具有包容性。

1. 通货膨胀目标制度的包容性

通货膨胀目标制度与钉住货币量或汇率的传统政策框架相比，最大区别在于没有规定一个操作目标或中介目标而直接针对通货膨胀等最终目标。这意味着中央银行的自由度更大，可以充分利用各种信息变量提供的信息且通过各种反馈机制尽力实现稳定通货膨胀的最终目标，而不必再对任何操作目标或中介目标负责。这一特征体现了通货膨胀目标制度的包容性——可以说，通货膨胀目标制度是一种适应各种经济、金融制度的，包括各种类型的货币政策制度的一个分析、评价和操作框架。

（1）这种制度框架以稳定通货膨胀为最终目标，这和各种类型的货币政策制度是一致的。不论是理论界还是实践界都承认稳定通货膨胀是中央银行最重要的目标之一，而且通货膨胀目标制度并不是“通货膨胀疯子”。即使是以通货膨胀稳定为唯一目标的国家，也不要求中央银行保证通货膨胀自始至终严格和目标相一致，中央银行在稳定通货膨胀的同时也可以有稳定产出、汇率、金融市场等其他目标。从各种类型的货币政策制度看，即使是那些钉住货币量或固定汇率的国家，也要通过这种方式以更好地实现稳定通货膨胀或其他最终目标。

（2）它并没有限定特定的中介目标，在这种制度框架下，中央银行可以充分利用货币量、汇率、利率和各种宏观经济变量所提供的信息来制定货币政策，具有极大的包容性。事实上，以货币量为中介目标的政策制度在实践中并未被严格遵循，这些国家往往更重视稳定通

货膨胀等最终目标。表 6–4 给出了德国联邦银行的成绩表，从实际控制效果看，德国联邦银行恰好在一半的年份里达到公布的货币数量目标走廊，而其在实现既定的低通货膨胀目标方面成绩卓著。有的研究甚至认为，货币量作为中介目标变量的约束功能主要是迫使中央银行必须作出详细的解释并因此使政策决策更加透明。

表 6–4 德国联邦银行成绩一览表

年 份	货币增长		通货膨胀率	
	货币数量目标	实际增长①	通货膨胀目标	实际通货膨胀率②
1975	8.0	9.5	4.5	5.9
1976	8.0	8.9	4.5	4.2
1977	8.0	9.5	3.5	3.8
1978	8.0	12.1	3.0	2.7
1979	6.0~9.0	6.4	3.0	4.1
1980	5.0~8.0	4.8	4.0	5.4
1981	4.0~7.0	3.5	3.8	6.3
1982	4.0~4.0	6.1	3.5	5.3
1983	4.0~7.0	7.0	3.5	3.5
1984	4.0~6.0	4.7	3.0	2.3
1985	3.0~5.0	4.6	2.5	2.2
1986	3.5~5.5	7.7	2.5	–0.2
1987	3.0~6.0	8.0	2.0	0.3
1988	3.0~6.0	6.7	2.0	1.2
1989	5.0	4.7	2.0	2.8
1990	4.0~6.0	5.6	2.0	2.7
1991	4.0~6.0	5.2	2.0	3.6
1992	3.5~5.5	9.4	2.0	5.1
1993	4.5~6.5	7.4	2.0	4.5
1994	4.0~6.0	5.7	2.0	2.7
1995	4.0~6.0	2.1	2.0	1.8
1996	5.0	8.1	2.0	1.5
1997	3.5~6.5		2.0	
1998	5.0		2.0	

注：本表摘自伊宁（2002）。①1990 年之前为西德数据，1991 年起为全德数据；②1991 年之前为西德数据，1992 年起为全德数据。

资料来源：德国联邦银行：年度业务报告和月报。

（3）通货膨胀目标制度没有限定中央银行的政策工具和操作目标，中央银行可以采用适合自己国家金融体系的政策工具。现在已采用通货膨胀目标制度的国家大都有发达的金融市场，短期利率作为政策工具是有效的，有些文献也把发达的金融市场和有效的利率工具作为采用通货膨胀目标制度的前提条件。不过，米什金等（1999）指出，这些条件是提高货币政策有效性的重要因素，是现代金融体系的必然要求，与具体的政策制度无关。事实上，墨西哥被认为是通货膨胀目标制度国家，其中央银行就以基础货币为操作工具和操作目标。

从通货膨胀目标制度的包容性看，除了那些采用货币局等严格的固定汇率制度的国家外，当前几乎所有国家的货币政策都可采用这种框架来分析和评估，其中包括“货币政策的目标是维持价格稳定、适中的长期实际利率和充分就业”的美国和“货币政策的目标是维持币值稳定并以此促进经济增长”的中国。

2. 通货膨胀目标制度的现代性

作为中央银行适应金融自由化、全球化的环境而创造出的应对性的制度，通货膨胀目标制度是和现代金融、经济体制相适应的。它反映了现代经济、金融发展的要求，反映了中央银行和货币政策制度的发展方向，反映了相关理论研究的发展趋势。这里把这种“与时俱进”的特征称为“现代性”（一个很不规范的称呼）。如果说包容性反映的是通货膨胀目标制度的普适性的话，则现代性反映的就是这种制度对中央银行、金融、经济等方面的高要求。

（1）这种制度要求预期渠道在货币政策的传导中发挥重要作用。前面章节的理论研究主要是从预期角度进行分析的，把中央银行的货币政策操作主要看做是一种预期管理。没有预期管理，就没有规则和相机抉择之间的区分；没有预期管理，传统的传导渠道所固有的缺陷（指弗里德曼所批评的“长而可变的时滞”）可能就无法克服，最终目标制度就很难得到有效实施。

（2）强调中央银行的制度建设。现代中央银行以一系列正式的法律和规章制度为基础，具有明确的责任和权利，主要包括中央银行的独立性（工具独立）、严格科学的决策程序、信息和决策过程的透明度等方面。这些制度至少具有两方面的作用：一是从政治制衡角度看，有利于明确中央银行和其他政府部门（特别是财政部门）之间的责任和权利，便于宏观调控部门之间分工合作，并有利于减弱政治局势的变动可能带来的经济波动；二是从预期管理角度看，有利于增强货币政策的可信性，享受规则带来的好处。虽然在现代市场经济中不能再通过中介目标有效约束中央银行的相机抉择行为、保证货币政策的可信性，但制度建设，特别是增强决策的透明度和责任约束的规章制度，作为一种替代方式能有效提高货币政策的可信性。

（3）反映了中央银行的专业化趋势。现代货币政策操作日益依靠繁多的信息处理、复杂的模型分析和深入的经济政策研究。从西方的实际情况看，有大量专业人士进入了中央银行，同时中央银行和经济学等相关理论研究之间的交流合作也更为密切。这种专业化特征与通货膨胀目标制度在信息方面的极大包容性也是一致的。与传统的中介目标制度相比，通货膨胀目标制度的一个显著优势是不再拘泥于单一中介目标的约束，可以充分利用货币量、汇率、利率和各种宏观经济变量所提供的信息来制定货币政策，可以充分利用各种渠道来提高货币政策传导机制的有效性。以英格兰银行为例，其监测的经济变量主要包括各种通货膨胀率、经济部门的定价行为、各层次的货币供应量、从官方利率到市场利率的各种利率、英镑对主要货币的汇率、总供给和总需求以及劳动力市场的状况等。

第四节　本章小结

首先，简要介绍了实践中的通货膨胀目标制度，包括其产生背景和主要特征；其次，给出了支持通货膨胀目标制度的主要理论，包括通货膨胀目标制度出现之前的一些理论观点和通货膨胀目标制度出现之后的现代货币政策理论；最后，基于其实践特征和理论基础又重新考察了通货膨胀目标制度的优缺点。特别地，为了我国更好地借鉴这种制度，这里分析了其包容性和现代性。包容性意味着这种制度具有借鉴意义，而现代性则意味着正式采用这种制度的要求很高。目前我国还不能照搬国外已存在的通货膨胀目标制度，更实际的做法可能是既借鉴其合理性逐步改善我国的货币政策操作，又通过制度建设来逐步形成成熟的现代化的中央银行。

本章的一些重要观点归纳如下：

（1）通货膨胀目标制度的主要特征有：①规定一个明确的数量化的通货膨胀目标，这是通货膨胀目标制度得以确立的标志；②该目标是中央银行的首要目标，中央银行对该目标负责；③为了实现所公布的目标，中央银行应具有一定的权利，同时受到相应的约束。

（2）通货膨胀目标制度的产生背景。是否采用通货膨胀目标制度是由各国特定的政治经济状况和历史条件决定的，货币中介目标的失效和固定汇率制度的失败是选择通货膨胀目标制度的主要原因。

（3）在通货膨胀目标制度出现之前就形成的一些观点是该制度的重要理论基础，主要包括：①货币政策长期是中性的，短期是非中性的，但其短期作用具有不确定性；②通货膨胀是有成本的，其中高通货膨胀是灾害性的；③弗里德曼对“行动主义”的批评；④传统框架下对通货膨胀偏差问题的研究。

（4）新凯恩斯主义是支持通货膨胀目标制度的重要理论基础。①在通常情况下实现价格的稳定等价于使产出稳定在其自然水平附近；②由于名义黏性是动态交错的，并且整体价格的波动通过部分价格的变动表现出来，因此导致了相对价格扭曲，使资源配置不合理，价格波动是有成本的；③在新凯恩斯主义框架下可得到与代表性消费者的效用函数相一致的社会福利函数，社会福利与通货膨胀的波动有关；④新凯恩斯主义框架更明确地说明了稳定性偏差和货币政策规则的实质和优势；⑤新凯恩斯主义为分析货币政策提供了更合理的分析方法和分析框架。

（5）实践中的通货膨胀目标制度的优点主要有：①承诺具有较高的可信性；②透明度高、可责性强；③可兼顾经济增长等其他目标；④灵活性和有效性；⑤货币政策也是一种有效的反通货紧缩制度。

（6）实践中的通货膨胀目标制度可能具有如下一些缺点：①对短期通货膨胀稳定的过分强调；②片面强调通货膨胀方面的透明度；③通货膨胀一旦突破目标限制而又不能及时恢复，可能会严重影响货币政策的可信性；④对中央银行自身能力的要求较高。

（7）通货膨胀目标制度的包容性。可以说，通货膨胀目标制度是一种适应各种经济、金融制度的，适用于各种类型的货币政策制度的分析、评价和操作框架。这种制度框架以稳定通货膨胀为最终目标，与各种类型的货币政策制度是一致的；它并没有限定特定的中介目标，在这种制度框架下中央银行可以充分利用货币量、汇率、利率和各种宏观经济变量所提供的信息来制定货币政策；它没有限定中央银行的政策工具和操作目标，中央银行可以采用适合自己国家金融体系的政策工具。

（8）通货膨胀目标制度的现代性。作为中央银行适应金融自由化、全球化的环境而创造出的应对性的制度，通货膨胀目标制度是和现代金融、经济体制相适应的。通货膨胀目标制度的现代性反映了这种制度对中央银行、金融、经济等方面的高要求：这种制度要求预期渠道在货币政策的传导中发挥重要作用，强调中央银行的制度建设，反映了中央银行的专业化趋势。

第七章　相关理论研究和实践经验对我国的借鉴意义

本章探讨了最优货币政策规则理论和通货膨胀目标制度的实践经验对我国的借鉴意义，主要包括三部分：首先简要归纳了我国当前货币政策制度的主要特征，认为我国中央银行制度和货币政策操作方式仍处于转型阶段，虽然货币量作为中介目标在政策传导中作用明显，但我国并不是严格以货币量为中介目标的，更像是一种最终目标制度。这种转型期的特殊性决定了不能简单套用最优货币政策最高理论来分析、评价我国的货币政策，更不能直接采纳西方通货膨胀目标制度的实践经验和具体措施来规划我国的货币政策制度。不过相关理论和实践经验具有重要的借鉴意义。其次分析了最优货币政策规则理论对我国货币政策分析的借鉴意义，指出简单套用新凯恩斯主义分析框架存在的问题。最后探讨了通货膨胀目标制度及其实践经验对我国的借鉴意义。与第六章给出的通货膨胀目标制度的现代性和包容性相对应，这里从两个角度进行了分析：一个角度是把通货膨胀目标制度作为我国中央银行制度建设的目标模式，从原则上探讨了实现该目标模式所应关注的几个方面；另一个角度假定在我国当前转型经济中采用了通货膨胀目标制度，分析特殊环境下这种货币政策制度的操作问题，特别是从我国经济的不平衡特征出发，以产业间的不平衡为例分析了货币政策所应稳定的通货膨胀目标指数的构造问题。

第一节　我国货币政策制度的主要特征

自从 1984 年开始建立中央银行体制以来，经过 1994 年的进一步改革和 1995 年《中国人民银行法》的颁布实施，以及 1998 年取消对商业银行贷款规模的控制，中国人民银行正逐步成为一个现代中央银行。

历史上的中国人民银行既是中央银行又是商业银行，是一个垄断全国一切金融业务的全能银行，中国人民银行的贷款计划只是国家投资计划的一个组成部分，“货币政策”这个名字在政府文件中并不存在。1984 年，国务院决定由中国人民银行专门行使中央银行的职能，虽然由于种种原因中国人民银行未能较快摆脱传统体制的羁绊，但是 1984 年成为我国中央银行和货币政策研究的起点是毋庸置疑的（李扬，1999；谢平，1996）。

从货币政策的最终目标看，稳定通货膨胀逐渐成为我国货币政策的首要目标。长期以来，我国的货币政策是“双重目标论”占主导地位。对我国货币政策目标的最初的官方表述出现在 1986 年通过的《中华人民共和国银行管理条例》中，该条例将金融机构的任务界定为“发展经济、稳定货币、提高社会经济效益”。货币政策既有稳定通货膨胀的任务，也有稳定经济增长的任务（严格地说，发展经济是比稳定经济增长更宽泛的一个目标）。在实际操作中，除了在通货膨胀特别严重而不得不整顿时期之外，大部分时期是经济增长目标占主导地位的，这固然是当时的体制环境造成的（特别是传统的国有企业存在预算软约束，投资需求旺盛），不过与货币政策目标的不明确也有关系。1989 年和 1993 年左右发生的两次高通货膨胀促使理论界和实践界重新审视我国的货币政策目标。指导第二轮金融体制改革的文件——《国务院关于金融体制改革的决定》和 1995 年 3 月通过的《中国人民银行法》将货币政策的目标表述为“保持币值稳定，并以此促进经济增长”。这种表述给出的信息是，保持货币币值稳定是中国货币政策的首要目标。

从货币政策中介目标看，我国逐渐形成了以货币量为中介目标的政策操作框架。一直到 1994 年，“现金发放计划”和“贷款限额计划”还是中国人民银行控制货币供应和全社会信用总量的主要工具。1994 年 9 月，我国首次向社会公布 M0、M1 和 M2 指标，从 1996 年起正式将货币供应量 M1 和 M2 确定为货币政策的中介目标。但直到 1998 年 1 月 1 日我国中央银行才取消了对国有商业银行信贷规模的指令性计划，开始采用指导性计划，这是我国货币政策操作方式发生重大转变的标志。

表 7-1　中国货币政策传导机制

	政策工具		操作目标	中介目标	最终目标
	主要工具	辅助工具			
改革开放后 20 年（1979~1997 年）	信贷现金计划 中央银行贷款	利率政策 信贷政策 再贴现 公开市场操作 特种存款	贷款规模到基础货币	贷款规模到货币供应量	从发展经济、稳定物价到稳定货币、并以此促进经济增长
间接调控初期（1998~2000 年）	中央银行贷款 利率政策 公开市场操作	存款准备金 再贴现 指导性信贷计划 信贷政策 窗口指导等	基础货币（监测流动性）	货币供应量（监测利率、汇率）	稳定货币，并以此促进经济增长

注：本表摘自谢平、罗雄（2002）。谢平、罗雄（2002）摘自易纲的《中国货币政策框架》，2001 年。

从货币政策操作工具看，我国逐渐形成了以公开市场操作为主的多种政策工具并存的局面。目前，我国使用的货币政策工具大体包括如下 10 种：[①] 指导性贷款计划、利率管制、存款准备金、公开市场业务、中央银行对政策性银行再贷款、政策性金融债、对商业银行再贷款、再贴现、特种存款、中央银行票据。

从历史演变和当前现状看，当前我国采用的是以货币供应量为目

① 摘自谢多（2001），其中把谢多所指的中央银行融资券改为中央银行票据。

标的政策框架，公开市场操作是主要的货币政策工具，操作目标为基础货币，中介目标是货币供应量，最终目标为通货膨胀率和经济增长率。同时应该看到，我国中央银行并没有严格遵守预先公布的货币供应量目标，而且目标本身也不断进行调整，因此，与其说我国是严格的中介目标框架，还不如说是一种最终目标框架。

表 7-2 1994~2004 年 M1 和 M2 的目标值和实际值、价格指数的目标值和实际值

年份	M1		M2		物价调整目标（CPI 或 RPI）	实际的物价指数（CPI 或 RPI）
	目标	实际	目标	实际		
1994	21	26.2	24	34.5	10（RPI）	21.7
1995	21~23	16.8	23~25	29.5	15（RPI）	14.8
1996	18	18.9	25	25.3	10（RPI）	6.1
1997	18	16.5	23	17.3	6（RPI）	0.8
1998	17	11.9	16~18	15.3	3（RPI），5（CPI）	-0.2
1999	14	17.7	14~15	14.7	2（RPI），4（CPI）	-0.4
2000	14	16	14	12.3	2（RPI），4（CPI）	1.1
2001	15~16	12.7	13~14	14.4	1~2（CPI）	0.4
2002	13	16.8	13	16.8	1~2（CPI）	0.2
2003	16	18.7	16	19.6	1（CPI）	0.8
2004	17		17		3（CPI）	

注：本表摘自陈利平（2005）。

目前我国利率市场化正在有步骤地推进，中央银行制度和货币政策操作框架正处于转型期。与这种转型相一致，我国中央银行和货币政策实践具有如下一些特征：

（1）货币政策传导机制较复杂，以量为主，同时结合价的调节。我国目前主要的传导渠道仍然是银行信贷渠道，但已有不少文献指出银行信贷和货币量作为我国中介目标是无效的。其中关键的问题是随着市场经济的发育，特别是商业银行改革的推进，中央银行对信贷规模和货币量的控制能力越来越差。而且，作为一种量的指标，如果政府控制过紧，“一刀切”的结果就不可避免。鉴于此，我国中央银行一方面通过信贷渠道调控货币总量，另一方面还通过结构性政策来缓解总量控制的负面影响，并经常利用利率等价方面的渠道来进行辅助性宏观调控。在转型期，中央银行一方面要实现宏观调控目标，另一方面还要尽量减少政策调整对经济的负面影响，传导机制的复杂性决定了中央银行宏观调控的复杂性。

（2）我国中央银行除了要进行宏观调控外，还有建设现代化中央银行的任务，制度建设不仅是为了提高中央银行在短期内的宏观调控能力（本书理论分析中所强调的政策规则及制度建设的目的），而且制度建设本身也是中央银行建设的重要任务之一。改造中央银行成为现代化的中央银行，培育现代化的商业银行和其他金融主体，建设发达的金融市场，这三者要相互配合才能推进金融体制的改革；中央银行的改革和政府其他部门的改革要相互配合才能推进政府体制的改革和宏观调控的现代化。可以说，中央银行的制度建设是建立现代社会主义市场经济体制的一个重要组成部分。

（3）金融市场不发达，预期渠道作用不明显，中央银行的预期管理效果差。虽然我国中央银行在近期比较重视预期渠道，而且预期管理也引起了私人经济个体的反响，但受到金融市场和经济体制的限制，预期渠道还不是主要的传导渠道，预期管理也不是中央银行进行货币政策操作的主要方式。目前阻碍预期渠道的除了金融体制方面的因素外，还有私人经济个体和政府方面的因素，需要在较长时期内逐步解决。预期渠道不畅通意味着我国货币政策传导渠道仍然以传统的渠道为主，仍然要受到弗里德曼所说的“长而可变的时滞”的困扰；同时也意味着货币政策规则相对于相机抉择的优势减少，通过规则来提高货币政策有效性的效果不会太明显。

第二节　直接套用最优货币政策分析框架可能存在的问题

最优货币政策规则理论的基本观点对我国的理论研究和实践是有

借鉴意义的，但鉴于我国金融、经济的特殊性，不能直接套用西方货币政策分析框架。

我们可以直接套用新凯恩斯主义货币政策分析框架来分析我国的货币政策问题。具体方法有两种：

（1）采用校准方法估计新凯恩斯主义结构方程中各参数的具体值，然后再进行最优货币政策分析。由于新凯恩斯主义模型具有严格的微观基础，和实际经济周期理论一样可采用校准方法得到各参数的具体值，国外文献大都采用这种方法。

（2）采用 GMM 等估计方法直接估计参数值，国外也有不少文献采用这种方法。

然而不论从理论上估计还是从实际数据计量估计，得到的结果都不太令人满意。而且两种方法估计的结果不一致，由 GMM 方法估计得到的前瞻性预期变量的系数值较小，而由校准方法得到则较大，到底是实际数据估计得到的结果更合理还是从理论角度得到的结果更合理还无法判断。

一、采用 GMM 方法直接估计新凯恩斯主义模型

刘斌（2003）等采用 GMM 方法估计了我国的新凯恩斯主义模型，并进行了简单的最优化分析。这种分析和现代框架下的最优货币政策分析一样可以清楚地说明包含前瞻性预期时规则相对于相机抉择的优势。但如果估计方法有问题，估计结果和实际情况相差太远，则这种直接套用最优货币政策分析框架得到的结果并不具有现实意义，只是又提供了一个说明规则优势的例子。这里采用我国 1978~2004 年的年度数据直接估计了新凯恩斯主义结构方程，所得到的估计值虽然和刘斌采用季度数据得到的结果有所差别，但参数值都不违背基本的经济理论要求，都能说明问题。

所用数据包括 1978~2004 年的实际 GDP、商品零售价格指数、银行一年期存款利率等。在数据处理中，用 HP 滤波方法分离出实际

GDP 中的趋势部分，然后用实际产出减去趋势得到周期性成分，并记为 x_t；对商品零售价格指数取对数再求差分以计算出通货膨胀，记为 π_t；一年期存款利率根据利率变动的具体日期进行了调整并表示为对数形式，具体方法可用公式表示出来：记为 i 一年期存款利率（百分比形式），则变动后的利率为 $i=\ln(1+\tilde{i}/100)$。

下面直接根据处理后的数据序列 i_t、x_t 和 π_t 估计新凯恩斯主义结构方程，所要估计的包含滞后项的跨期 IS 方程和混合 Phillips 方程分别为：

$$x_t = \theta x_{t-1} + (1-\theta)E_t x_{t+1} - \sigma(i_t - E_t\pi_{t+1} - r^*) + e_t$$

$$\pi_t = \phi\pi_{t-1} + (1-\phi)\beta E_t\pi_{t+1} + \kappa x_t + u_t \quad (7-1)$$

其中，这里没有对利率进行标准化，因此 IS 方程中由参数 r^* 表示实际利率。β 表示贴现率，是一个接近于 1 的参数，这里假定其为 1 而不再估计。下面用 GMM 方法估计第一个方程中的 θ，σ，r^* 以及第二个方程中的 ϕ 和 κ。估计得到的跨期 IS 方程为：

$$x_t = 0.489x_{t-1} + (1-0.489)x_{t+1} - 0.163(i_t - E_t\pi_{t+1} - (-0.006))$$

s.e.	(0.070)	(0.079)	(0.014)
t-ratio	(6.96)	(2.05)	(-0.41)

$R^2 = 0.85$　D.W. = 1.39　S.E.R. = 0.014　J = 0.197　(7-2)

其中，工具变量包括常数项、滞后两期的 x_t、π_t，以及 i_t 和其两期滞后项。从该估计结果看，三个参数分别为 $\theta=0.489$，$\sigma=0.163$，$r^*=-0.006$。实际利率为负不符合经济学常识，但该项实际上是该回归方程的常数项，因此没有剔除。由于我国的通货膨胀长期处于较高水平，与通货膨胀预期相比名义利率较低，因此估计得到的实际利率为负是不奇怪的。

估计得到的混合 Phillips 方程为：

$$\pi_t = 0.396\pi_{t-1} + (1-0.396)\pi_{t+1} + 0.295x_t$$

s.e.	(0.042)	(0.119)
t-ratio	(9.46)	(2.48)

$R^2 = 0.77$　D.W. = 2.29　S.E.R. = 0.032　J = 0.203　(7-3)

其中，工具变量为常数项和滞后两期的 x_t、π_t、i_t。从该估计结果看，两个参数 $\phi = 0.4$，$\kappa = 0.3$。

二、可能存在的问题

基于上述估计结果，在现代货币政策分析框架内可进行最优货币政策分析。不过该结果可能与我国的实际不相符。一方面，从我国实际情况看，银行存贷款利率还（部分）受到中央银行的管制，债券市场历史较短，利率渠道还不是货币政策的主要传导渠道。这与新凯恩斯主义假定短期利率是中央银行的政策工具是有矛盾的，我国现实情况和新凯恩斯主义模型所描述的经济运行机制有较大的区别。另一方面，改革开放以来，我国金融、经济体制发生了明显的变化，采用单一的模型来拟合现实不能反映这种变化，模型设定可能与实际有较大差别，而且 GMM 估计方法对数据量、数据质量等的要求较高，我国数据历史较短且质量较差，对估计结果有不利影响。

为了分析我国实际情况与上述估计结果之间的差别，这里仍然假定利率是我国货币政策工具的合意代理指标，首先估计我国的利率规则，用该规则来表示我国货币政策操作的具体情况。由估计得到的利率规则和结构方程计算得到一个均衡结果，该均衡结果是对我国实际均衡结果的反映。

采用与估计结构方程相同的数据估计我国的利率规则，即利率对产出缺口和通货膨胀变动的反应函数。假定中央银行的利率设定具有前瞻性，对预期通货膨胀或产出缺口作出反应，剔除不显著变量，估计得到如下回归方程，采用的估计方法是 GMM 方法。

$$i_t = 0.034 + 0.147\pi_{t-2} + 0.199\pi_{t-1} + 0.262\pi_{t+1}$$

$$\begin{array}{llll} \text{s.e.} & (0.037) & (0.056) & (0.064) \\ \text{t-ratio} & (3.96) & (3.54) & (4.10) \end{array}$$

$$R^2 = 0.78 \quad D.W. = 1.42 \quad S.E.R. = 0.014 \quad J = 0.012 \tag{7-4}$$

其中，工具变量是滞后两期的 x_t 和 π_t。从该方程看，中央银行的利率设定主要考虑的是通货膨胀因素，特别是利率对超前一期的通货膨胀作出了反应，这说明中央银行的政策具有前瞻性。对滞后通货膨胀的反应，一方面表明中央银行根据近期通货膨胀走势来确定利率；另一方面也表明利率设定中存在平滑现象，进一步考虑利率平滑得到如下估计结果：

$$i_t = 0.014 + 0.159\pi_{t-1} + 0.172\pi_{t+1} + 0.505i_{t-1}$$

s.e.　(0.029)　(0.030)　(0.060)

t-ratio　(5.45)　(5.75)　(8.47)

$R^2 = 0.89$　D.W. = 1.78　S.E.R. = 0.009　J = 0.049　(7–5)

估计方法仍然是 GMM 方法，工具变量为常数项和滞后两期的 x_t、π_t 和 i_t，其中，利率的设定仍然与上期的通货膨胀相关。有意思的是中央银行在确定当前利率时，除了对滞后期的通货膨胀作出反应外，主要考虑的是预期通货膨胀而不是当期通货膨胀，当期通货膨胀没有出现在该回归方程中。

无论是包含还是不包含滞后利率的货币政策规则都只对通货膨胀作出反应而不包含产出缺口。从利率和产出缺口之间的相关系数看，同期相关性为 0.08，产出缺口滞后和超前一期的相关系数分别为 0.11 和 0.10，而利率和通货膨胀的同期相关系数为 0.756，通货膨胀滞后一期和两期的相关系数为 0.84 和 0.65，超前一期的相关系数为 0.46。这种结果似乎表明我国货币政策更关注通货膨胀，并对通货膨胀作出了积极反应，但从两个回归结果看，系数都很小，不包含利率平滑的回归方程（7–4）中通货膨胀的系数总和为 0.608，这意味着当通货膨胀升高 1 个百分点时，名义利率只升高 0.608 个百分点，或者说随着通货膨胀的升高，实际利率是下降的，名义利率对通货膨胀的反应不足；从包含利率平滑的回归方程（7–5）看，结论也一样，名义利率对通货膨胀的反应系数也只有 0.66，反应程度明显不足。

由结构方程（7–2）、（7–3）和政策规则（7–4）或（7–5）构成的包含预期的线性差分方程的解不具有唯一性，这种货币政策规则将导致爆炸性通货膨胀或严重通货紧缩。其直观含义很清楚：如果出现一正的通货膨胀冲击，名义利率反应不足，实际利率下降，需求将增加，通货膨胀进一步上升；如果出现一负的通货膨胀冲击，利率下降的幅度小于通货膨胀降低的幅度，实际利率上升，这进一步抑制了总需求，使通货膨胀继续下降。

我们可以通过正式的特征根检验方法来判断这种政策规则是否能保证均衡解的唯一性。首先把政策规则例如（7–4）代入结构方程（7–2）消掉政策工具变量得到：

$$x_t = -0.00625 + 0.489x_{t-1} + 0.511E_tx_{t+1} - 0.023961\pi_{t-2} - 0.032437\pi_{t-1} + 0.120294E_t\pi_{t+1} + e_t \tag{7–6}$$

该方程和结构方程（7–3）共同决定通货膨胀和产出缺口的运动路径，把两式表示为状态空间形式为：

$$\begin{pmatrix} 1 & 0 & 0 & 0 & 0 & 0 & 0 & 0 \\ 0 & 1 & 0 & 0 & 0 & 0 & 0 & 0 \\ 0 & 0 & 1 & 0 & 0 & 0 & 0 & 0 \\ 0 & 0 & 0 & 1 & 0 & 0 & 0 & 0 \\ 0 & 0 & 0 & 0 & 1 & 0 & 0 & 0 \\ 0 & 0 & 0 & 0 & 0 & 1 & 0 & 0 \\ 0 & 0 & 0 & 0 & 0 & 0 & 0.511 & 0.120294 \\ 0 & 0 & 0 & 0 & 0 & 0 & 0 & 0.59796 \end{pmatrix} \begin{pmatrix} 1 \\ e_{t+1} \\ u_{t+1} \\ \pi_{t-1} \\ x_t \\ \pi_t \\ E_tx_{t+1} \\ E_t\pi_{t+1} \end{pmatrix} =$$

$$\begin{pmatrix} 1 & 0 & 0 & 0 & 0 & 0 & 0 & 0 \\ 0 & 0 & 0 & 0 & 0 & 0 & 0 & 0 \\ 0 & 0 & 0 & 0 & 0 & 0 & 0 & 0 \\ 0 & 0 & 0 & 0 & 0 & 1 & 0 & 0 \\ 0 & 0 & 0 & 0 & 0 & 0 & 1 & 0 \\ 0 & 0 & 0 & 0 & 0 & 0 & 0 & 1 \\ 0.00652 & -1 & 0 & 0.023961 & -0.489 & 0.032437 & 1 & 0 \\ 0 & 0 & -1 & 0 & 0 & -0.396 & -0.295 & 1 \end{pmatrix} \begin{pmatrix} 1 \\ e_t \\ u_t \\ \pi_{t-2} \\ x_{t-1} \\ \pi_{t-1} \\ x_t \\ \pi_t \end{pmatrix} + \begin{pmatrix} 0 \\ -\xi_{t+1} \\ -\zeta_{t+1} \\ 0 \\ 0 \\ 0 \\ 0 \\ 0 \end{pmatrix} \tag{7–7}$$

其中，前定变量有 6 个，分别为 1、e_t、u_t、π_{t-2}、x_{t-1}、π_{t-1}，前瞻

性变量有 2 个，分别为 x_t、π_t。两边取期望，并把所有变量组成的向量记为 X，则该差分方程可化为 $GE_tX_{t+1} = DX_t$，G 和 D 为相应的系数矩阵。进一步地，两边左乘 G^{-1} 得到 $E_tX_{t+1} = AX_t$ 形式，其中 $A = G^{-1}D$。差分方程是否可得到唯一的均衡解，取决于矩阵 A 的稳定特征根（绝对值小于 1）的个数，只有当稳定特征根的个数等于前定变量的个数时才存在唯一的均衡解；如果稳定特征根的数目少于前定变量的数目，则不存在稳定解；如果稳定特征根的数目大于前定变量的数目，则存在无限多个稳定解。

采用 Schur 矩阵分解方法可把系数矩阵化为一个上三角矩阵，其中对角线上的元素为特征根，该差分方程的稳定特征根的个数为 7，大于前定变量的个数 6，因此有无数个稳定解。

国内关于泰勒规则的研究结果也表明我国利率不满足泰勒原理。直接采用泰勒的做法对我国数据进行最小二乘估计得到的结果很差，不能通过基本的计量检验。谢平和罗雄（2002）根据我国 1992~2001 年拆借市场 7 天期利率的季度数据采用 GMM 方法对含有利率平滑的前瞻性广义泰勒规则进行了估计，得到的（预期）通货膨胀系数为 0.81，不满足泰勒原理。

谢平和罗雄（2002）采用的这种广义利率规则假定中央银行是前瞻性的，在 t 期的利率目标是根据对未来通货膨胀的预期和产出缺口而设定的，$i_t^* = \bar{i} + \beta(E_t\pi_{t+n} - \pi^*) + \gamma y_t$，但中央银行对利率的调整是平滑的，$i_t = (1 - \rho)i_t^* + \rho i_{t-1} + v_t$。选取 n = 4（四个季度），由这两式可得到中央银行的利率规则为：

$$i_t = (1 - \rho)\alpha + (1 - \rho)\beta E_t\pi_{t+4} + (1 - \rho)\gamma y_t + \rho i_{t+1} + \varepsilon_t \tag{7-8}$$

其中，$\bar{i}$ 表示长期均衡名义利率，π^* 为通货膨胀目标，$\alpha = \bar{i} - \beta\pi^*$ 表示均衡实际利率，ρ 反映了中央银行利率的平滑程度，v_t，ε_t 为扰动项。谢平等估计的结果为：

$$i_t = (1 - 0.82) \times 1.84 + (1 - 0.82) \times 0.81E_t\pi_{t+4} + (1 - 0.82) \times 2.84y_t + 0.82i_{t-1} \tag{7-9}$$

谢平等是用线性趋势来估计潜在产出的。这里把样本数据扩充为1992~2004 年，并采用 H-P 滤波方法估计潜在产出，得到的估计结果为：

$$i_t = (1-0.93)\times 6.10 + (1-0.93)\times 0.86E_t\pi_{t+4} + (1-0.93)\times 0.43y_t + 0.93i_{t-1} \quad (7\text{-}10)$$

其中，选用的工具变量为过去四期的产出缺口、利率和环比通货膨胀。两式对产出缺口系数的估计是不同的，这反映了产出缺口本身估计方法的不同。估计的利率平滑程度有明显不同可能是由于样本的差异，这里采用的是 1992~2004 年的数据，2001 年以后我国的利率几乎没有变动，这增加了估计方程中利率的平滑程度。但这里估计的预期通货膨胀系数为 0.86，该系数仍然小于 1，表明我国货币政策不满足泰勒原理，该结果和谢平等的结果是一致的。

陆军和钟丹（2003）通过协整方法估计出的泰勒规则为：

$$i_t = 1.527\times R_t^* + 1.316\times\pi_t + 0.497\times Y_t + 0.089\times PGAP_t \quad (7\text{-}11)$$

其中，采用生产函数法估计潜在产出，进而求出产出缺口，记为 Y_t，变量 R_t^* 和 $PGAP_t$ 分别表示均衡实际利率和通货膨胀缺口。虽然从表面上看该回归方程和泰勒规则相类似，并且通货膨胀的系数也大于 1，但由于作者假定通货膨胀目标和均衡利率都是可变的，其中通货膨胀目标由费雪交易方程式 $P^* = MV^*/Y^*$ 得到，均衡实际利率 R_t^* 是一年期银行存款利率减去通货膨胀得到的，这两个变量分别和货币政策、通货膨胀有关，因此不能简单认为其满足泰勒原理。

第三节　通货膨胀目标制度对我国的借鉴意义

第六章给出了两个看待通货膨胀目标制度的角度：一是从通货膨胀目标制度的现代性出发，把通货膨胀目标制度看做是我国中央银行改革的目标模式，分析如何通过制度建设来逐步建成正规的通货膨胀目标制度；二是从通货膨胀目标制度的包容性出发，可以把我国看做是一个通货膨胀目标制度国家，在该制度框架内分析我国特殊环境下如何进行货币政策操作才是最合意的。

一、中央银行的制度建设

这里把通货膨胀目标制度看做是一种与现代市场经济相适应的中央银行制度，是我国中央银行改革的目标模式，并分析如何通过制度建设把我国货币政策框架建设成为一个正规的通货膨胀目标制度框架。国内外相关研究很多，这里只是一些原则性的说明。

1. 从三方面加强中央银行制度建设

与通货膨胀目标制度的目标模式相比，我国至少还需要在以下三方面加强制度建设：货币政策的目标设定、具体的操作程序和中央银行的独立性。

（1）澄清货币政策的首要目标是维持价格稳定。通货膨胀目标制度的一个重要特征是强调稳定通货膨胀的重要性，把维持通货膨胀的稳定作为货币政策的首要目标，并具体给出了所要达到的数量化指标。我国当前虽然不必要硬性规定具体的数量化的通货膨胀目标，但应该进一步明确：在短期内，货币政策的首要目标是稳定通货膨胀；在长期，货币政策的最重要作用是保持通货膨胀的稳定。这既是通货膨胀目标制度的特征，也符合当前理论界和实践界对货币政策的基本看法。当前对货币政策的流行观点认为货币政策在长期是中性的，它不影响实际产出等实际变量和实际经济活动，只影响通货膨胀等名义变量，货币政策是影响通货膨胀走势的最重要因素。根据这种观点，货币政策的长期目标应该是维持价格水平的稳定。但该理论同时承认货币政策在短期是非中性的，公众常常怀疑中央银行可能利用货币政策追求短期内产出的较高增长，因此预期通货膨胀将会升高，这种预期影响公众的决策，导致通货膨胀上升。为了稳定公众的通货膨胀预期，需要从制度上确保货币政策以稳定通货膨胀为主要目标，以约束中央银行和政府的短期行为。

（2）提高货币政策操作的透明度。由于从货币政策工具的变动到最终目标对之作出反应需要一段较长的时滞，其间还可能会出现许多新情况，为了稳定公众的通货膨胀预期，仅仅规定一个明确的货币政策目标是不够的，还需要采取措施使公众相信中央银行确实在追求，并有能力实现该目标。提高货币政策的透明度，特别是提高中央银行制定和执行货币政策的过程的透明度是一种有效方式。国际货币基金组织在 1999 年 9 月 26 日通过的《货币和金融政策透明度良好行为准则：原则宣言》中把货币政策透明度定义为“一种环境，即在易懂、容易获取并且及时的基础上，让公众了解有关政策目标及其法律、制度和经济框架，政策制定及其原理，与货币和金融政策有关的数据和信息，以及机构的职责范围”。该定义不仅要求公开中央银行的责任和目标，公开相关的经济、政策信息，而且要求公开货币政策决策的程序和过程。英格兰银行在其网站上公布了所使用的模型以及运用模型进行预测的结果，并且将如何根据专家的主观判断来调整模型的预测结果的方法介绍给公众；美联储在联邦公开市场委员会的每次会议之后，都向社会公布详细的会议纪要和对某一项措施的投票率及投反对票的委员的姓名，而且要求委员会的每一个成员拿出自己的分析、预测报告，并在一定时间后向公众公布。

近年来，我国在货币政策透明度的建设上已取得了很大的进步，但仍存在不少需要改进的地方，如货币政策的分析框架、对未来经济金融形势的预测等方面的信息公布得就很少。

（3）提高中央银行的独立性。独立的中央银行制度是指把制定和执行货币政策的权力交给一个独立于政府和政治的中央银行。从政治方面看，独立的中央银行制度符合权力制衡的原则，通过法律规定货币政策的目标，并把制定货币政策的权力委托给中央银行，货币政策方面的成功和失误由中央银行负责，便于追究中央银行的责任，增强中央银行的责任约束，提高中央银行制定货币政策的效率。同时，明

表 7–3　中国人民银行 2004 年公布金融统计数据时间表

披露方式	中国人民银行网页	《金融时报》	《中国人民银行季报》	《中国人民银行年报》	《金融年鉴》
金融机构信贷收支表	月后 15 日	月后 15 日左右，以新闻稿公布上月主要指标，季后 15 日左右公布上季报表。	季后 8 周	年后 5 月	年后 10 月
国家银行信贷收支表		同上			同上
其他银行信贷收支表		同上			
货币供应量统计表	月后 15 日	同上	季后 8 周	年后 5 月	年后 10 月
黄金储备统计表	季后 15 日	同上			
外汇储备统计表	同上	同上	季后 8 周	年后 5 月	年后 10 月
汇率统计表	同上	同上		同上	同上
货币当局资产负债表	月后 4 周		季后 8 周	同上	同上
货币概览	同上		同上	同上	同上
银行概览	同上		同上	同上	同上
存款货币银行资产负债表			同上	同上	同上
特定存款机构资产负债表			同上	同上	同上
国有商业银行资产负债表			同上	同上	同上
其他商业银行资产负债表			同上	同上	同上
城市商业银行资产负债表			同上	同上	同上
外资银行资产负债表			同上	同上	同上
城市信用社资产负债表			同上	同上	同上
农村信用社资产负债表			同上	同上	同上
财务公司资产负债表			同上	同上	同上
国际流动性报表				同上	同上
金融机构现金收入支出统计表					同上
全国城乡储蓄存款（余额、增减额、人均、分地区）报表					同上

注：本表摘自陈利平（2005）。

确的责权划分还有利于货币政策与财政政策的配合，有利于中央银行和其他政府职能部门之间的协调配合。从经济方面看，建立一个独立的中央银行能使货币政策避免受到政治和社会意识变动的影响。相关研究包括两方面：一是动态不一致性和通货膨胀偏差问题；二是政治经济周期假设。关于动态不一致性问题本书已有充分论述，这里主要介绍政治经济周期理论。

政治经济周期理论分析了政府选举可能造成的经济波动问题。一类文献分析了执政党谋求连任可能采取的政策措施及其可能导致的经济波动；另一类文献分析了由于不同政党的意识形态不同而导致的在执政党更迭之后政策措施的变动可能导致的经济波动。

第一类研究认为，在大选之前，政府一般会采取有利于自己连任的经济措施，而把不利的经济后果拖延到大选之后。诺德豪斯（Nordhaus，1975）假定，在选民偏好既定的情况下，政府实施的政策就是保证其能够再次当选的政策：在一届政府当选之后，政府采取的措施是紧缩性的经济政策，以此来降低通货膨胀率，并进而降低人们的通货膨胀预期，在此过程中，也提高了失业率。这种当选后初期的紧缩性政策是对将来的一种“投资”。而在大选前夕，政府则会实行扩张性的经济政策，即以“适度”的通货膨胀为代价以便降低失业率。由于Phillips曲线已经向内移动，伴随失业率的降低而发生的通货膨胀就不会像没有在大选后进行“投资”的情况下那么严重。而在重新当选后，政府又进入了新一轮的周期性政策调整。这样，宏观经济运行就会呈现出明显的政治经济周期。

第二类政治经济周期假说是关于政党意识形态与政策选择关系的理论（阿莱西诺和萨克斯，1988）。在他们看来，不同的政党有着不同的目标或政治主张，它反映了该党所吸引的核心选民的偏好。这样，权力就是达到目标的手段，而不是目标本身。这就暗示着，各个政党选举前关于在选举后政策取向的宣传中，真正可靠的是那些与该党本来的政治主张相一致的政策。因为一旦该党取得大选胜利，它注定要实施自己最中意的政策。这样，不同政党不可能真正实现政策趋同，两党轮流执政也就意味着政策的反复调整。所以，就必然要发生与大选日期同步的经济波动。

阿莱西诺等认为，为了避免货币政策成为政府谋求连任的伎俩，并缓和因政府更迭而造成的经济波动，从而使经济运行有一个稳定的货币环境，由一个中立的、免受政治压力的中央银行来独立制定货币政策就显得十分必要。

相关的实证研究表明，具有明确的价格稳定目标、透明公开的决策程序和相当程度的独立性的中央银行制度有利于降低并保持较低的通货膨胀水平。[①] 在 20 世纪 70 年代石油冲击后，美国等大部分西方国家出现了工资和价格的螺旋上升，通货膨胀问题严重，不得不通过经济衰退来稳定价格，反通货膨胀成本巨大。而德国、荷兰、瑞士等国在石油冲击之后很快实现了通货膨胀稳定，1974~1983 年的通货膨胀与 1964~1973 年的通货膨胀相差不到一个百分点，而且失业率较低，实现了非通货膨胀的经济增长。这种成功常常被归因于这些国家明确的反通货膨胀态度和独立的中央银行制度。

2. 我国的经验与存在的问题

2003~2004 年的宏观调控是中央银行第一次试图通过间接调控手段来控制通货膨胀的实践，虽然实践表明规范的间接调控方式效果不太明显，行政性的手段仍是必要的，但应该说中央银行的这次实践还是成功的：中央银行的一系列政策措施有利于树立反通货膨胀的形象，同时对各种政策措施进行了较充分的解释，具有一定的透明度，有利于提高货币政策的可信性。从这次宏观调控实践中还可以看出，中央银行重视稳定公众的通货膨胀预期，连续向公众传递反通货膨胀的政策信号，其稳健特征已得到了社会的广泛认可。可以说中央银行在提高政策的透明度、稳定公众预期等方面的努力已经使公众相信其确实以稳定通货膨胀为主要目标。需要提及的是，在这次宏观调控中，经济学界和中央政府其他职能部门广泛参与了货币政策讨论，特别是 2003 年底和 2004 年初关于“经济热与不热”、“通货膨胀会不会发生”等问题的争论，虽然在短期内不利于中央银行对公众预期的稳定，并

① 相关方面的实证研究主要是针对中央银行独立性与通货膨胀之间关系进行分析的，但早期的分析并没有对中央银行独立性、明确的价格稳定目标和公开透明的决策程序进行区分，在中央银行独立性衡量指标中包括这三方面的内容。一般的结论是，中央银行的独立性与平均通货膨胀负相关；独立性越强，平均通货膨胀率就越低。卡基尔曼（Cukierman，1992）对相关文献进行了综述。

使中央相关职能部门之间具体的分工协作出现了一些问题，但从长期看，必要的争论有助于提高政策的透明度，最终帮助公众形成正确的预期。

不过这次宏观调控中也反映出一些需要迫切解决的问题，特别是由于事实上中央银行的多目标特征和货币政策在维持价格稳定方面的有效性不高等原因，要求分清中央政府各职能部门之间的责任与权利，把提高中央银行的独立性和加强中央政府相关部门之间的协调配合结合起来，提高政府宏观调控的综合能力。

虽然我国《中央银行法》明确规定货币政策的最终目标是"稳定币值，并以此促进经济增长"，但事实上中央银行是多目标的。这种多目标不仅表现在中央银行具有稳定经济增长，实现产业结构、经济结构调整等方面的责任（此时中央银行是配角）；还表现在中央银行维持价格稳定政策的有效实施需要其他部门的配合，单靠中央银行不能有效维持通货膨胀，其他职能部门也具有稳定通货膨胀的责任。这种多目标特征意味着无论是保持价格稳定还是其他宏观经济目标的实现都需要中央政府各职能部门之间的协调配合，中央银行和其他职能部门之间的协调是有效实施宏观调控的关键。

在这次宏观调控中，中央银行与中央政府其他职能部门之间在具体的分工协调方面出现了一些问题，影响了政策的有效性。其中，中央银行和银监会之间的协调问题表现得特别明显。从长期看，货币政策功能和银行监督功能的分离有利于提高中央银行的独立性，但短期内，在两种职能由原来的央行内冲突转变为部门间冲突之后，协调成本变得更高了。表现之一是中央银行可能存在的越位行为，如银监会对 121 号文件的看法和央行有差异，像这种既涉及产业政策又涉及银行监管的规定到底应该由谁来制定呢？又如差别准备金问题，尽管中央银行的本意是控制信贷过热，但其通过差别准备金率来弥补存款保险的缺失和商业银行资本充足率管理不到位问题，在功能上似有越俎代庖之嫌，在某种程度上干扰了银监会监管权力的完整性。表现之二是中央银行在丧失银行监管职能之后，其货币政策的有效性也受到了影响。北京大学中国经济研究中心宏观组（2004）和武少俊（2004）等文章指出，银监会的主要目标是降低坏账比率，这作为一个硬性任务，商业银行必须认真对待。而借鉴1998年后控制金融风险方面的经验教训，银监会又要求商业银行不能片面通过惜贷和贷款权限上收等消极手段控制金融风险，要有盈利要求，增强贷款营销能力。这样，增加贷款既能提高盈利，又能通过做大分母来降低坏账比率，是一箭双雕的举措。商业银行的这种举措被认为是促成投资需求过快增长的一个重要外在因素，与中央银行控制信贷过快增长的意图相矛盾。2003~2004年的宏观调控也表明，在央行房地产信贷管理、上调准备金率等都未能有效控制银行信贷过快增长之后，银监会要求相关商业银行暂停所有贷款的发放，通过行政性手段来实现货币政策目标。

中央银行事实上的多目标特征及中央政府相关职能部门之间协调配合的必要性意味着，要有效保持通货膨胀的稳定，需要中央银行和中央政府两个层次上态度一致。由于我国中央银行独立性程度不高，公众对未来价格走势的预期不仅取决于中央银行的反通货膨胀决心，还取决于政府的态度。中央政府对通货膨胀问题的重视，对货币政策稳健方向的肯定是稳定公众通货膨胀预期和保持通货膨胀稳定的关键。

二、经济不平衡下的通货膨胀目标制度——以多产业情景为例

我国虽然没有采用通货膨胀目标制度，但《中央银行法》明确规定货币政策的目标是“保持币值稳定，并以此促进经济增长”，保持较低的通货膨胀也是我国央行所追求的最重要的货币政策目标。这里假定我国采用了通货膨胀目标制度，中央银行能够通过适当的货币政策操作有效钉住一个预先给定的通货膨胀指数。在此假定下，针对我国经济不平衡特征分析中央银行所要钉住的通货膨胀指数的构造问题，即

什么样的通货膨胀指数才是货币政策最合意的稳定目标呢？为了方便，这里以产业之间的不平衡为例进行分析。

关于货币政策的目标指数的构造问题，一般的观点是，反映居民消费成本的 CPI 是一种自然的选择，事实上不少采用通货膨胀钉住制度的国家也确实采用（调整后的）CPI 作为其目标指数。然而，理论研究和中央银行的实践都表明，货币政策在实现通货膨胀稳定的目标时往往需要综合考虑多种因素的影响——特别地，新凯恩斯主义货币政策理论强调要考虑商品之间名义黏性的不同，名义黏性越大的商品，所给予的权重应该越大。

目前，已有不少文献分析了货币政策应该稳定的价格指数的构造问题，其中有三种观点影响较大。第一种观点认为货币政策应该关注核心价格指数，[①] 即剔除了食品、能源等波动性较大的商品之后的价格指数。第二种观点认为中央银行应该关注资产价格的稳定，特别是在股票市场繁荣的 20 世纪 90 年代，不少研究认为中央银行应该重视股票价格反映的信息，甚至认为货币政策不仅应该稳定商品价格和服务价格，也应该稳定资产价格，应该构造反映三者变化的综合性的目标价格指数。第三种观点从经济周期性波动出发，把价格指数分为先行价格指数、同步价格指数和滞后价格指数，并认为反周期的货币政策应该更加关注先行价格指数。

基本的新凯恩斯主义模型没有考虑产业之间的差别。青木浩介（Aoki，2001）在新凯恩斯主义分析框架下构造了一个包含两个产业的模型：一个产业的价格是灵活的；而另一个产业的价格具有黏性。分析表明，最优的货币政策应该是稳定具有名义黏性的产业的价格，而不用考虑灵活价格产业的价格波动，这种货币政策能实现灵活价格下的均衡结果，使产出达到潜在产出水平。伍德福德（2003）基于新凯恩斯主义框架详细分析了货币政策制定中的多种问题，其中得到的一

① 不同文献对“核心价格指数”的定义和理解有所不同，有些文献把剔除短期波动后的价格指数称为核心价格指数，有些文献把剔除货币政策不能影响的价格波动因素（如成本冲击导致的价格波动）后的价格指数称为核心价格指数。通常情况下的核心价格指数是剔除食品、能源等商品之后的价格指数。

个结论是，如果不同产业的名义黏性程度不同，货币政策的最优目标指数应该是根据各产业的黏性程度构造出的加总指数，名义黏性越大的产业所应给予的权重应该越大。

新凯恩斯主义分析框架强调模型的微观基础，通常假定垄断竞争厂商生产差异化商品，采用卡尔沃（1983）交错定价方式，模型比较复杂。布兰查德（2005）在费希尔（1977）提出的一个简单模型中通过适应性预期引入名义黏性，分析了通货膨胀钉住制度的合理性和局限性。虽然布兰查德的处理和新凯恩斯主义的假定、分析框架明显不同，但由于两者都假定只有名义黏性扭曲，因此得到的结论是一致的。这里采用布兰查德的处理方式，通过适应性预期引入名义黏性，并把费希尔模型扩展到多产业情景，通过简单模型说明了新凯恩斯主义的基本观点，并进一步放松了基本新凯恩斯主义模型中的一些假定，分析了多种因素影响下的最优通货膨胀指数的构造问题，特别是考虑了产业特有冲击、产业对经济走势敏感程度等的影响。

1. 名义黏性扭曲模型

本节考虑了只有名义黏性扭曲时如何构造货币政策的目标价格指数的问题，得到了和基本的新凯恩斯主义模型相一致的结论。其中，单一产业模型主要来自布兰查德（2005），这里扩展到了多产业情景，并分析了这种模型的不足之处。

（1）单一产业模型。布兰查德（2005）基于费希尔（1977）提出的模型说明了通货膨胀稳定和产出缺口稳定之间的等价性。假定价格和工资设定行为可表示为如下模型：

$$p = w + \alpha y + e_p$$

$$w = Ep + \beta y + e_w \qquad (7-12)$$

其中，p，w，y 分别为价格水平、名义工资和实际产出的对数，参数 α，$\beta > 0$。这里的实际产出经过了标准化（减去均值后的实际产出），有 $Ey = 0$。第一个方程表明价格是工资和实际产出的增函数，并受到一个冲击 e_p 的影响，该冲击反映了其他投入要素、市场结构和技术等的变动。第二个方程表明工资是预期价格水平、实际产出（反映了失业率的水平）的增函数，并受到一个冲击 e_w 的影响，该冲击反映了工会的议价能力、失业保障等因素的影响。

假定工资制定行为是适应性预期的，即：

$$Ep = p(-1) + \pi(-1) \tag{7-13}$$

其中，π 是通货膨胀率，括号中的“-1”表示上期。在这种预期假定下，当期名义工资受上期价格水平和通货膨胀水平的影响，从而在模型中引入了名义黏性。

定义潜在产出为不存在名义黏性时的产出水平，记为 y^*，用 p 代替 Ep 得到：

$$y^* = -\frac{1}{\alpha + \beta}(e_p - e_w) \tag{7-14}$$

显然，潜在产出反映了各种冲击的影响，是一个随机变量。由上述各式可得到通货膨胀和产出之间的关系，即 Phillips 曲线：

$$\pi = \pi(-1) + (\alpha + \beta)(y - y^*) \tag{7-15}$$

其中，$y-y^*$ 表示产出缺口，即产出对潜在产出的偏离。通货膨胀的变动与产出缺口有关，当产出超过潜在产出时，通货膨胀将加速上升，这和通常的 Phillips 曲线的含义相同，该方程的特别之处是不包含扰动项，通货膨胀和产出缺口之间的关系是一种确定性关系，产出缺口的稳定和通货膨胀的稳定之间具有等价性。布兰查德称这种确定性的对应关系为一种“奇妙的巧合”（divine coincidence）。

布兰查德认为，该结论是通货膨胀目标制度得到宏观经济学家广泛支持的重要原因。不仅那些关心通货膨胀稳定的经济学家喜欢这种政策制度，而且那些关心产出稳定的经济学家由于意识到中央银行可以通过稳定通货膨胀而使产出稳定在其潜在水平而认同这种制度：为实现通货膨胀稳定的目标，中央银行在实际产出低于潜在产出，即经济处于衰退时将实行扩张性货币政策，而在实际产出高于潜在产出，即经济处于高涨时将采取紧缩性政策。布兰查德的论述和第六章基于基本的新凯恩斯主义 Phillips 曲线的论述是一致的，都是通过稳定通货膨胀来使产出稳定在其自然水平附近。①

（2）多产业模型。假定有 N 个产业，各产业的技术相同，不考虑厂商和产品的差异，那么第 i 个产业有 n_i 个厂商，产出份额为 n_i，不妨标准化为 1，即 $\sum_{i=1}^{N} n_i = 1$，通常所说的价格指数可表示为 $p = \sum_{i=1}^{N} n_i p_i$，总产出可表示为 $y = \sum_{i=1}^{N} n_i y_i$。假定各产业具有不同的名义黏性，而其他方面相同。特别地假定所有产业所受到的冲击相同（只考虑对经济的整体冲击），而且各产业的价格和工资对产出的反应也相同。具体地：

$$p_i = w_i + \alpha y_i + e_p$$

$$w_i = \gamma_i E p_i + (1 - \gamma_i) p_i + \beta y_i + e_w \tag{7-16}$$

其中，i = 1，2，…，N。$\gamma_i \geqslant 0$ 是表示名义黏性程度的参数，当 $\gamma_i = 0$ 时，工资不受上期预期价格的影响，是完全灵活的；当 $\gamma_i = 1$ 时，工资与当期价格变动无关，是完全刚性的。显然，γ_i 越大的产业，其名义黏性也越大。这里假定各产业的价格和工资对产出活动的反应系数相同，分别用α和β表示。

和单一产业下的计算相同，我们可得到各产业代表性厂商在灵活价格下的产出，即潜在产出：

$$y_i^* = -\frac{1}{\alpha + \beta}(e_p + e_w) \tag{7-17}$$

其中，i = 1，2，…，N。整个经济的潜在产出 $y^* = \sum_{i=1}^{N} n_i y_i^* = y_i^*$。由于各产业、各厂商所受到的冲击相同，整体经济达到潜在产出水平也就意味着每个产业、每个厂商达到了其潜在产出水平。假定是适应性预期，各产业的 Phillips 曲线可表示为：

---

① 尽管这里使用的是适应性预期，但该结论并不失一般性，第六章在说明新凯恩斯主义对通货膨胀目标制度的理论支持时也强调产出稳定目标和通货膨胀稳定目标之间的一致性。基本的新凯恩斯主义 Phillips 曲线是在理性预期、交错定价假定下得到的，具有严格的微观基础，其具体形式是：

$$\pi = E\pi(+1) + \kappa(y - y^*)$$

这里的通货膨胀不是与过去通货膨胀，而是与对未来的通货膨胀的预期有关，但同样不包括扰动项。

$$\gamma_i\pi_i = \gamma_i\pi_i(-1) + (\alpha + \beta)(y_i - y_i^*) \tag{7-18}$$

其中，i = 1，2，…，N。加总可得到整体经济的 Phillips 曲线：

$$\sum_{i=1}^{N} n_i\gamma_i\pi_i = \sum_{i=1}^{N} n_i\gamma_i\pi_i(-1) + (\alpha + \beta)(y - y^*) \tag{7-19}$$

在这里，单纯稳定整体价格指数 $p = \sum_{i=1}^{N} n_i p_i$ 不能保证产出等于潜在产出，产出缺口稳定和通货膨胀稳定之间不具有等价关系。要使实际产出稳定在其潜在水平，需要构造一种特殊的目标价格指数 $p^s = \sum_{i=1}^{N} n_i\gamma_i p_i$。该目标指数在加总时考虑了不同产业之间名义黏性的不同，从而给予那些名义黏性较大的产业的权重较大。特别地，对于价格完全灵活的产业，其在货币政策目标指数中的权重为 0，中央银行在制定货币政策时不考虑其价格波动，这和青木浩介（2001）的结论是一致的。

该结论与中央银行的一些行为相一致，并为货币政策特别关注某些产业提供了理论依据。通常情况下，货币政策应该更加关注那些垄断程度较大，从而其名义黏性也较大的部门，而不需过多地关注那些几乎是完全竞争的产业。根据一般观察，农产品和能源几乎是同质产品，市场接近于完全竞争，名义黏性较小，因此核心价格指数中不包括这两个产业是有道理的；资本市场的价格具有较大的灵活性，货币政策不应该（或只需较少地）关注股票市场的波动；与消费品市场相比，固定资产投资品的名义黏性更大，货币政策更加关注固定资产投资价格的波动也是有道理的。

（3）模型存在的问题。基本的新凯恩斯主义模型仅考虑了名义黏性的影响，而忽略了其他方面的影响，即使在多产业的模型中也只是考虑了不同产业之间名义黏性的不同，而假定其他方面都相同。特别是它只考虑了对整体经济的冲击，而且假定各产业对经济活动的反应相同。当引入产业特有冲击，或假定各产业对产出的反应程度不同时，这种通货膨胀稳定和产出缺口稳定之间的等价关系就不再成立了。这里仍然不考虑产业内差异，假定产业内各厂商的行为相同，所受到的冲击也相同，多产业模型变为：

$$p_i = w_i + \alpha_i y_i + e_{pi}$$

$$w_i = \gamma_i Ep_i + (1 - \gamma_i)p_i + \beta_i y_i + e_{wi} \tag{7-20}$$

其中，i = 1，2，…，N，不同产业所受到的冲击分别表示为 e_{ip} 和 e_{iw}。这里仍假定是适应性预期，可得到各产业的潜在产出 $y_i^* = -(1/\alpha_i + \beta_i)(e_{pi} + e_{wi})$和各产业的 Phillips 曲线 $\gamma_i\pi_i = \gamma_i\pi_i(-1) + (\alpha_i + \beta_i)(y_i - y_i^*)$，加总得到整体经济的 Phillips 曲线：

$$\sum_{i=1}^{N} n_i\gamma_i\pi_i = \sum_{i=1}^{N} n_i\gamma_i\pi_i(-1) + \sum_{i=1}^{N}(\alpha + \beta)(y_i - y_i^*) \tag{7-21}$$

即使假定各产业对经济活动的敏感度相同，即 $\alpha_i + \beta_i = \alpha + \beta$，加总得到的Phillips 曲线变为：

$$\sum_{i=1}^{N} n_i\gamma_i\pi_i = \sum_{i=1}^{N} n_i\gamma_i\pi_i(-1) + (\alpha + \beta)\left(\sum_{i=1}^{N} n_i y_i - \sum_{i=1}^{N} n_i y_i^*\right) \tag{7-22}$$

虽然我们可以记整体产出 $y = \sum_{i=1}^{N} n_i y_i$，整体潜在产出 $y^* = \sum_{i=1}^{N} n_i y^*_i$，通过使考虑名义黏性的价格指数 P^s 所表征的通货膨胀保持稳定能实现实际产出等于潜在产出的目标，但由于不同产业部门的潜在产出所反映的冲击不同，实现了整体经济的潜在产出水平并不能保证每个产业都实现其潜在产出，即 $y^* = \sum_{i=1}^{N} n_i y^*_i$ 并不能反映灵活价格下各产出的产出状况。用统计学的语言说，这里的 y^* 不是“潜在产出”的一个充分统计量。

假定一个经济只包括两个产业，且名义黏性相同，但所受到的冲击不同，并且假定只有一个产业受到了正的通货膨胀冲击，要实现灵活价格下的均衡结果，只需降低该产业的实际产出使之达到潜在产出水平即可。不过，由于各产业名义黏性相同，要保持 p^s 稳定的新凯恩斯主义货币政策对各产业的影响相同，只能通过降低整体经济的产出来控制通货膨胀，因此与灵活价格下的均衡结果相比，受到冲击的产业产出下降的幅度不够，其产出仍然高于潜在产出，而未受冲击的产业则由于产出的下降而使实际产出低于潜在产出。

实际上，由于各产业所受到的冲击是有差异的，而货币政策是单一的、总量性的，因此不能通过货币政策实现灵活价格下的均衡结果。与此相类似，如果各产业的价格和工资对经济活动反应的敏感度不同，单纯依靠货币政策也无法实现灵活价格下的均衡结果。此时，中央银行的最优选择是通过适当的方式使均衡结果尽可能地接近灵活价格下的均衡结果。

2. 扩展模型

下面考虑具有产业特有冲击情况下的目标通货膨胀指数的构造问题。假定各产业的产量受整体经济的影响，但对整体经济走势的反应程度不同，则有 $y_i = \delta_i y + e_i$，$i = 1, 2, \cdots, N$，其中系数 δ_i 反映了各产业对经济整体走势的敏感程度。多产业模型可表示为：

$$p_i = w_i + \alpha_i y + e_{pi}$$

$$w_i = \gamma_i Ep_i + (1 - \gamma_i)p_i + \beta_i y + e_{wi} \tag{7-23}$$

这里，$\alpha_i = \alpha\delta_i$，$e_{pi} = e_p + e_i$，$\beta_i = \beta\delta_i$，$e_{wi} = e_w + e_i$。

仍然假定是适应性预期，$Ep_i = p_i(-1) + \pi_i(-1)$，把工资方程代入价格方程得到如下形式的 Phillips 曲线：

$$\gamma_i\pi_i = \gamma_i\pi_i(-1) + \kappa_i y + e_i \tag{7-24}$$

其中，$i=1, 2, \cdots, N$，$\kappa_i = \alpha_i + \beta_i$，$e_i = e_{pi} + e_{wi}$。

第二节分析表明，在这种情况下不能通过单一的总量性的货币政策实现灵活价格下的均衡结果。我们借鉴现代货币政策分析框架，假定中央银行的目标是最小化通货膨胀和产出的波动性，其损失函数为：

$$L = VAR(\pi) + \lambda VAR(y) \tag{7-25}$$

其中，$VAR(\cdot)$表示方差，$\lambda \geqslant 0$ 反映了中央银行给予产出稳定的权重，λ 越小表示中央银行越重视通货膨胀的稳定。这里所要解决的问题是：中央银行应该如何构造通货膨胀目标指数，以最小化其损失函数。该最优化问题可表示为：

$$\min_{\{\varpi_i\}} \{VAR(\pi) + \lambda VAR(y)\} \tag{7-26}$$

$$
\text{s.t.}\begin{cases}
\gamma_i\pi_i = \gamma_i\pi_i(-1) + \kappa_i y + e_i,\ i = 1,\ 2,\ \cdots,\ N \\
\sum_{i=1}^{N} \varpi_i \pi_i = \sum_{i=1}^{N} \varpi_i \pi_i(-1) \\
\pi = \sum_{i=1}^{N} n_i \pi_i \\
\sum_{i=1}^{N} \varpi_i = 1
\end{cases}
$$

约束条件中的第一行表示 N 个行业的 Phillips 曲线，第二行表示中央银行根据权重 $\{\varpi_i\}$ 来设定目标指数，并能保证由该指数所测定的通货膨胀不变。要解该最优化问题，可首先由前两行约束条件求出 N+1 个未知变量，把它们表示为中央银行目标指数权重 $\{\varpi_i\}$、扰动项 $\{e_i\}$ 以及其他参数的函数；然后代入目标函数，从而把中央银行的损失函数表示为变量 $\{\varpi_i\}$ 的函数；再通过令一阶导数为 0 可求出各目标权重，它是扰动项协方差矩阵和其他参数的函数。第四行约束条件是对目标权重的标准化。

这里区分了中央银行直接钉住的通货膨胀指数和其损失函数中的通货膨胀指数两个概念。中央银行的目标函数可看做是社会目标函数，既要稳定整体经济的价格水平（居民消费成本），又要稳定产出，而中央银行所直接钉住的通货膨胀指数可看做其具体货币政策操作中的直接目标。如果不考虑货币政策传导过程，假定中央银行可以直接稳定其所钉住的通货膨胀指数，则该目标指数可看做是货币政策的操作工具，货币政策的操作目标就是稳定其所钉住的通货膨胀指数，中央银行正是通过稳定其所钉住的通货膨胀指数来实现最小化社会损失函数的目标的。

由于该模型的求解比较复杂，下面假定只有两个产业。由约束条件可求出：

$$
y = -\frac{\varpi_1\gamma_2 e_1 + \varpi_2\gamma_1 e_2}{\varpi_1\kappa_1\gamma_2 + \varpi_2\kappa_2\gamma_1}
$$

$$
\pi = \pi(-1) + \frac{1}{\varpi_1\kappa_1\gamma_2 + \varpi_2\kappa_2\gamma_1}[\kappa_2(n_1\varpi_2 - n_2\varpi_1)e_1 + \kappa_2(n_2\varpi_1 - n_1\varpi_2)e_2] \tag{7-27}
$$

进一步地，假定各产业之间的扰动项无关，方差分别为 σ_i^2，i = 1，2。损失函数可表示为：

$$L=\frac{1}{(\varpi_1\kappa_1\gamma_2+\varpi_2\kappa_2\gamma_1)^2}[(\kappa_2^2\sigma_2^2+\kappa_1^2\sigma_2^2)(n_2\varpi_1-n_1\varpi_2)^2+\lambda(\varpi_1^2\gamma_2^2\sigma_1^2+\varpi_2^2\gamma_1^2\sigma_2^2)] \tag{7-28}$$

令 $\varpi_2=1-\varpi_1$，得到用 ϖ_1 和其他参数表示的损失函数，注意到 $n_2=1-n_1$，令 $\frac{dL}{d\varpi_1}=0$ 可求出最优权重 ϖ_1：

$$\varpi_1=\frac{(\kappa_1\gamma_2-\kappa_2\gamma_1)C+\kappa_2\gamma_1B}{(\kappa_1\gamma_2-\kappa_2\gamma_1)B+\kappa_2\gamma_1A} \tag{7-29}$$

其中，$A=\kappa_1^2\sigma_2^2+\kappa_2^2\sigma_1^2+\lambda(\gamma_2^2\sigma_1^2+\gamma_1^2\sigma_2^2)$，$B=n_1(\kappa_1^2\sigma_2^2+\kappa_2^2\sigma_1^2)+\lambda\gamma_1^2\sigma_2^2$，$C=n_1^2(\kappa_1^2\sigma_2^2+\kappa_2^2\sigma_1^2)+\lambda\gamma_1^2\sigma_2^2$。

下面分析 γ_i、σ_i^2、κ_i 等参数的变动对最优权重的影响。

（1）γ_i 表示产业的名义黏性程度，我们可以通过确定 $\partial\varpi_1/\partial\gamma_1$ 的符号来分析名义黏性的影响。记 $g=(\kappa_1\gamma_2-\kappa_2\gamma_1)B+\kappa_2\gamma_1A$，则：

$$\partial\varpi_1/\partial\gamma_1=g^{-2}\left\{\begin{array}{l}[2\lambda\gamma_1\sigma_2^2(\kappa_1^2\gamma_2^2+\kappa_2^2\gamma_1^2)(B-C)+\kappa_1\kappa_2\gamma_2(B^2-AC)]+\\2\lambda\gamma_1^3\kappa_2^2\sigma_2^2(A-2B+C)\end{array}\right\} \tag{7-30}$$

其中，由于 $A-2B+C>0$，大括号中的第二项大于 0，由于 $\kappa_1^2\gamma_2^2+\kappa_2^2\gamma_1^2\geqslant2\kappa_1\kappa_2\gamma_1\gamma_2$，且 $\kappa_1\kappa_2\gamma_2[4\lambda\gamma_1^2\sigma_2^2(B-C)+(B^2-AC)]>0$，因此 $\partial\varpi_1/\partial\gamma_1>0$，$\varpi_1$ 是 γ_1 的增函数。

ϖ_i 是 γ_i 的增函数表明，产业名义黏性程度越高，货币政策给予的目标权重就应该越大，这和新凯恩斯主义的结论相一致。货币政策应该更加重视对名义黏性较高的产业的价格的稳定。

（2）σ_i^2 表示产业特有冲击的波动程度。由于：

$$\frac{\partial\varpi_1}{\partial\sigma_1^2}=g^{-2}\{-\lambda\kappa_1\kappa_2\gamma_1\gamma_2\sigma_2^2[\kappa_2^2\gamma_1^2(n_1-1)^2-2n_1(n_1-1)\kappa_1\kappa_2\gamma_1\gamma_2+(\kappa_1^2n_1^2+\lambda\gamma_1^2)\gamma_2^2]\} \tag{7-31}$$

其中，中括号中的各项均大于 0，$\partial\varpi_1/\partial\sigma_1^2<0$，$\varpi_1$ 是 σ_1^2 的减函

数，产业特有冲击的波动性越大，货币政策给予的目标权重应该越小。这和通常所说的货币政策要稳定核心价格指数的建议相一致。不过和核心价格指数不同，这里并不是完全不考虑波动性较大的产业，而是给予的权重相对较小而已。

（3）κ_i 表示产业对经济活动的敏感度。由于：

$$\frac{\partial \varpi_1}{\partial \kappa_1} = g^{-2}\{\kappa_2\gamma_1\gamma_2(AC - B^2) + 2\kappa_1\sigma_2^2(B - n_1C)(\kappa_1\gamma_2 - \kappa_2\gamma_1)^2 + 2\kappa_1^2\kappa_2\gamma_1\gamma_2\sigma_2^2 A\} \tag{7-32}$$

式中，大括号中的各项均大于 0，$\partial\varpi_1/\partial\kappa_1>0$，$\varpi_1$ 是 κ_1 的增函数，产业对经济活动的敏感度越高，货币政策所给予的目标权重应该越大，则货币政策应该更加重视敏感度较高的产业的价格稳定。该结论和一些文献强调关注先行指标的结论相一致，那些对经济走势比较敏感的产业的变动反映了整体经济的趋势，货币政策应该更加关注。

3. 结论及意义

新凯恩斯主义强调名义黏性的重要性，认为货币政策的主要作用是消除名义黏性造成的扭曲，实现或尽可能接近灵活价格下的均衡结果。换句话说，就是使实际产出尽可能等于潜在产出，产出缺口尽可能等于 0。这是新凯恩斯主义的基本观点，也得到了大多数宏观经济学家和中央银行家的认可。

在一定条件下，通货膨胀稳定和产出缺口稳定之间是等价的，实现了通货膨胀稳定也就实现了产出缺口稳定。由于潜在产出和产出缺口受多种冲击的影响，是随机波动的，难以观察，而通货膨胀较易观察，因此实现通货膨胀稳定是货币政策的合意目标。

在考虑各产业之间的不同后，实现 CPI 表征的通货膨胀稳定不能保证实际产出等于潜在产出。特别地，如果各产业之间的名义黏性不同时，货币政策应该通过稳定根据名义黏性加权的通货膨胀指数来实现产出缺口等于 0 的目标。进一步地，在考虑产业之间的多方面差异后，我们可以通过最小化社会损失函数得到所要稳定的通货膨胀目标指数的最优权重。该最优权重是各产业名义黏性的增函数，是各产业特有冲击的方差的减函数，是各产业对经济波动敏感度的增函数。

新凯恩斯主义及其在多产业情景下的扩展模型所得到的一些结论对我国中央银行制定货币政策具有重要的参考意义。货币政策的基本目标是使实际产出尽可能等于潜在产出，在各产业的潜在产出走势不同时，实行有所偏向的“结构性货币政策”是明智的。在具体的货币政策实施过程中，要综合考虑名义黏性程度、产业特有冲击的波动幅度和产业对经济走势的敏感度等方面的因素。进一步地，我们可以在调查研究并给出各方面参数的具体数值后，确定各产业的最优权重，从而直接指导货币政策实践。

我们还可以在其他方面直接应用本节的分析和结论。例如，考虑不同地区之间的区别，根据我国东中西等地区的名义黏性等的不同而实施有差异的地区性货币政策；又如，在货币政策实施中可以考虑国有、私营、外资等不同类型企业之间的差异或大中小等不同规模的企业之间的差异等。

第四节　本章小结

本章主要探讨了最优货币政策规则理论和通货膨胀目标制度的实践经验对我国的借鉴意义。在进一步分析之前归纳了我国货币政策制度的主要特征。我国的货币政策制度和金融、经济体制仍处于转型期，具有不同于西方发达国家的特殊性，因此不能简单套用最优货币政策规则的分析框架来分析我国的货币政策，更不能简单套用西方通货膨胀目标制度的具体形式来规划我国的货币政策制度。

关于最优货币政策规则理论对我国货币政策分析的借鉴意义，本章分析了直接套用西方分析框架存在的问题，特别是新凯恩斯主义分析框架把利率作为政策工具，这与我国实际不相符，而且采用 GMM 估计方法也可能存在一定的问题。

关于通货膨胀目标制度对我国的借鉴意义，本章主要从两个角度进行了分析，一是假定通货膨胀目标制度是我国货币政策制度的目标模式，从原则上说明了实现该模式需要在几个方面加强制度建设。二是假定我国已经采用了通货膨胀目标制度，中央银行能通过货币政策稳定所公布的通货膨胀目标指数。在该假定下分析了考虑我国经济发展不平衡时如何构造货币政策的目标指数问题。

本章得到的重要观点如下：

（1）当前我国采用的是以货币供应量为中介目标的政策框架，但中央银行并没有严格遵守预先公布的货币供应量目标，而且目标本身也不断进行调整，与其说是严格的中介目标框架，不如说是一种最终目标框架。

（2）我国的中央银行制度和货币政策操作框架正处于转型期，表现出如下特征：①货币政策传导机制较复杂，以量为主，同时结合价的调节；②中央银行除了要进行宏观调控外，还有建设现代化中央银行的任务，制度建设本身也是中央银行建设的重要任务之一；③金融市场不发达，预期渠道作用不明显，中央银行的预期管理效果差。

（3）直接套用新凯恩斯主义框架来分析我国货币政策可能是有问题的。一方面，利率不是我国货币政策的主要政策工具，预期渠道在我国货币政策传导机制中的作用有限，我国现实情况与新凯恩斯主义模型所描述的经济运行机制有较大的区别；另一方面，GMM 估计方法对数据量、数据质量等的要求较高，我国数据历史较短、质量较差严重影响估计结果。

（4）如果把通货膨胀目标制度看做是一种与现代市场经济相适应的中央银行制度，看做是我国中央银行改革的目标模式，则我国至少还需要在以下三个方面加强中央银行制度建设：明确规定稳定通货膨胀是我国货币政策的首要目标；规范并严格执行科学的操作程序；加强中央银行的独立性。

（5）假定在我国当前转型经济中采用通货膨胀目标制度。本章从我国经济的不平衡特征出发，以产业间的不平衡为例分析了该制度框架下的货币政策操作问题，特别是分析了货币政策所应稳定的通货膨胀目标指数的构造问题。分析表明，最优通货膨胀指数的权重应该是各产业名义黏性的增函数，是各产业特有冲击的方差的减函数，是各产业对经济波动敏感度的增函数。

附录　本章所用到的原始数据[①]

年份	M2（亿元）	M1（亿元）	GDP 指数	商品零售价格指数	利率（年利率，%）
1978	1179.63	948.5	100.0	100.0	3.24
1979	1480.61	1177.1	107.6	102.0	3.78
1980	1889.92	1443.4	116.0	108.1	5.31
1981	2299.92	1710.8	122.1	110.7	5.76
1982	2666.92	1914.4	133.1	112.8	6.57
1983	3193.59	2182.5	147.6	114.5	6.84
1984	4442.87	2931.6	170.0	117.7	6.84
1985	5198.83	3340.9	192.9	128.1	6.99
1986	6720.96	4232.2	210.0	135.8	7.20
1987	8330.90	4948.6	234.3	145.7	7.20
1988	10099.80	5985.9	260.7	172.7	7.68
1989	12692.20	6382.2	271.3	203.4	11.12
1990	16276.60	6950.7	281.7	207.7	9.93
1991	20771.00	9633.3	307.6	213.7	7.89
1992	27573.30	11731.5	351.4	225.2	7.56
1993	34879.80	16280.4	398.8	254.9	9.40
1994	46923.50	20540.7	449.3	310.2	10.98
1995	60750.50	23987.1	496.5	356.1	10.98
1996	76094.90	28514.8	544.1	377.8	9.17
1997	90995.30	34826.3	592.2	380.8	7.13
1998	104498.50	38953.7	638.4	370.9	5.04
1999	119897.90	45837.3	683.7	359.8	2.93
2000	134610.40	53147.2	738.4	354.4	2.25

① 谢平和罗雄（2002）等给出了其所使用的季度数据，本章在讨论泰勒规则时也使用了其数据，这里没有列出来，可参考谢平和罗雄的文章。

续表

年份	M2（亿元）	M1（亿元）	GDP 指数	商品零售价格指数	利率（年利率，%）
2001	158301.90	59871.6	793.8	351.6	2.25
2002	185007.00	70881.8	859.7	347.0	2.02
2003	221222.80	84118.6	939.6	346.7	1.98
2004	250802.79	95971.0	1028.9	351.2	2.03

注：货币量数据来源于《中国人民银行季报》和汪红驹（2003），汪红驹根据同一口径对历史数据进行了调整；利率来源于中经网（www.cei.gov.cn）；GDP 指数和商品零售价格指数来源于《中国统计年鉴》。

参考文献

[1] Abel A.B., "Asset Prices under Habit Formation and Catching Up with the Joneses", American Economic Review, 1990, 80 (2): 38-42.

[2] Alesina A., and J. Sachs, "Political Parties and the Business Cycles in the United States: 1948-1984", Journal of Money Credit, and Banking, 1988, 20 (1): 63-82.

[3] Aoki K., "Optimal Monetary Policy Responses to Relative-Price Changes", Journal of Monetary Economics, 2001, 48 (1): 55-80.

[4] Backus D.K., and J. Driffill, "Inflation and Reputation", American Economic Review, 1985, 75 (3): 530-538.

[5] Ball L., "Time Consistent Inflation Policy and Persistent Changes in Inflation", Journal of Monetary Economics, 1995, 36 (2): 329-350.

[6] Barro R.J., "Reputation in a Model of Monetary Policy with Incomplete Information", Journal of Monetary Economics, 1986, 17 (1): 3-20.

[7] Barro R.J., and D.B. Gordon, "A Positive Theory of Monetary Policy in a Natural-Rate Model", Journal of Political Economy, 1983, 91 (4): 589-610.

[8] Barro R.J., and D.B. Gordon, "Rules, Discretion, and Reputation in a Model of Monetary Policy", Journal of Monetary Economics, 1983, 12 (1): 101-121.

[9] Bernanke B.S., T. Laubach, F.S. Mishkin, and A.S. Posen, Inflation Targeting: Lessons from the International Experience, Princeton: Princeton University Press, 1999.

[10] Blanchard O. J., and S. Fischer, Lectures on Macroeconomics, Cambridge: MIT Press, 1989.

[11] Blanchard O.J., " Comments on ' Inflation Targeting in Transition Economies: Experience and Prospects' , by Jiri Jonas and Frederic Mishkin" , in B. Bernanke and M. Woodford, Ed., Inflation Targeting Debate, Chicago: the University of Chicago Press, 2005.

[12] Calvo G., "Staggered Prices in a Utility-Maximizing Frame-work", Journal of Monetary Economics, 1983, 12 (3): 383–398.

[13] Carare A., and M. Stone, "Inflation Targeting Regime", IMF Working Paper No. 2003–2009, 2003.

[14] Clarida R., J. Gali, and M. Gertler, "Monetary Policy Rules and Macroeconomic Stability: Evidence and Some Theory" , NBER Working Paper No. 6442, 1998.

[15] Clarida R., J. Gali, and M. Gertler, "The Science of Monetary Policy: A New Keynesian Perspective" . Journal of Economic Literature, 1999, 37 (4): 1661–1707.

[16] Clarida R., and M. Gertler, "How the Bundesbank Conducts Monetary Policy" , in: C.D., Romer, and D.H. Romer, eds. Reducing Tnflation: Motvation and Strategy, Chicago: University of Chicago Press, 1997.

[17] Cukierman A., Central Bank Strategies, Credibility and Independence, Cambridge: IMT Press, 1992.

[18] Dennis R., " Solving for Optimal Simple Rules in Rational Expectations Models" , Journal of Economic Dynamics and Control, 2004, 28 (8): 1635–1660.

[19] Dixit A.K. and J.E. Stiglitz, " Monopolistic Competition and

Optimum Product Diversity," American Economic Review, 1977, 67 (3): 297–308.

[20] Fischer S., "Long–term Contracts, Rational Expectations, and the Optimal Money Supply Rule", Journal of Political Economy, 1977, 85 (1): 191–205.

[21] Fischer S., "Rules Versus Discretion in Monetary Policy", in: B.M. Friedman and F.H. Hahn, eds., Handbook of Monetary Economics, Volume 2, Amsterdam: North–Holland, 1990.

[22] Fischer S., "The Costs and Benefits of Disinflation", in: J. Wijnholds et al., eds., A Framework for Monetary Stability, Boston: Kluwer, 1994.

[23] Flood R., and P. Isard, "Monetary Policy Strategies", NBER Working Paper No. 2770, 1988.

[24] Friedman M., "A Monetary and Fiscal Framework for Economic Stability", Reprinted in: M. Friedman, Essays in Positive Economics, Chicago: Chicago University Press, 1953.

[25] Friedman M., "A Program for Monetary Stability", New York: Fordham University Press, 1959.

[26] Friedman M., "The Role of Monetary Policy", American Economic Review, 1968, 58 (1): 1–17.

[27] Friedman M., "The Optimum Quantity of Money", in: M. Friedman, ed., The Optimum Quantity of Money and Other Essays. Chicago: Aldine Publishing Company, 1969.

[28] Friedman M., and A.J. Schwartz, A Monetary History of the United States, 1867–1960, Princeton: Princeton University Press, 1963.

[29] Fuhrer J.C., "Habit Formation in Consumption and Its Implications for Monetary Policy Models", American Economic Review, 2000, 90 (3): 367–390.

[30] Gali J., "New Perspectives on Monetary Policy, Inflation and

the Business Cycle", in: M. Dewatripont, L. P. Hansen and S. J. Turnovsky, eds., Advances in Economics and Eonometrics: Thorry and Spplications, 3, Cambridge: Cambridge University Press, 2003: 151-197.

[31] Goodfriend M. and R. King, "The New Neoclassical Synthesis and the Role of Monetary Policy", in: B. Bernanke and J. Rotemberg, eds., NBER Macroeconomics Annual, Cambridge: MIT Press, 1997.

[32] Gordon R.J., "What Is New-Keynesian?" Journal of Economic Literature, 1990, 28 (3): 1115-1171.

[33] Jensen H., "Targeting Nominal Income Growth or Inflation?" American Economic Review, 2002, 92 (4): 928-956.

[34] Khan A., R.G. King, and A.L. Wolman, "Optimal Monetary Policy", Federal Reserve Bank of Richmond Working Paper No.10, 2000.

[35] King M.A., "Changes in UK Monetary Policy: Rules and Discretion in Practice", Journal of Monetary Economics, 1997, 39 (1): 81-97.

[36] King R. G. and A. L. Wolman, "What Should the Monetary Authority Do when Prices are Sticky?" in: J. B. Taylor ed., Monetary Policy Rules, Chicago: University of Chicago Press, 1999.

[37] Klein P., "Using the Generalized Schur Form to Solve a Multivariate Linear Rational Expectations Model", Journal of Economic Dynamics and Control, 2000, 24 (10): 1405-1423.

[38] Kydland F.E., and E.C. Prescott, "Rules Rather than Discretion: The Inconsistency of Optimal Plans", Journal of Political Economy, 1977, 85 (3): 473-491.

[39] Kydland F.E., and E.C. Prescott, "Time to Build and Aggregate Fluctuations", Econometrica, 1982, 50 (6): 1345-1370.

[40] Levin A.T., and J.C. Williams, "Robust Monetary Policy with Competing Reference Models", Journal of Monetary Economics, 2003, 50

(5): 945–975.

[41] Levin A.T, V. Wieland, and J.C. Williams, "Robustness of Simple Policy Rules under Mondel Uncertainty", in: J. B. Taylor, ed., Monetary Policy Rules. Chicago: University of Chicago, 1999.

[42] Lohmann S., "Optimal Commitment in Monetary Policy: Credibility versus Flexibility", American Economic Review, 1992, 82 (1): 273–286.

[43] Lucas R.E., Jr., "Econometric Policy Evaluation: A critique", in: Carnegie–Rochester Conference Series on Public Policy, 1976, 1 (2): 19–46.

[44] Lucas R.E., Jr., "Expectations and the Neutrality of Monetary", Journal of Economic Theory, 1972, 4 (2): 103–124.

[45] Lucas R.E., Jr., "Some International Evidence on Output–Inflation Tradeoffs", American Economic Review, 1973, 63 (3): 326–334.

[46] Mankiw N.G., and D. Romer, New Keynesian Economics, Cambridge: MIT Press, 1991.

[47] Mankiw N.G., and R. Reis., "Sticky Information versus Sticky Prices: A Proposal to Replace the New Keynesian Phillips Curve", Quarterly Journal of Economics, 2002, 117 (4): 1295–1328.

[48] McCallum B.T., "Robustness Properties of a Rule for Monetary Policy", Carnegie–Rochester Conference Series on Public Policy, 1988 (29): 173–204.

[49] McCallum B.T., "Issues in the Design of Monetary Policy Rules", in: J.B. Taylor, and M. Woodford, eds., Handbook of Macroeconomics, Volume 1C. Amsterdam: North–Holland, 1999.

[50] McCallum B.T., "Alternative Monetary Policy Rules: A Comparison with Historical Setting the United States, the United Kingdom, and Japan", NBER Working Paper No. 7725, 2000.

[51] McCallum B.T., and E. Nelson, "An Optimal is-lmspecification for Monetary Policy and Business Cycle Analysis", Jorunal of Money, Credit, and Banking, 1999, 31 (3): 296-316.

[52] McCallum B.T., and E. Nelson, "Timeless Perspective vs. Discretionary Monetary Policy in Forward-Looking Models", Federal Reserve Bank of St. Louis Review, 2004, 86 (2): 43-56.

[53] McCandless G.T. Jr., and W.E. Weber, "Some Monetary Facts", Federal Reserve Bank of Minneapolis Quarterly Review, 1995, 19 (3): 2-11.

[54] Mishkin F.S., "Inflation Targeting in Emerging-Market Countries", American Economic Review, 2000, 90 (2): 105-109.

[55] Mishkin F.S., "International Experiences with Different Monetary Regimes", Journal of Monetary Economics, 1999, 43 (3): 579-606.

[56] Mishkin F.S., and K. Schmidt-Hebbel, "One Decade of Inflation Targeting in the World: What Do We Know and What Do We Need to Know?" NBER Working Paper No. 8397, 2001.

[57] Nordhaus W.D., "The Political Business Cycle", Review of Economic Studies, 1975, 43 (2): 169-190.

[58] Persson T., and G. Tabellini, "Designing Institutions for Monetary Stability", Carnegie-Rochester Conference Series on Public policy, 1993, 39 (2): 53-84.

[59] Phelps E.S., "Phillips Curves, Expectations of Inflation and Optimal Unemployment over Time", Economica, 1967, 34 (3): 254-281.

[60] Robert D., W.T. Gavin, and F.E. Kydland, "The Inflation-Output Variability Tradeoff and Price Level Targets", Federal Reserve Bank of St. Louis Review, 1999, 82 (1): 23-31.

[61] Robert J.M., "New Keynesian Economics and the Phillips Curve", Journal of Money, Credit and Banking, 1995, 27 (4): 975-984.

[62] Rogoff K., "The Optimal Degree of Commitment to an Inter-mediate Monetary Target", Quarterly Journal of Economics, 1985, 100 (4): 1169-1189.

[63] Romer D., Advanced Macroeconomics. New York: McGraw-Hill, 1996.

[64] Romer D., "Keynesian Macroeconomics without the LM Curve", Journal of Economic Perspectives, 2000, 14 (2): 149-169.

[65] Rotemberg J.J., M. Woodford, "Dynamic General Equilibrium Models with Imperfectly Competitive Product Markets", in T.F. Cooley, ed., Frontiers of Business Cycle Research, Princeton: Princeton University Press, 1995.

[66] Rotemberg J.J., M. Woodford, "An Optimization-Based Econometric Framework for the Evaluation of Monetary Policy", NBER Macroeconomics Annual 12, 1997.

[67] Rotemberg J.J., M. Woodford, "Interest-Rate Rules in an Estimated Sticky-Price Model", in J.B. Taylor, ed., Monetary Policy Rules, Chicago: University of Chicago Press, 1999.

[68] Sarget T.J., and N. Wallace, "Rational Expectations, the Optimal Monetary Instrument, and the Optimal Money Supply Rule", Journal of Political Economy, 1975, 83 (2): 241-254.

[69] Schaechter A., M.R. Stone and M. Zelmer, "Adopting Inflation Targeting: Practical Issues for Emerging Market Countries", IMF occasional Paper 202, 2000.

[70] Simons H.C., Economic Policy for a Free Society, Chicago: University of Chicago Press, 1948.

[71] Söderlind P., "Solution and Estimation of RE Macromodels with Optimal Policy", European Economic Review, 1999, 43 (4-6): 813-823.

[72] Svensson L.E.O., "Inflation Forecast Targeting: Implementing

and Monitoring Inflation Targets", European Economic Review, 1997, 41 (6): 1111–1146.

[73] Svensson L.E.O., "Optimal Inflation Contracts, 'Conservative' Central Banks, and Linear Inflation Contracts", American Economic Review, 1997, 87 (1): 98–114.

[74] Svensson L.E.O., "Inflation Targeting as a Monetary Policy Rule", Journal of Monetary Economics, 1999, 43 (3): 607–654.

[75] Svensson L.E.O., "Inflation Targeting: Should It Be Modeled as an Instrument Rule or a Targeting Rule?" European Economic Review, 2002, 46 (4–5): 771–780.

[76] Svensson L.E.O., "What is Wrong with Taylor Rules? Using Judgement in Monetary Policy through Targeting Rule", Journal of Economic Literature, 2003, 41 (2): 426–477.

[77] Taylor J.B., "Discretion versus Policy–Rules in Practice", Carnegie–Rochester Conference Series on Public Policy, 1993, 39 (2): 195–214.

[78] Taylor J.B., "A History Analysis of Monetary Policy Rules", In: J.B. Taylor, ed., Monetary Policy Rules, Chicago: University of Chicago, 1999.

[79] Viner J., Studies in the Theory of International Trade, London: George, Allen, and Unwin, 1955.

[80] Walsh C.E., "Optimal Contracts for Central Bankers", American Economic Review, 1995, 85 (1): 150–167.

[81] Walsh C. E., "Speed Limit Policies: The Output Gap and Optimal Monetary Policy", American Economic Review, 2003, 93 (1): 265–278.

[82] Wicksell K., Interest and Prices, 1898. English translation by R.G. Kahn, London: Macmillan, for the Royal Economic Society, 1936. Reprinte New York: Augustus M. Kelley, 1962.

[83] Woodford M., "Doing Without Money: Controlling Inflation in a Post-Monetary World", Review of Economic Dynamics, 1998, 1 (1): 173-219.

[84] Woodford M., Interest and Prices: Foundations of a Theory of Monetary Policy, Princeton: Princeton University Press, 2003.

[85] Yun T., "Nominal Price Rigidity, Money Supply Endogeneity, and Business Cycles", Journal of Monetary Economics, 1996, 37 (2): 345-370.

[86] 北京大学中国经济研究中心宏观组. 产权约束、投资低效与通货紧缩. 经济研究，2004 (9)：26-35.

[87] 卞志村，管征. 最优货币政策规则的前瞻性视角分析. 金融研究，2005 (9)：31-38.

[88] 陈利平. 中央银行货币政策的透明与模糊. 世界经济，2005 (2)：3-12.

[89] 陈志刚. 新货币政策框架：通货膨胀目标法产生背景分析. 金融理论与实践，2002 (5)：52-54.

[90] 多恩布什，费希尔. 宏观经济学（第六版）. 李庆云，刘文忻译. 北京：中国人民大学出版社，1997.

[91] 格哈德·伊宁. 货币政策理论——博弈论方法导论. 杨伟国译. 北京：社会科学文献出版社，2002.

[92] 江其务. 中国货币政策论纲. 广西金融研究，2002 (6)：4-9.

[93] 卡尔·瓦什. 货币理论与政策（第二版）. 周继忠译. 上海：上海财经大学出版社，2004.

[94] 李扬. 中国金融改革研究. 江苏：江苏人民出版社，1999.

[95] 刘斌. 最优货币政策规则的选择及在我国的应用. 经济研究，2003 (3)：3-13.

[96] 刘斌. 最优前瞻性货币政策规则的设计与应用. 世界经济，2004 (4)：12-18.

[97] 陆军，钟丹. 泰勒规则在中国的协整检验. 经济研究，2003

（8）：76–85.

[98] 钱小安. 货币政策规则. 北京：商务印书馆，2002.

[99] 托马斯·萨金特. 动态宏观经济理论. 苏剑译. 北京：中国社会科学出版社，1997.

[100] 汪红驹. 中国货币政策有效性分析. 北京：中国人民大学出版社，2003.

[101] 武少俊. 2003~2004 年宏观调控：地方与中央的博弈. 金融研究，2004（9）：51–56.

[102] 向祥华. 货币政策规则研究：[博士学位论文]. 北京：中国人民大学，2004.

[103] 谢多. 货币市场与中央银行公开市场业务的发展//李扬等主编. 中国金融理论前沿Ⅱ. 北京：社会科学文献出版社，2001.

[104] 谢平. 中国金融制度的选择. 上海：上海远东出版社，1996.

[105] 谢平，廖强. 货币政策操作的最优规则安排. 金融研究，1997（10）：1–6.

[106] 谢平，刘斌. 货币政策规则研究的新进展. 金融研究，2004（2）：9–20.

[107] 谢平，罗雄. 泰勒规则及其在中国货币政策中的检验//谢平，焦瑾璞主编. 中国货币政策争论. 北京：中国金融出版社，2002.

[108] 杨建明. 通货膨胀钉住制度：一个新兴的货币政策框架. 世界经济，2004（7）：29–35.

[109] 周素芳. 论“通货膨胀目标制度”：[博士学位论文]. 北京：中国社会科学院研究生院，2003.